UNIVERSALE
ECONOMICA
FELTRINELLI

Marsilio

Philipp Blom (Amburgo, 1970) ha studiato filosofia, storia moderna e cultura ebraica a Vienna e a Oxford. Storico, giornalista, autore e traduttore, scrive per riviste e quotidiani europei e americani, tra cui «Financial Times», «The Independent» e «The Guardian». I suoi libri, variegate e appassionanti ricostruzioni di storia culturale tra Europa e Stati Uniti, sono tradotti e recensiti in tutto il mondo e gli sono valsi numerosi riconoscimenti. Per Marsilio ha pubblicato: *Il primo inverno. La piccola era glaciale e l'inizio della modernità europea (1570-1700)* (2018, 2019 edizione tascabile UE), *La grande frattura. L'Europa tra le due guerre (1918-1938)* (2019, 2020 edizione tascabile UE) e *Il gran teatro del mondo* (2021).

Philipp Blom

Un viaggio italiano

Storia di una passione nell'Europa del Settecento

Titolo dell'opera originale
EINE ITALIENISCHE REISE. AUF DEN SPUREN DES AUSWANDERERS, DER VOR 300 JAHREN MEINE GEIGE BAUTE

Traduzione dal tedesco di
FRANCESCO PERI

Prima edizione nell'"Universale Economica" ottobre 2021

Stampato da Grafica Veneta s.p.a., Trebaseleghe - PD

La traduzione di questo volume è stata realizzata con il contributo del Goethe-Institut

GOETHE INSTITUT

Referenze iconografiche

pp.	10, 12, 15, 25, 43, 51, 59, 75, 87, 97, 107, 119, 127, 135, 149, 161, 167, 177, 195, 207, 215, 219, 241, 249, 259, 271, 281, 297, 301: vista frontale e particolari del violino / Foto © Philipp Blom.
p. 28	La più antica veduta di Füssen, da un foglio volante di Steffan Hamer, Norimberga, stampato in occasione della presa della città da parte della Lega di Smalcalda (1546), xilografia. © Museo comunale della città di Füssen / Foto Paul Jacob.
p. 31	Pietro Longhi (1701-1785), *Il mandolinista*, gesso e carboncino su carta, 1752. Venezia, Museo Correr / © 2020. Cameraphoto/Scala, Firenze. © Archivio fotografico - Fondazione Musei Civici di Venezia.
p. 78	*Danza macabra* di Füssen, *Scena dell'osteria*, 1600. © Museo comunale della città di Füssen / Foto Paul Jacob.
p. 79	*Danza macabra* di Füssen, visione d'insieme, 1600. © Museo comunale della città di Füssen / Foto Paul Jacob.
p. 81	Hans Sebald Beham (1500-1550), *Settembre e ottobre*, xilografia, 1546-1547.
p. 84	—, *Morte e donna nuda*, xilografia, 1547 ca.
pp. 180-181	Jacopo de' Barbari (1460-1470 ca. - *ante* luglio 1516), *Veduta di Venezia*, xilografia, 1500.
p. 201	Marco Ricci (1676-1730), *Farinelli in scena / Farinelli in abito orientale*, penna e china su carta, XVII-XVIII secolo. Royal Collection Trust © Her Majesty Queen Elizabeth II, 2020 / Bridgeman Images.
p. 202	—, *Cantante d'opera nei panni di Ercole con la clava*, penna e china su carta, XVII-XVIII secolo. Royal Collection Trust © Her Majesty Queen Elizabeth II, 2020 / Bridgeman Images.
p. 225	*Bottega di liutai. Liuteria*, seconda serie, da *Encyclopédie ou Dictionnaire raisonné des sciences, des arts et des métiers*, Illustrazioni, vol. V, tavola XVIII, Paris, 1767.
p. 263	Pietro Longhi (1701-1785), *Uomo che suona il violino*, gesso rosso, bianco e nero su carta marrone chiaro, XVIII secolo. Foto © Art Resource, New York / The Morgan Library & Museum, New York.
p. 265	Giovanni Antonio Canal detto il Canaletto (1697-1768), *Uomo con la pipa*, disegno, s.d. Metropolitan Museum of Art. Lascito Joseph Pulitzer, acquisito nel 1939.
pp. 266-268	—, *Campo Santi Giovanni e Paolo*, totale e particolare, olio su tela, 1738 ca. Royal Collection Trust © Her Majesty Queen Elizabeth II, 2020 / Bridgeman Images.
p. 294	Veduta da Giovanni Antonio Canal detto il Canaletto (1697-1768), *Campo SS. Apostoli*, olio su tela, originale 1730 ca., incisione 1744 ca., collezione privata.

Indice

Un viaggio italiano

«Biografia» voleva dire un libro sulla vita di un'altra persona. Eppure per me era ormai una sorta di inseguimento, lo studio delle tracce di un essere umano che un tempo aveva attraversato il passato, un tentativo di seguire le sue orme. La preda non la si cattura mai; no, sarebbe stato assurdo pretendere di acchiapparla. Forse però, con un pizzico di buona sorte, si poteva scrivere della caccia a quella figura sfuggente in modo tale da farla rivivere a tutto tondo nel presente.

RICHARD HOLMES, *Footsteps*

Per Marcel

Questa è la storia di un'ossessione. Una caccia all'uomo, un viaggio alla scoperta di un mondo dal quale ci separano trecento anni. Un'indagine sulle orme di una persona la cui vita e la cui morte, spazzate via dalla risacca degli eventi, non sembrano avere lasciato alcuna traccia. Nessuna fonte, nessun autore hanno serbato il benché minimo ricordo della sua esistenza: rimane solo lo strumento che le sue mani hanno creato, e che ora vibra nelle mie.

Questo libro non è un'opera di fiction. Le cose che scrivo sono tutte vere. Non ho aggiunto, inventato, romanzato o abbellito alcunché. Ovunque possibile mi sono basato su documenti storici, rinunciando in modo programmatico a ogni speculazione. Quando mi servo del discorso diretto è per ricostruire sulla base di appunti scritti e ricordi personali gli scambi che ho avuto con altre persone nel corso delle ricerche preparatorie.

A scanso di equivoci: il violino di cui parlo non è certo uno Stradivari e forse le cose sono andate in modo molto diverso da come le immagino. Però vediamo di procedere con ordine. Il sipario si leva su una cavatina senza grosse pretese: una descrizione dell'oggetto che è stato al tempo stesso l'origine e la meta di questo viaggio.

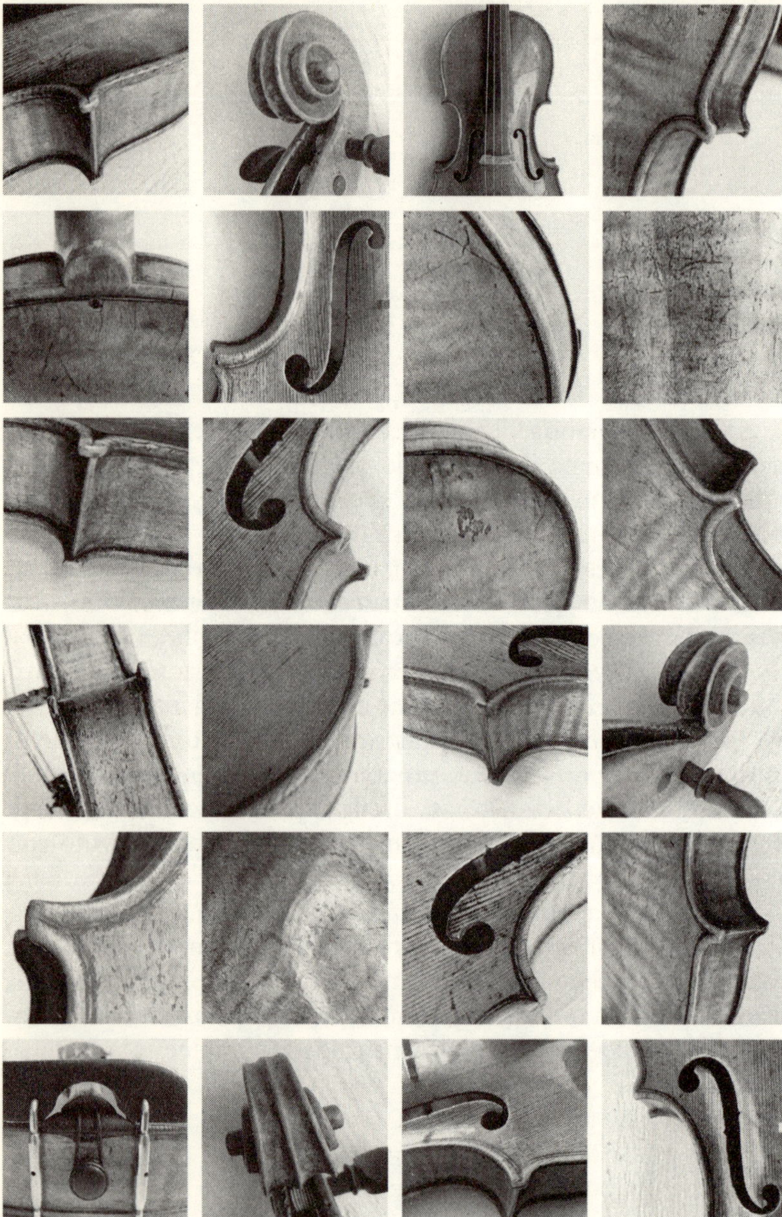

Un violino

La cassa armonica riluce di toni ambrati con sfumature d'oro. Il piano armonico, disegnato da una linea sinuosa ed elegante, è ricavato da una tavola di abete rosso dalla grana fine e stretta. Sui due lati del ponticello che tiene sollevate le corde si aprono i due fori di risonanza: le due *effe*, intagliate con nettezza, hanno uno sviluppo piuttosto verticale e un disegno ben equilibrato. Il fondo e la fascia sono in acero gradevolmente fiammato la cui superficie riflettente è il prodotto di una vernice di straordinaria qualità. Questo violino è opera di un uomo che conosceva bene il suo mestiere.

Le proporzioni, nella loro eleganza, parlano di un ben definito senso della forma. La bombatura del piano armonico, poco pronunciata ma ricca di tensioni, può ricordare certi strumenti di scuola Amati. Ad attirare l'attenzione sono però le punte, intagliate con vigore ed espressività, verrebbe quasi da dire con un piglio caparbio: per come sporgono verso l'esterno fanno pensare alle punte inamidate di certi colletti di una volta. Il riccio, cioè la voluta all'estremità della testa, la parte che conclude il manico, è curiosamente minuto, compatto e serrato nell'avvolgimento. Intagliato con maestria, ha un aspetto decisamente insolito. Come dimostra l'ispezione alla luce ultravioletta, il piano armonico e la testa sono ricavati dalla stessa tavola di abete e la vernice è in buona parte ancora quella originale.

Ispezionando l'interno si scoprono due cose: che lo strumento presentava una fenditura in corrispondenza dell'anima, un difetto che poteva rivelarsi fatale, ma riparato alla perfezione, tanto che all'esterno praticamente non si nota, e due etichette incollate molto, molto tempo fa. In corrispondenza del foro di risonanza sinistro, messa in risalto dal fascio di luce che piove dall'esterno, c'è la consueta etichetta a stampa con il nome del costruttore, che in questo caso dice:

Carlo Giuseppe Testore in Contrada largii [? di difficile lettura]
in Milano al segno dell'Aquila, 1605

Le ultime due cifre della data sono state aggiunte a mano. Appena al di sopra è incollato un secondo foglietto:

Riparato
Mastro liutaio H. Voigt
Vienna, 1882

Lo stesso Voigt ha provveduto a perpetuare il proprio ricordo apponendo una piccola punzonatura anche sul manico, forse per mostrare che era stato lui a modernizzarne l'impostazione nel 1882, applicando un manico nuovo, leggermente più lungo e dall'inclinatura più pronunciata, come è capitato a quasi tutti gli strumenti di epoca barocca. La testa e il riccio, rimasti quelli originali, sono stati meticolosamente adattati al nuovo manico. Un lavoro di buona qualità, anche se nel corso del restauro, a quanto pare, una parte della spalla ha subito dei danni ed è stata rimpiazzata.

Non molti anni fa lo strumento è stato restaurato di nuovo e oggi, dopo quella scrupolosa rimessa in sesto, gode di una salute eccellente.

1.
Un incontro

«Ah, dici quello lì?», ha risposto MR senza scomporsi. «Un caso piuttosto interessante. Fatto in Italia intorno al 1700, ma da un tedesco».

Tutto nasce da quella frase. In quel momento ha avuto inizio il mio viaggio, seppure all'epoca non potessi ancora saperlo. Frequentavo già da diversi anni quell'abitazione dall'aspetto dimesso. Su quella soglia convergevano molti fili della mia esistenza, anche se in quel *sancta sanctorum* venivo ammesso, nel migliore dei casi, a titolo di mero dilettante. Perché da quella porta entrano ed escono regolarmente alcuni dei più grandi musicisti al mondo.

Io stesso, da ragazzo, ho sognato la carriera musicale. All'epoca ce l'avevo messa tutta, salvo poi riconoscere che il mio talento non bastava, con buona pace dell'applicazione e della forza di volontà. Così ero diventato storico e scrittore. Per il mio grande amore di gioventù, il violino, mi era rimasto poco, pochissimo tempo, anche se continuavo a suonare, da solo o con gli amici. Però in quelle stanze si vedevano i più grandi virtuosi. No, lì dentro ero solo un dilettante, un ospite.

Il laboratorio di MR è lontano dal centro. Niente placche d'ottone scintillante, né suadenti signorine all'ingresso: nessuno dei lussi che a volte si concedono i colleghi. Un palazzo nei sobborghi come ce ne sono tanti, muro a muro con una fabbrica in un quartiere di negozietti dimessi, officine, caffè bosniaci, panetterie turche, saloni di massaggi tailandesi e discount. Non è quello che si dice un quartiere bene. Eppure ci vengono i musicisti più straordinari e ci lavora una persona capace di riparare inestimabili capolavori della liuteria: voci uscite da quattro secoli di storia, tutti i nomi più grandi, una comunità invisibile di vivi e di morti. L'unica placchetta che segnala l'esistenza del laboratorio è il nome vicino al campanello, sulla soglia di una porta ben poco appariscente ma dalla blindatura a prova di bomba.

Quante volte, nel corso degli anni, avevo premuto quel campanello. Non solo per portare a riparare il mio violino (uno strumento modesto che ha lasciato piuttosto indifferente il buon MR: «Se a dare la vernice a questa roba fosse stato uno dei miei apprendisti gliel'avrei subito fatta levare e rimettere daccapo»), ma anche per una periodica curiosità. Perché sono appassionato di strumenti d'epoca, perché apprezzo la compagnia degli artigiani. Quando passavo a trovarlo, MR mi preparava sempre una tazzina di espresso all'italiana con una moka di metallo cromato: amaro ed eccellente. A volte apriva la grande cassaforte, il cuore del suo atelier, e tirava fuori qualche gioiello meraviglioso, non di rado una creazione di qualche padreterno della liuteria. «Guarda, mi si è appena liberata la saletta», diceva allora, facendo l'occhiolino: «Vai di là, provalo, senza fretta».

Così, nel corso degli anni, avevo avuto per le mani importanti esemplari di scuola cremonese e altri di alta liuteria. Non tutti avevano un suono strepitoso. Anzi, alcuni Stradivari e altri violini dal nome leggendario hanno un suono che colpisce per la sua banalità, forse perché non ero all'altezza dello strumento, forse perché danni e cattivi restauri avevano appannato la loro voce, oppure, chissà, perché non tutti i prodotti di quella fascia eccelsa sono strumenti eccezionali: non solo occorre ripulirli da secoli di sudiciume, ma ogni tanto bisogna grattare anche lo strato di mitologia, marketing e culto della personalità, perfino più spesso e ostinato del primo.

Non di rado i più difficili da suonare sono proprio i pezzi più rinomati, perché bisogna innanzitutto domarli, lavorare per settimane o mesi sulla loro personalità per cercare di capirla, di scoprirla, per lasciarsi sorprendere dal repertorio di suoni, risonanze e colori timbrici che lo strumento è capace di emettere una volta che si è entrati in sintonia con lui, colmando il disavanzo, perché uno strumento la sa sempre più lunga dell'esecutore, da ogni punto di vista. Ad affascinarmi era soprattutto quello. Un violinista d'eccellenza impiega forse meno tempo per portare in luce le profondità e le variegate sfaccettature di un grande strumento, ma neppure il violinista più grande può far emergere quello che non c'è.

Spesso prendevo in mano anche uno degli strumenti che MR non teneva in cassaforte, ma conservava in un massiccio armadio di quercia: mi piaceva studiarli, confrontare lo stile, fare qualche domanda sulla loro storia. Ciascun violino ha una fisionomia personale, come gli esseri umani: sono tutti simili tra loro eppure tutti diversi: ora equilibrati, ora asimmetrici, allungati o tozzi, eleganti o impacciati, di questo o quel colore, con questo o quel dettaglio pittoresco, dotati di una mimica propria. Ciascun violino ha un volto, ma anche una storia, un'origine, una vita fatta di suono.

Uno tra quelli conservati nell'armadio mi è parso particolarmente interessante per la linea netta e sicura del suo disegno, per la deliziosa bombatura della tavola armonica e per le dimensioni insolitamente ridotte della testa, che è la voluta con la quale termina il manico, nel punto in cui le corde vengono mantenute in tensione dai piroli.

Il giorno in cui ho scoperto quel violino MR era molto impegnato, come sempre. Si occupava di più cose contemporaneamente, senza concedersi un attimo di pausa: parlava con un cliente mentre ispezionava uno strumento diverso, magari in vista di un lieve ritocco o di una piccola correzione, e intanto rispondeva alle domande dei collaboratori; sentiva per telefono un collega a caccia di qualche pezzo raro e consigliava una ragazza venuta ad acquistare un violino da studio. MR mi ha porto lo strumento.

«E tu come lo sai che il liutaio era tedesco?», gli ho domandato, incuriosito, prima che scomparisse di nuovo.

«Lo so e basta», ha risposto. «Si vede. Guarda le punte, il modo in cui la linea rientra sui bordi, la posizione delle *effe*.

È per forza di cose un artigiano che ha imparato il mestiere in Baviera, anzi, per la precisione in Algovia. Molto probabilmente a Füssen. Nel XVII secolo in particolare moltissimi liutai venivano da quelle parti, anche se mancano studi precisi su quella tradizione. Molti dettagli fanno pensare che il Nostro abbia quantomeno studiato da apprendista in Algovia. La forma e la bombatura della tavola, però, sono già del tutto italiane. *Idem* per la vernice. All'epoca quelle cose le sapevano fare solo in Italia. A nord delle Alpi nessuno fabbricava violini così buoni: non con questa bombatura che riprende la maniera degli Amati, non con una preparazione di questa qualità sotto la vernice».

Mentre parlava leggevo l'etichetta incollata all'interno, aiutandomi con una lampada. Stando al cartellino, lo strumento era opera di Carlo Giuseppe Testore, il grande maestro milanese.

«Quindi non è davvero un Testore?», ho domandato.

«Ma no, figuriamoci! Altrimenti costerebbe dieci volte tanto. Quell'etichetta è un falso, si capisce subito. Per cominciare il pezzo non ha nulla di milanese: un Testore, poi, neanche a parlarne. C'è un problemino già solo con la data, 1605: quasi sessant'anni prima della sua nascita. Chi ce l'ha messa non è andato per il sottile».

«Sai altro su chi l'ha fabbricato e dove?».

«Magari! L'ho comprato qualche tempo fa, conciato malissimo, dicendomi che forse era qualcosa di speciale, uno strumento di qualche maestro italiano che finora era sfuggito ai conoscitori. Ma non sono riuscito a cavarne altro, neppure chiedendo ai colleghi più bravi. È un violino del primo Settecento, e si vede. Si vede anche che è stato fabbricato in Italia, ma con un forte accento bavarese, il che non era poi così strano all'epoca. Prendilo, portatelo a casa e suonalo un po', ne ha bisogno: l'ho appena restaurato. Ora ti devo salutare, ma prima ti faccio saltare fuori una custodia. Oggi niente caffè, purtroppo: vado di fretta, e il prossimo cliente è già in ritardo».

MR non è di quegli artigiani in gessato che si potrebbero scambiare per avvocati o banchieri. Anzi, non l'ho mai visto in un completo in vita mia. È un uomo che vive di ossessioni (anche se spesso non vorrebbe): un perfezionista, signore o suddito di varie collezioni. Molti grandi musicisti lo considerano un mago e si fidano a occhi chiusi della sua arte. Né si può dire che fare il liutaio d'élite fosse il suo sogno: è successo. Un curioso scherzo del destino e si è ritrovato alla testa di una società – uno dei pochi indirizzi che contano davvero nel minuscolo mondo della compravendita di strumenti d'epoca. Da giovane suonava folk bretone in un complessino: alla musica è arrivato così. Poi si è innamorato di una liutaia e ha svoltato.

L'ho salutato e sono ripartito verso casa, il violino sconosciuto sottobraccio, in una custodia che mi ero fatto prestare per l'occasione. Al mio arrivo l'ho subito provato. Aveva un suono tremendo: flebile, umido, stridulo e vuoto, come se la musica si fosse rimpiattata nelle sue profondità. Uno strumento così bello che aveva perduto la sua voce, se mai ne aveva posseduta una. Ho continuato a suonarlo, un po' per curiosità, un po' per fare un favore a MR, perché un pezzo rodato e impostato a dovere si vende meglio, si esprime più facilmente sotto le dita del potenziale acquirente.

Poi, dopo qualche giorno di intense sollecitazioni, a poco a poco, lo strumento ha iniziato ad aprirsi. Sono apparse nuove risonanze, il timbro si è fatto più tiepido, la proiezione più sonora, la corda grave ha iniziato a dare un suono dalle venature scure, caldo e sussurrante come la voce di una cantante jazz dal passato burrascoso, una voce che aveva saputo assorbire in uguale misura gioia e dolore. Il registro acuto era limpido e caldo come argento tirato a lucido, e nel mezzo della tessitura si apriva un vasto paesaggio di valori timbrici che si svelavano uno dopo l'altro, dapprima per caso, poi in modo sempre più controllabile. Lo suonavo ogni giorno, stupefatto da ciò che si dischiudeva e sviluppava sotto le mie dita.

Gli strumenti a volte perdono la voce: un fenomeno che nessun fisico è in grado di spiegare. Appena riparati o lasciati a se stessi per anni sembrano a volte arrugginiti, come se il suono, imprigionato da qualche parte, andasse innanzitutto rimesso in libertà. Per ragioni che ignoro, la vibrazione prodotta quando si suona rende il timbro via via più profondo e deciso. Nel mio caso la liberazione è stata piuttosto repentina. A un certo punto quel piccolo scrigno ha iniziato a cantare.

MR non aveva alcuna fretta di farsi restituire il violino. L'ho pregato di lasciarmelo ancora un po' e lui mi ha messo in guardia: «Attento a non innamorarti!». Anche se io e quello strumento, diceva, eravamo fatti l'uno per l'altro. Il suo talento nel combinare matrimoni mi ha lasciato a bocca aperta. A ogni nota che suonavo cresceva il mio amore per la voce che quello strumento stava ritrovando un po' per volta. *Amore* è proprio la parola giusta, perché il rapporto con uno strumento ha sempre qualcosa di intimo, di sensuale. Oltre all'aspetto economico, purtroppo. Quando, a distanza di mesi, ho preso il coraggio a due mani e ho chiesto di comprarlo, MR mi è venuto incontro. Voleva vederci felicemente accasati, per cui mi ha fatto un'offerta da amico. Lui lo aveva tenuto abbastanza a lungo, ha precisato: ci aveva investito tempo e lavoro a sufficienza. Aveva scommesso su quello strumento e aveva perso: era rimasto un violino senza storia, anonimo, impossibile da attribuire a uno dei grandi.

***

E così ha avuto inizio un viaggio nato da una domanda, da un contatto fisico, da un incontro. Ogni volta che prendevo in mano il mio violino (cioè ogni giorno, quando il lavoro e i viaggi me lo permettevano) mi sentivo al cospetto di un altro essere umano: un mio simile vissuto dieci generazioni prima di me, il creatore di un oggetto che anche dopo tutto quel tempo era capace di cantare e toccare le corde del cuore.

La superficie di quello strumento era uno spazio nel quale le dita del musicista sfioravano quelle dell'artigiano, oltre l'abisso dei secoli, oltre le rivoluzioni della storia. I nostri polpastrelli avevano sfiorato la stessa vernice, accarezzato le stesse forme eleganti e dolci, quelle che l'altro aveva creato tanti anni addietro. Anche quell'uomo aveva percepito le risonanze alle quali ora tendevo l'orecchio, era stato lui a lavorare quel legno con mani delicate e vive, fino a estrarne quello specifico suono. Era per un motivo del genere, in fondo, se avevo scelto il mestiere dello storico: perché sentivo protendersi verso di me le dita di vite perdute.

Chi era l'uomo al quale mi univano una pratica comune, una tecnica, forse una passione, oltre che una serie di intermediari sconosciuti? Se davvero era stato un emigrante, se dall'Algovia si era trasferito in Italia, aveva provato nostalgia di casa? Era stato felice? Che infanzia aveva conosciuto? In che cosa credeva? Era stato un buon amante? Si coricava ogni giorno con la pancia piena? Di che cosa aveva paura? Si era mai soffermato a immaginare i posteri che un giorno avrebbero avuto per le mani il suo strumento?

Volevo incontrare quell'uomo, volevo conoscerlo, eppure di lui non sapevo nulla: niente nomi, niente luoghi, neppure il più vago appiglio. L'etichetta che identificava lo strumento era un falso. L'uomo che tanta maestria aveva investito nella fabbricazione di quello strumento era stato inghiottito dall'abisso della storia, era scivolato nell'oblio. Forse aveva lasciato alla posterità quell'unico pezzo di legno, forse quel violino era l'unica testimonianza del suo passaggio sulla Terra.

Bastava e avanzava, mi sono detto allora, per cercare di partire da quella traccia alla scoperta della vita di un perfetto sconosciuto.

2.

Doghe per liuti

Stando alle ipotesi di MR, il luogo di origine del liutaio senza nome che ero deciso a rintracciare era con buona probabilità la cittadina di Füssen, in Algovia (Baviera meridionale). Il centro abitato sorge ai piedi delle Alpi, tra Kempten e Garmisch-Partenkirchen, nelle immediate adiacenze del castello di Neuschwanstein, una ventina di chilometri a nordest dello Zugspitze, la più alta delle cime tedesche. Oggi ha 14 mila abitanti, ma quattrocento anni fa ne contava circa duemila. Anche allora, pur essendo circondata da territori bavaresi, Füssen era un'enclave di cultura sveva: lo si vede, per esempio, dall'ortografia dei documenti d'epoca.

Per molti versi Füssen è una delle tante cittadine della zona, ma si distingue per un carattere peculiare: per secoli centinaia di liutai si sono formati qui, per poi emigrare in tutta Europa, da Parigi a Praga, da Londra a Napoli, esercitando un influsso importante sulla fabbricazione e il commercio dei liuti (e più tardi dei violini), quando addirittura non li hanno dominati. Strano ma vero, quella posizione di prestigio nell'Europa che faceva musica era un sottoprodotto della povertà. Nelle aree alpine i terreni sono spesso troppo infertili e il paesaggio troppo roccioso per favorire l'agricoltura, mentre gli inverni sono lunghi e rigidi: è una regione incapace di nutrire una popolazione consistente. Soprattutto per le famiglie di piccoli coltivatori è sempre stato difficile mantenersi con il solo lavoro agricolo, per cui storicamente l'intero

Veduta di Füssen a metà del XVI secolo

arco alpino è stato fin dall'antichità una terra di emigranti. Molti giovani originari delle aride vallate svizzere si arruolavano come mercenari (un ultimo vestigio di quel costume sono oggi le Guardie del papa). Altri trovavano lavoro come braccianti agricoli, domestici o artigiani, senza contare i tanti piccoli ticinesi costretti a scendere lungo i camini delle abitazioni italiane per agire come autentiche spazzole umane, una forma di schiavitù minorile alla quale ben pochi sopravvivevano. I genitori, però, non avevano spesso altra scelta: erano costretti ad allontanare i figli. Era impossibile nutrire tutti con il magro prodotto di una fattoria.

In termini relativi Füssen ha avuto molta fortuna. Sorgeva sul tracciato dell'antica Claudia Augusta, la strada commerciale romana che valicava le Alpi, collegando Augusta e Venezia, oltre a costituire in un certo senso un piccolo segmento della via che da Pechino portava alle Fiandre e al Nord Europa transitando per Samarcanda, Baghdad e Costantinopoli. Al tempo stesso la cittadina, lambita dal Lech, un affluente del Danubio, vantava un'eccellente collocazione geografica: sfruttando le vie d'acqua era facile trasportare in pianura il legname abbattuto in quota. Gli abeti rossi, gli abeti, i larici, i tassi e altre essenze di montagna erano fusti particolarmente pregiati, perché a quote elevate gli alberi crescono a ritmi più lenti, dando un legname dalla grana più fine che veniva impiegato soprattutto nell'ebanisteria di lusso e nella produzione di armi.

Quel legno era prezioso anche in liuteria. Gli strumenti a corde come i liuti, i violini e le viole, tipologie per le quali la capacità di risonanza del legno conta più delle sue mere proprietà statiche, si fabbricavano di preferenza con essenze di conifere; e le conifere alpine, con la loro tessitura così densa, erano perfette. I giovani e robusti zatterieri di Füssen trascorrevano i mesi caldi dell'anno vagando per le Alpi per poi ridiscendere via acqua verso Augusta, passando appunto per Füssen, e infine rincasavano a piedi. Nei mesi invernali sedevano accanto al fuoco e intagliavano a cottimo utensili e parti di strumenti musicali in legno per arrotondare i loro magri proventi.

La collocazione geografica di Füssen consentiva agli artigiani del posto di trovare sbocco su un mercato dei più lucrativi. Tra il XV e il XVI secolo Venezia era una delle realtà più potenti d'Europa, nonché uno dei maggiori centri culturali. Monteverdi era maestro di cappella a San Marco e un piccolo esercito di compositori e musicisti di minore fama regalavano alla città un'atmosfera e un dinamismo senza paragoni in Europa, specialmente in epoca rinascimentale.

La vita musicale di Venezia, peraltro, rispecchiava il carattere cosmopolita dei suoi rapporti mercantili. La cultura del mondo musulmano, in particolare, era giunta al seguito dei mercanti di Costantinopoli e del Levante in genere, trovando proprio nella città lagunare un primo approdo in Europa. Arrivano così non solo certe forme, ma anche certi strumenti della tradizione islamica. Il più significativo è stato forse uno strumento a corde di grande versatilità, l'*oud*, che a Costantinopoli e nelle regioni arabofone della Spagna veniva indicato come «al 'ūd», e che ben presto si fa conoscere in Europa con il nome inglese di *lute*, quello italiano di *liuto* o quello tedesco di *Laute*.

Sul piano tecnico e costruttivo il liuto è una struttura di straordinaria complessità. La forma è quella di una pera tagliata nel mezzo, articolata in un guscio semisferico, una tavola di risonanza piatta e un lungo manico sul quale, a seconda delle tipologie, è teso un numero variabile di corde. Le dimensioni dello strumento, la curvatura della pancia, la stabilità dell'insieme e la conformazione delle singole parti sono dettate dal grado di tensione, dalla lunghezza e dal numero delle corde, come pure dal registro dello strumento e dal contesto nel quale verrà suonato. Per calcolare nel modo corretto la forma e il carattere di ciascuna parte occorrono una grande esperienza e conoscenze non banali nel campo della geometria.

Una volta che i calcoli sono stati effettuati, le singole parti, definite alla frazione di millimetro, possono venire fabbricate anche in proprio. Le «doghe» – così sono dette le componenti della cassa armonica, tagliate a forma di spicchio d'arancia e piegate al calore – sono relativamente facili da preparare. Proprio in questo si erano specializzati i contadini e gli zatterieri di Füssen, che nei mesi invernali non potevano lavorare né sull'acqua né sul terreno, ma avevano comunque bisogno di denaro.

Una volta pronte, le doghe per liuti venivano assemblate sul posto nelle botteghe dei liutai bavaresi, oppure spedite a Venezia dove alcuni artigiani originari di Füssen, stabilitisi all'estero, si occupavano di ricavarne strumenti pronti per la vendita. Quel metodo spiega il grande successo della tradizione liutaia che gravitava intorno a Füssen. Un liuto assemblato è uno strumento voluminoso e fragile che occupa molto spazio ed esige una custodia rigida, senza la quale non può venire trasportato. Sarebbe stato impossibile per una persona sola far valicare le Alpi a più di due o tre strumenti contemporaneamente, fosse sulle proprie spalle oppure a dorso di mulo, non da ultimo perché in montagna non esistevano strade sicure e percorribili dodici mesi l'anno.

Trasportare doghe, invece, era tutt'altra storia. Sottili e quasi piatte, si potevano imballare in involti resistenti e maneggevoli (come del resto le tavole armoniche e i manici), e quindi trasportare in grosse quantità. Gli artigiani domestici di Füssen, per così

Pietro Longhi,
Il mandolinista

dire, si occupavano delle fasi preparatorie, mentre i liutai stabilitisi a Venezia prendevano in consegna il semilavorato e ne ricavavano degli strumenti completi.

Le fonti sui primordi della liuteria a Füssen sono rare e frammentarie, per cui non sappiamo ancora di preciso come una cittadina delle Prealpi tedesche sia riuscita ad acquisire il *know how* necessario per ritagliarsi un ruolo così determinante nella storia della liuteria veneziana e più tardi, in generale, europea. Un suggestivo punto di riferimento, in ogni caso, è dato dall'arrivo di un certo Jörg Wolff, citato nelle fonti come «liutaro», che le autorità municipali di Füssen riconoscono a pieno titolo come cittadino il 10 ottobre 1493.

All'epoca Füssen era già da varie generazioni un punto di riferimento per l'artigianato degli strumenti musicali. Le fonti citano liutai attivi in città vari decenni prima del tardo Quattrocento. Esistevano già botteghe specializzate e gli affari sulla via tra Augusta e Venezia fiorivano. All'arrivo di Jörg Wolff la cittadina di Füssen godeva di una solida reputazione per la fabbricazione di strumenti, e i contatti con il mondo delle corti e la relativa cultura musicale erano assidui, nonostante la sua posizione defilata. Nel 1417, all'epoca del Concilio di Costanza, convergono in zona non meno di 1700 musicisti, e insieme a loro arrivano strumenti di ultima generazione. Il poeta e *Minnesänger* Oswald von Wolkenstein si trattiene in zona e sposa una donna della vicina Schwangau. Senza contare il monastero benedettino di San Magno (Sankt Mang) che, con la sua biblioteca e la sua intensa vita liturgica, si afferma nel circondario come un importante centro di erudizione e cultura musicale.

L'immigrazione di Jörg Wolff è forse un indizio dei rapporti che la cittadina aveva saputo allacciare in Europa. Il cognome Wolff (da *Wolf*, «lupo») corrisponde allo spagnolo Lopez. Considerato l'anno della sua naturalizzazione, il 1493, non si può escludere che Jörg Wolff si chiamasse in origine proprio Jorge Lopez, e che fosse un musicista e liutaio spagnolo di ascendenza ebraica riparato sulle Prealpi tedesche un anno dopo la *Reconquista*, quando gli ebrei e i musulmani della penisola iberica vengono costretti a scegliere tra il battesimo e la morte, scacciati e assassinati. Perché era un uomo alla ricerca di un posto nuovo dove vivere e lavorare e perché Füssen godeva già allora di una certa fama come centro di alta liuteria. Il che varrebbe anche se Jörg Wolff non fosse venuto dalla Spagna.

Che al seguito di Wolff sia giunto in Baviera anche un pizzico di *expertise* mediterranea non si può dimostrare, ma l'ipotesi è ragionevole. Dopo la conversione forzata, un'illustre famiglia di musicisti ebrei spagnoli, gli Olmaliach o Almaliach (probabilmente da el-Maleh), aveva preso proprio il cognome Lopez. In anni successivi vari esponenti del clan abbandonano la Spagna per cercare una vita migliore in altre realtà europee. Nel giro di poco tempo si ritrovano dei Lopez musicisti ad Anversa, a Londra e perfino a Venezia, dove nel 1542 un certo Ambrosio Lupo viene ingaggiato come «violista» e «sonadore de lironj» presso la Scuola Grande di San Marco.

Se davvero Jörg Wolff discendeva dalla celebre casata di musicisti spagnoli, partita in esilio dalla penisola iberica riconquistata, portava con sé un patrimonio di conoscenze musicali e, in quanto «liutaro», una serie di tecniche di fabbricazione che fino a quel momento non potevano aver goduto di grande diffusione a Füssen. Frutto di influssi moreschi, cristiani ed ebraici, la cultura musicale di al-Andalus era infinitamente più variegata e sofisticata di quella bavarese, e i pochi strumenti superstiti giunti fino a noi rivelano un mestiere raffinatissimo. A introdurre in Algovia quelle conoscenze potrebbe essere stato il neocittadino giunto a Füssen dalla patria mediterranea.

Non sappiamo se il liutaio Jörg Wolff fosse davvero un ebreo spagnolo, ma la cultura musicale europea del tardo Medioevo, specialmente in ambito cortese, deve molto ai frequenti contatti con l'Oriente, in special modo all'epoca delle crociate, ma anche nel quadro degli scambi commerciali tra Venezia, Costantinopoli e altri porti del Mediterraneo. Chini sui loro banconi da lavoro, gli artigiani di Füssen entravano in contatto con mondi lontani: maneggiavano essenze esotiche e avorio, ricevevano commissioni da clienti in altri paesi, incontravano musicisti di corte e signori di passaggio abituati a viaggiare.

Probabilmente, più che quel vago afflato cosmopolita, sono le attrattive del paesaggio e la collocazione strategica dell'abitato a determinare la decisione dell'imperatore Massimiliano I (1459-1519) di soggiornare spesso a Füssen, in certi casi anche per diversi mesi. Al suo seguito arrivavano musicisti, appassionati di musica e artigiani specializzati, ed è in quegli anni che la cittadina conosce la sua stagione più florida. La preminenza che Füssen acquisisce nel mondo della liuteria europea grazie a quelle condizioni favorevoli si può misurare soprattutto dall'estensione delle reti professionali che in poco tempo, dalla cittadina bavarese, si allargano all'intero continente.

Quella vicenda, che è un po' anche un esempio di capitalismo ai suoi esordi, non sarebbe nulla senza un imprenditore leggendario, il liutaio Caspar Tieffenbrucker (1514-1571), che per molti anni è stato il più celebre tra i figli di Füssen andati all'estero per servire la liuteria locale e allacciare contatti. Formatosi tra Füssen e il Nord Italia, si trasferisce a Lione intorno alla metà del XVI secolo e da qui vende in tutta Europa strumenti le cui parti semilavorate, com'è probabile, provenivano ancora da Füssen.

Sembra che Tieffenbrucker sia stato uno dei primi liutai a fabbricare viole di piccola taglia, precorritrici dello strumento che oggi si chiama appunto violino. Nessuno degli esemplari da lui prodotti è giunto fino a noi, ma in un ritratto del maestro, commissionato con ogni probabilità anche a scopo pubblicitario perché circolasse sotto forma di stampe, si vede in primo piano l'immagine di uno strumento che assomiglia molto a un violino di moderna concezione. Quel dipinto risale al 1548, ossia oltre un decennio prima che il padre putativo del violino, il maestro cremonese Andrea Amati, fabbricasse il prototipo superstite (lo si può ammirare al Metropolitan Museum of Art di New York). Che Tieffenbrucker possa avere preceduto Amati resta una mera supposizione, ma nella storia dell'uomo non è raro che le grandi invenzioni appaiano all'improvviso in più punti contemporaneamente, come i funghi, quando l'epoca e le circostanze sono mature.

La famiglia Tieffenbrucker ambiva a controllare il commercio degli strumenti prodotti a Füssen dall'avamposto di Lione e ben presto anche da altre città europee, ma i compatrioti non tardarono a farle concorrenza. Mang (Magnus) Sellas si trasferisce da Füssen a Praga e altri quattro uomini della famiglia aprono bottega a Venezia come liutai e commercianti di strumenti musicali, mentre altri parenti partono per Innsbruck e Linz.

Nel giro di breve tempo, da Füssen, la rete si estende fino a coprire l'intero continente. Un processo celebrato nel 1569 illustra alcuni effetti collaterali. Il caso riguardava una moneta falsa che certi contrabbandieri avevano importato dall'Italia e messo in circolazione nei paraggi di Füssen. Dal momento che la giurisdizione del tribunale non oltrepassava le Alpi, processare i falsari era fuori discussione, per cui vennero chiamati a comparire gli ultimi anelli della catena, che gli atti descrivono come trasportatori di liuti, cioè persone che facevano la spola tra Füssen e Venezia portando con sé gli strumenti musicali. Giunti a destinazione, erano stati pagati con quello che non sapevano essere denaro falso, o così sostenevano. Sennonché il quantitativo di moneta rinvenuto in loro possesso al rientro a Füssen era troppo ingente – chili e chili di conio fasullo –, ragion per cui la loro versione non venne ritenuta credibile.

Nel circondario di Füssen la professione del trasportatore di liuti era diffusa già intorno al 1570 e gli affari andavano a gonfie vele. Nel 1600, a fronte di circa duemila abitanti, Füssen vantava ben diciotto fabbricanti di liuti e violini ufficialmente iscritti alla corporazione. Norimberga, per fare un paragone, contava all'epoca 40 mila abitanti ma solo cinque liutai. Ad Augusta, grande metropoli commerciale, i maestri erano tre.

Per quei primi imprenditori della liuteria europea il processo produttivo, che iniziava con la fabbricazione di componenti semilavorate nelle abitazioni del circondario e culminava con l'assemblaggio dello strumento nelle proprie botteghe, era sinonimo di un ampio margine di profitto. In particolare, sembra che alla sua morte il veneziano Matteo Sellas, commerciante di strumenti musicali nato a Füssen, nonché cugino del già citato Mang Sellas di Praga, fosse addirittura un uomo facoltoso. La gente comune, per contro, riceveva compensi da miseria.

La fabbricazione di strumenti musicali, però, era anche un modo per strapparsi all'indigenza delle campagne, specialmente in un'epoca di incertezza nella quale i raccolti erano più magri che un tempo per via della cosiddetta «piccola era glaciale»[1], mentre la guerra e le epidemie non davano tregua. Un giovane liutaio poteva contare su un reddito relativamente sicuro. In compenso, era pressoché inevitabile dover partire per altri lidi, alla ricerca di fortuna in una grande città. Come sempre in questi casi, anche a Füssen una corporazione professionale vegliava sul

[1] Sull'argomento, si veda Philipp Blom, *Il primo inverno. La piccola era glaciale e l'inizio della modernità europea (1570-1700)*, Venezia, Marsilio, 2018.

prezzo e sulla qualità degli strumenti e limitava il numero di botteghe autorizzate a esercitare la professione. A un giovane apprendista presso un fabbricante di liuti o di violini conveniva abituarsi subito all'idea di dover partire.

Molti dei liutai che lasciavano Füssen per stabilirsi all'estero, lo facevano da bambini. La maggior parte sceglieva di valicare le Alpi, ossia di stabilirsi in Italia, dove peraltro si vendeva già il grosso del semilavorato prodotto dalla cittadina bavarese e dove i contatti erano già solidi. Cognomi tipici della zona di Füssen ricorrono nei registri delle corporazioni di liutai dell'intero Stivale, giù fino a Napoli e alla Sicilia, e in quasi tutte le città del Nord Italia (ma specialmente a Roma e a Venezia, dove le chiese, i teatri, gli eventi pubblici, le feste private, la presenza aristocratica e il turismo si traducevano in un costante fabbisogno di musica) sono documentati liutai originari dell'Algovia e del vicino Tirolo. Fin dal 1480 i registri doganali dell'Urbe parlano di casse di legname destinato interamente alla fabbricazione di liuti, se non addirittura di strumenti finiti, provenienti dal Sud della Germania.

Insieme agli artigiani tedeschi si diffondevano i loro sistemi costruttivi, la loro estetica e il loro linguaggio formale, che in ciascuna delle nuove patrie, non di rado, si mescolavano a tradizioni e preferenze estetiche locali, dando luogo a soluzioni ibride. I commercianti e i liutai di Füssen finiscono così per esercitare un influsso del tutto peculiare sugli usi dell'Europa che faceva musica.

Nel XVI secolo il processo di fabbricazione di uno strumento aveva già ben poco a che vedere con il mito dell'artigiano solo nella sua bottega, che è un'invenzione del romanticismo. Laux Maler, un liutaio di Füssen che muore a Bologna nel 1552, lasciava secondo il testamento 1100 liuti finiti e 127 in corso di lavorazione, centinaia di tavole armoniche semilavorate e un intero magazzino pieno di doghe per l'assemblaggio del guscio, senza contare le altre parti di strumenti e le corde, comprate da specialisti che le fabbricavano con budello di pecora. Per realizzare tutti quegli strumenti un artigiano solitario avrebbe impiegato almeno cinquant'anni. Nel 1581, a Venezia, il testamento di Moisè e Magno

Tieffenbrucker elencava non meno di 335 liuti finiti, 8 chitarre, 150 gusci per liuto e 60 strumenti non finiti, 15.200 doghe sciolte, 2000 tavole armoniche, 300 ponticelli, 600 manici, 160 cavicchi. Era il massimo dell'industrializzazione concepibile in un'epoca ancora preindustriale.

***

Nel 1618, allo scoppio della Guerra dei trent'anni, Füssen era ricca, fiera del proprio ruolo e con un patrimonio di contatti eccellenti. Nei primi anni gli scontri armati riguardano altre zone della Germania, tanto che la città quasi non risente del conflitto, anche se le vie commerciali così preziose per il suo benessere subiscono un rapido degrado a causa dell'insicurezza delle strade e dei saccheggi perpetrati dai soldati. Ciononostante, la città continua a prosperare. L'Algovia non era una zona di interesse strategico e gli abitanti di Füssen avevano buone ragioni per credere che la guerra non li avrebbe toccati direttamente.

I liutai della zona fanno ottimi affari anche in quei primi anni di ostilità. Nel registro dei pedaggi di Donaustauf, che teneva traccia di tutte le merci trasportate via fiume lungo il corso del Danubio, continuano a figurare carichi di liuti, violini e parti semilavorate per l'assemblaggio di strumenti diretti ad Augusta e di qui alle Fiandre o a Vienna.

Un prezioso documento storico aiuta a farsi un'idea di come si viveva nella Füssen dell'epoca. Negli anni della guerra il mastro tintore Hanns Faigele ha tenuto una cronaca privata degli eventi cittadini, nella quale mescola fatti e impressioni personali. Inizia a scrivere nel 1618, e da quelle pagine si ricava che perfino in tempo di pace il suo mondo era intriso di paura e violenza. Il 19 gennaio di quell'anno Faigele senza scomporsi annota: «Hanno passato delle streghe a fil di spada un po' in tutto il circondario e poi le hanno bruciate». A distanza di alcuni mesi accenna ai capricci della natura in una tipica giornata di primavera all'epoca della piccola era glaciale, che soprattutto nel XVII secolo esercita un influsso percettibile sul clima europeo:

A San Marco [25 aprile 1618] ha nevicato tutto il giorno, e faceva tanto freddo che la neve caduta è gelata; talmente freddo che l'indomani, di venerdì, mi si è ghiacciata l'acqua nei panni da passare al mangano.

Gli anni successivi trascorrono senza scosse. Nel 1625 viene decapitato per furto un tale Hanns Dieffenbruger, con tutta probabilità un lontano parente degli omonimi liutai stabilitisi a Lione e Venezia, i Tieffenbrucker. L'anno successivo la città ha un altro momento di gloria:

A Sant'Andrea è venuto il duca Leopoldo, con molta gente al seguito e con la consorte sua che era incinta ed è stato personalmente ricevuto in compagnia di tutti i cittadini di qualità da sua eccellenza il nostro conte vescovo il quale si trovava in zona et sua Eminenza ha trovato alloggio con tutti i suoi uomini nelle case più ricche della città per 1 notte e 1 giorno, prima di proseguire per le terre di Svevia.

Faigele descrive un mondo ripiegato su se stesso che sembra condurre un'esistenza decisamente florida. Anzi, il commercio di strumenti musicali si sviluppa ulteriormente. Nel 1623, a Füssen, le botteghe che producono liuti e violini sono ben ventisette. Anche in Algovia, però, l'epoca d'oro volgeva al tramonto. Il commercio di strumenti musicali, come quello di legname in genere, inizia a risentire dell'insicurezza delle vie di comunicazione e della sempre più grave incertezza che ammanta il futuro. I primi ad abbandonare le loro case e le loro fattorie a Füssen e dintorni partono alla ricerca di una vita migliore nel 1624. Alcuni, quelli che hanno lasciato tracce, vanno a Wismar, Ulma e Mantova, altri scompaiono nel nulla, tanto che oggi risulta impossibile ricostruirne il percorso.

La guerra si avvicina a piccoli passi, ma inesorabilmente, fino a fare irruzione nella quotidianità delle persone. Soldati di vari paesi e contrade marciano per il territorio di Füssen, profughi affamati e pidocchiosi sfilano in colonne alla ricerca di cibo e riparo. Intere regioni vengono spolpate di ogni risorsa, a fronte di moneta sonante o con il saccheggio, senza contare che i vagabondi sono un perfetto veicolo di contagio. La prima ondata di peste colpisce Füssen nel 1627, falcidiando alcuni abitanti. Sarebbe tornata a distanza di tre anni, questa volta infuriando senza pietà. Faigele scrive: «Il 12 novembre la pestilenza ha iniziato a imperversare qui da noi. Il primo è stato il barbiere Hanns Heimen. Il 9 novembre i signori del tribunale di Ehrenberg hanno fatto isolare la città di Füssen per via del mortifero contagio». La pestilenza avrebbe portato alla tomba circa la metà dei cittadini di Füssen. Faigele parla di 1600 morti in un anno, ma la cifra tonda non convince del tutto. Il computo sembra eccessivo, sebbene le ricadute materiali sulla città siano comunque devastanti. Al termine della guerra, a quanto sembra, 94 delle 266 abitazioni cittadine (appartamenti compresi) erano ancora abbandonate, 56 delle quali in gravi condizioni di degrado. Faigele scrive di quel periodo terrificante: «In quest'anno maledetto qui da noi sono morti e abbiamo sepolto 1600 persone, tra giovani e vecchi, uccisi dalla pestilenza e non solo. Iddio abbia misericordia e pietà di tutti noi».

Con il brusco declino della città collassa anche la liuteria. Il contagio era costato la vita anche a vari mastri liutai e la peste aveva imperversato su tutto l'arco alpino, senza eccezioni. I soldati scesi da nord l'avevano portata anche in Italia, dove si calcola che le vittime siano state un milione. Ovunque scarseggiavano uomini, risorse, denaro. I liutai di Füssen avevano sempre lavorato in vista dell'esportazione, ma, con la drastica contrazione della domanda, erano pochissimi coloro che potevano permettersi di vivere del proprio mestiere. Molti iniziano ad affiancare alla professione un secondo impiego, come responsabili dei granai, pesatori, portalettere ecc.

La seconda fase della guerra non risparmia alla Baviera spargimenti di sangue. Füssen viene presa dalle forze svedesi. Faigele osserva, pressoché incredulo:

> Quantomeno l'assalto non ha fatto gravi danni alla città, perché lo svedese l'ha presa nel giro di un'ora. Né dall'una né dall'altra parte gli uomini erano tanti, però gli svedesi hanno fatto prigionieri molti tirolesi, gente buona solo a rubare e non a difendersi.

Dopo gli svedesi, però, sarebbero arrivati i francesi, che trattano i civili con molti meno riguardi: «Quegli altri hanno talmente vessato e tartassato e malmenato la gente che era una pena a vedersi. È toccato procurare loro da mangiare e da bere, altrimenti guai. Né le donne erano mai al sicuro. Una miseria brutta, da spezzare il cuore». Dopo i francesi arriva l'arciduca del Tirolo, Leopoldo, che cinge d'assedio la città con 12 mila uomini. La scena si ripete in luglio, quando il principe di Weimar «con appresso il fratello suo Ernst» si attesta fuori le mura con seimila uomini. Le forze occupanti vengono massacrate e riprendono «i saccheggiamenti e le ruberie, che era a malanno davvero».

Un altro cronista, il sacerdote Matthäus Schalk, è stato testimone dell'assalto svedese a Füssen:

> Il 23 giugno, di buon'ora, gli svedesi si sono fatti avanti con cavalleria e truppe appiedate fino alle porte della città. Hanno lanciato proiettili da 25 libbre. Uno ha attraversato la torre degli artiglieri ed è atterrato addirittura davanti al municipio. I tirolesi, acquartierati con trecento uomini, hanno tentato di opporre resistenza, ma non c'era speranza. Le truppe tirolesi si sono ritirate a manipoli sulle alture vicine, depredando i montanari al loro passaggio. Paulus Paudrexl, il maestro di scuola, lo hanno fatto spogliare fino alla camicia e a me, padre Schalkh, cronachista della città, hanno trafugato cento Gulden.

Come spesso accade in tempo di guerra, la sopravvivenza era in fin dei conti una questione finanziaria. Gli abitanti di Füssen si vedono costretti a pagare un riscatto di 5000 Gulden per evitare che la città venga data alle fiamme. Il mercante Joseph Freiberger, che si riprometteva di ottenere dai nuovi signori di fede protestante un trattamento di riguardo, chiede udienza al sovrano svedese, Gustavo Adolfo, e rientra in città con la carica di sindaco. Non perde tempo a sfruttare i suoi nuovi poteri per liquidare i vecchi rivali. Ma non ha fatto i conti con i rapidi rivolgimenti delle fortune di guerra: già il 17 luglio Füssen viene ripresa dalle truppe imperiali tirolesi, di osservanza cattolica. Il cronista riferisce: «Hanno appeso per il collo un disertore tirolese, per cui è stato un cattolico il primo a penzolare dalla forca eretta di fronte al municipio». Neppure Joseph Freiberger, che aveva brigato la carica di sindaco, se la cava a buon mercato. Si dà alla fuga ma viene riacciuffato e riportato indietro in catene. Processato a Imst, viene condannato e decapitato il 9 dicembre per alto tradimento. Tra i testimoni che lo accusavano c'è un mastro liutaio, Jonas Heringer: «Anche il liutaro Jonas Häringer dichiara il medesimo. Gli è toccato fuggire con moglie e bambino all'inizio dell'assedio».

Per tutta la durata della guerra il comune di Füssen verrà più volte assaltato, occupato, ricattato, bombardato. In un'occasione la cittadinanza riesce a respingere l'assalto di quattrocento dragoni croati mossi dalla fame, uccidendone quaranta. Senza però mai dissipare del tutto il clima di violenza e incertezza. Di fronte a una violenza omicida sempre più smisurata e gratuita gli appunti di Faigele acquistano un'intonazione via via più disperata:

> La sera di San Martino il reggimento del conte Schlik è arrivato in città, quasi tutti uomini a cavallo. Hanno vessato e maltrattato la gente, sia fuori che dentro le mura, rubando vacche e cavalli ai contadini, calpestando e trafugando il grano e portando via tutto quello che hanno trovato. Hanno malmenato le persone, hanno rovesciato loro addosso dell'acqua bollente, le hanno scacciate dalle loro case, hanno impiccato e bruciato, a molti hanno addirittura sparato, hanno usato violenza alle donne, tanto che solo dirlo e scriverne è una pena. Ed erano tutti sudditi dell'imperatore!

Al termine della Guerra dei trent'anni, nel 1648, Füssen, come tante altre città tedesche, era allo stremo, immiserita, parzialmente distrutta, spopolata e gravemente traumatizzata dagli eventi. È in quella città, in un anno sconosciuto dei trenta successivi, che sarebbe venuto al mondo un bambino il quale, come tanti suoi predecessori, avrebbe appreso il mestiere della liuteria e un giorno sarebbe partito alla volta dell'Italia per rifarsi una vita. Che genere di infanzia ha conosciuto? Era figlio di genitori poveri? Non lo sapremo mai, ma una cosa è certa: cresceva all'ombra di un passato molto cupo.

3.
L'Aia

Per un musicista lo strumento di elezione è il partner più intimo, un prolungamento del corpo che racchiude tutte le possibilità espressive. A volte sembra cantare da solo, altre stupisce l'esecutore con risonanze nuove, un timbro che prima non sembrava possedere; certi giorni si sottrae al dialogo e non c'è verso di farlo cantare: le dita scivolano e inciampano, l'arcata si fa imprecisa e dura.

In alcuni casi il rapporto con il proprio strumento si fa intenso, come può esserlo il legame con una persona o un animale che contano nella vita o nel lavoro: è l'altra metà di un duo di trapezisti, un purosangue, una bicicletta da corsa su una pista sgombra. Si finisce per dipendere dalle sue possibilità e dai suoi capricci, però, quando le risonanze sono in armonia tra loro, quando i gesti e le intenzioni si fondono, il discrimine tra la carne e il legno scompare: in quei momenti si prova qualcosa di molto simile alla felicità. Nel mio caso il sentimento della lotta contro i propri limiti è un'esperienza che risale all'infanzia. Non solo ho preso lezioni fin da piccolo, ma entrambi i miei genitori erano musicisti. Più tardi mia madre avrebbe insegnato alla Hochschule für Musik di Detmold, in Renania Settentrionale-Vestfalia, circondata da persone che lottavano ogni giorno contro i propri limiti nella veste di professori, solisti e studenti.

Detmold non è precisamente una metropoli, né un posto molto stimolante, ma l'Accademia di musica godeva e gode tuttora di ottima reputazione. Vi hanno insegnato musicisti di fama internazionale (seppure per pochi giorni l'anno) e io, pur non essendo mai stato iscritto, mi sentivo attratto da quel mondo: un ambiente nel quale centinaia di giovani talentuosi passavano le loro giornate a esercitarsi in minuscole stanzette. Andare a lezione, passare il tempo da solo, esercitarsi, conciliare lo studio e le amicizie, esercitarsi ancora.

E poi c'era il corpo docente: molti dei professori erano musicisti strepitosi, in buona parte ex bambini prodigio e piccoli geni che promettevano un futuro radioso, il quale però non si era mai concretizzato, almeno secondo le aspettative. Anno dopo anno, dunque, insegnavano i pezzi per i quali erano stati celebri da ragazzini, quando avevano ancora tutti i capelli e un fisico scattante, mentre ora vagavano per i corridoi come l'immagine stessa del fallimento.

Un'accademia musicale è un biotopo molto strano. E in quel biotopo mi sono ritrovato già da ragazzino: uno stagno popolato di creature inverosimili, individui complicati, grandi talenti, grandi ambizioni e delusioni cocenti. Quelle persone per molti versi così buffe, vanitose, autocentrate, grossolanamente prive di tatto, timide, dedite all'alcol, infelici, si trasfiguravano nel momento stesso in cui prendevano in mano lo strumento, sedevano al pianoforte, salivano sul podio o su un palco. Diventavano qualcosa di bello. Facevano qualcosa che riusciva a toccare il cuore degli altri. Avevano investito una parte così importante delle loro vite nello sviluppo e nella cura di quelle capacità abnormi, tanto specialistiche da risultare quasi grottesche, da aver acquisito il potere di sottrarsi alla forza di gravità o quantomeno di dare quell'impressione e di comunicarla ad altri. Quando brandivano i loro strumenti riuscivano a interrompere il corso del tempo, a trascinare con sé una platea di perfetti sconosciuti sull'onda di un'estasi comune.

Da adolescente, a sedici o diciassette anni, volevo essere parte di quel mondo, a tutti i costi. Volevo fare il violinista. Mi esercitavo per ore. I miei eroi non erano i divi del rock, ma i grandi virtuosi; i miei amici erano tutti studenti di musica. Nessuno aveva cercato di illudermi dandomi a intendere che il mio modesto talento sarebbe bastato per una carriera da professionista, però io preferivo ignorare i consigli discreti che ricevevo e studiavo, studiavo, preparandomi a un esame di ammissione: facevo esercizi per sciogliere le dita, ripetevo scale, arpeggi, brani di virtuosismo, parti soliste di concerti. Naturalmente avevano ragione gli amici di famiglia, che insegnavano musica all'Accademia e avevano visto naufragare centinaia di sogni come il mio. Ero già in ritardo di anni, il mio livello tecnico era insufficiente. A un certo punto ho capito da me che non sarebbe bastato per tentare la carriera.

Praticare una certa attività per tanto tempo e con tale passione significa dare alla vita e al caso la possibilità di fare dei regali, di dare e di togliere qualcosa. Così mi è parso a diciassette anni, quando sono stato accolto da un nuovo amico in una bottega di liuteria all'Aia. Era un'amicizia di quelle che capitano in gioventù, un legame intensissimo per qualche tempo ma che poi, chissà perché, si dissipa, si insabbia, giunge a un punto morto. L'amico era un liutaio, più anziano di una decina d'anni. Ci eravamo conosciuti perché lui faceva la corte a una giovane violoncellista che non sembrava badargli, anzi, stava forse cercando di farlo ingelosire flirtando con me, che all'epoca andavo ancora al liceo. Le attenzioni di quella studentessa di musica mi facevano girare la testa, mi ammaliavano, anche se il flirt non si è mai spinto oltre qualche occhiatina allusiva.

Pur spasimando per la stessa irresistibile violoncellista, non ci siamo mai sentiti rivali. La differenza d'età era troppo grande e forse io, più che dalla musicista, mi sentivo attratto dal suo mondo e da tutto quello che rappresentava: la libertà della vita studentesca, che a un liceale appariva sconfinata. Comunque stessero le cose, a un certo punto la violoncellista civetta si è trovata un altro e mi ha lasciato perdere di punto in bianco.

L'amico, in compenso, mi è rimasto. Non ricordo più come siano andate le cose, ma sta di fatto che a un certo punto ci siamo incontrati all'Aia. Lui conosceva una persona che lavorava in un atelier in città, per cui abbiamo fatto visita insieme a un liutaio del centro, che ci ha subito invitati a salire al primo piano:

uno stanzone che prendeva luce da grandi finestre. Tre o quattro lavoranti sedevano a un bancone, ciascuno impegnato in un'attività diversa. Da un capo all'altro della stanza era teso un filo metallico, dal quale penzolavano i violini ancora freschi di intervento. Ci siamo messi a staccare gli strumenti per rimirarli. Il mio amico mi ha spiegato come distinguerli, illustrando i molti dettagli impercettibili in base ai quali un professionista giudica il lavoro dei colleghi.

La capacità di leggere gli oggetti come libri aperti mi ha sempre affascinato. Avevo in mano un violino verniciato di una sorta di giallo paglierino, la tavola elegantemente incurvata da una bombatura alta, le *effe* disposte in modo leggermente asimmetrico, come in un viso dagli occhi ad altezza differente. L'ho mostrato al titolare, impegnato con un altro strumento. Gli ho domandato che cosa fosse.

«Quello lì?», ha chiesto gettando una rapida occhiata alle sue spalle. «Mah, difficile dirlo, una roba del Settecento».

«E quanto potrebbe valere?».

«Quello lì?», ha ripetuto il liutaio. «Diciamo un 7000 Gulden».

Ha ripreso il lavoro. Ho fatto per rimettere lo strumento al suo posto quando si è voltato, mi ha chiesto di passarglielo e ha domandato a uno dei suoi collaboratori se non fosse lo stesso che aveva sistemato qualche giorno prima. L'uomo ha risposto di sì, il violino era quello.

Il mastro liutaio, un signore sui sessant'anni che in gioventù aveva studiato al conservatorio, imbraccia lo strumento, allunga la mano verso un archetto e inizia a suonare.

La bottega si è riempita di tre note: quelle di un arpeggio di Re maggiore. Subito dopo la linea melodica ha iniziato a rifluire, è parsa spegnersi in un trillo rassegnato, poi ha ritrovato coraggio, ha ripreso slancio, è culminata in una breve cadenza per ricominciare nel registro medio della tessitura: era l'ingresso del solista nell'*Allegro* del *Concerto per violino e orchestra* di Mozart.

Sono rimasto stregato da quel suono, dall'intensità con la quale l'uomo aveva suonato quelle note per me. Nello stanzone era calato il silenzio, tutti i lavoranti avevano abbandonato gli utensili per ascoltare. Il liutaio si è sfilato il violino da sotto il mento e si è rivolto a me: «Giovanotto, mi sono sbagliato. Poco fa mi riferivo a un altro strumento. Questo è un violino molto migliore e decisamente più caro. Però la parola di un artigiano è sacra. Per cui glielo lascio a 7000 Gulden».

Ironia della sorte, poche settimane prima avevo ricevuto una piccola eredità. (Un'altra storia, lunga e triste). Mi erano toccati 7000 marchi. Senza un attimo di esitazione ho accettato l'affare. Il liutaio, che non mi aveva mai visto in vita sua, mi ha lasciato lo strumento senza neppure chiedere di vedere la mia carta d'identità. «So che tornerà a pagarmi», ha detto. «Non mi serve altro».

Le tre note ascendenti di un arpeggio: l'inizio di una storia d'amore che si sarebbe conclusa solo vent'anni dopo. All'epoca non potevo ancora sospettare quell'epilogo. Avevo diciassette anni e mi ero ritrovato proprietario di un violino che suonava meglio di qualunque altro avessi mai sentito fino a quel momento: quello strumento celava un mistero, il mistero della sua storia.

Trent'anni prima del mio incontro con MR, prima di imbattermi nel violino che mi avrebbe costretto a partire per questo viaggio, avevo già posseduto uno strumento entrato nella mia vita per una sorta di scherzo del destino. Quello su cui ho studiato sei ore al giorno per realizzare il mio sogno di diventare musicista, solo per dover ammettere di non avere doti sufficienti e di aver iniziato troppo tardi a fare sul serio. Non sempre la pazienza e la determinazione bastano a realizzare i sogni.

4.
Esercizi di lettura

«E adesso?», mi ha domandato MR, divertito. «Che cosa intendi farne? Chissà che non riveli proprio a te i suoi segreti più intimi mentre lo suoni».

Il mio amico guardava con un certo scetticismo, ma anche con una punta di interesse, al mio progetto, invero eccentrico, di scrivere un libro su un violino ignoto, uno strumento che gli era appartenuto e che lui stesso non era mai riuscito a identificare, pur avendocela messa tutta. Eravamo stati insieme a Füssen, avevamo fatto visita ai liutai della zona, eravamo stati al museo comunale, dove la storia del violino è ancora oggi il tema principale dell'allestimento.

Era stato un viaggio ricco di emozioni, amicizia e atmosfere suggestive. L'angusto centro storico di Füssen, con il portamento solenne delle sue facciate in stile gotico e protorinascimentale, parlava di un passato facoltoso, mentre le mura cittadine in pietra cingevano le abitazioni come simbolo tangibile delle minacce che un tempo gravavano sulla popolazione e delle forti somme che era sempre stato necessario sborsare per difendere la città.

Un liutaio ospitale ci ha invitato a visitare la sua bottega, dove da cinquecento anni si fabbricavano strumenti musicali. L'artigiano ha esaminato attentamente il violino che avevo portato con me, lo ha studiato, ne ha discusso, lo ha ammirato, ma i liutai della zona ammettevano di non essere degli esperti di strumenti d'epoca, anzi: il loro mestiere era fabbricarne di nuovi. Uno storico locale che si interessava di liuteria ci ha confessato di non sapere molto sull'origine e sugli stili degli strumenti in sé: studiava più che altro la storia sociale della professione. Difficile trovare a Füssen una risposta alle mie tante domande.

TR, studioso intelligente e avveduto, lavorava da anni sulla storia della liuteria locale. Sua, tra le altre cose, è anche l'idea che Jörg Wolff si chiamasse in origine Jorge Lopez. Ci ha parlato degli archivi cittadini, spiegandoci la situazione. Finora pochissimi di quei documenti erano stati consultati e utilizzati in campo scientifico, specialmente per quanto riguardava la storia delle reti informali, delle tecniche artigiane e degli intrecci economici e geografici. Nel corso degli ultimi due secoli, nei libri e poi nei film, l'attenzione degli storici interessati alla fabbricazione degli strumenti d'epoca (per non parlare del loro pubblico) si è concentrata in modo esclusivo sulle creazioni dei grandi maestri cremonesi. Altri aspetti sono stati passati sotto silenzio, quasi dando a intendere che nessun grande strumento fosse mai stato fabbricato fuori Cremona.

Ma la realtà delle cose è molto più stratificata e complessa di quanto si ricava dalla storia ufficiale. Il mio amico MR, che mi aveva accompagnato a Füssen, sembrava non capacitarsi di quanto poco sappiamo di un capitolo così importante nella storia della liuteria europea e nella genesi dei moderni strumenti ad arco. L'idea che finora gli esperti avessero gravemente sottovalutato Füssen e la sua importanza lo affascinava. Forse ripartendo dall'Algovia si sarebbe potuto approdare a una comprensione storica rinnovata, tanto più che sulle origini del violino come tipologia si continua a sapere molto poco.

Per quanto riguardava nello specifico il mio strumento, in compenso, MR era ben poco ottimista. Tanto è vero che aveva abbandonato le ricerche. «Magari ci sta che scopri qualcosa», diceva. «Tutti possono sbagliare, e forse ci siamo lasciati sfuggire un indizio. Ma presto o tardi sarà questione di pareri soggettivi. Un po' come quei bambini che per metà della famiglia sono "identici al babbo" e per l'altra metà sono "tutti la mamma". Alla fine uno ci vede quello che vuole, in fondo siamo solo esseri umani».

Insomma, la mia avventura partiva sotto auspici tutt'altro che fausti. Cosa potevo sperare di scoprire sul conto di quello strumento che MR non aveva scoperto da sé? Aveva fatto datare il legno: nulla. Aveva mostrato il pezzo ad altri esperti, chiedendo loro che cosa ne pensassero: zero. Il poco che l'oggetto aveva da dire era già stato detto. Il resto era speculazione. Sennonché sul mercato internazionale degli strumenti d'epoca girano somme importanti, per cui la certezza conta (o quantomeno conta l'impressione della certezza). Un'attribuzione può tradursi in molti, molti soldi. Il valore di un violino legato a un grosso nome può crescere di dieci, venti, cento volte. Gli esperti di fama internazionale, quelli che dispongono dell'autorevolezza necessaria per certificare l'origine di uno strumento o stimarne il valore di mercato, vegliano gelosamente sulla propria reputazione e sul proprio prestigio. Nessuno può permettersi di venire contestato più del necessario dai colleghi: nel mestiere la credibilità è tutto.

Io non avevo alcuna intenzione di arricchirmi risalendo a un nome illustre per poi rivendere il mio violino a un prezzo molto più alto di quello pagato: volevo incontrare una persona, l'uomo che lo aveva fabbricato. E in quel viaggio di scoperta la guida migliore era e restava il violino stesso. Ogni minimo dettaglio poteva gettare luce sull'aspetto di un'esistenza che per il resto non sembrava aver lasciato tracce materiali. Qualunque manierismo, qualunque difetto, qualunque indizio di uno stile individuale potevano venire letti come una traccia intagliata nel legno che lo sconosciuto aveva tenuto in mano prima di me per modellarlo.

Da qualche tempo ero in contatto con vari *connoisseurs* europei e statunitensi che avevo sollecitato a proposito del mio strumento. Mi apprestavo a visitarne alcuni di persona per mostrare loro l'originale. Prima di partire, però, ho pregato MR di illustrarmi ancora una volta il violino: di commentarmelo e descrivermelo a voce. Paziente come sempre, ha preso in mano lo strumento e ha iniziato a leggerlo in mia presenza.

«È un pezzo piuttosto interessante. Ottima fattura, opera di un vero maestro», ha spiegato con il violino in mano. «Risale a un'epoca in cui nel Nord Italia la scuola tedesca che faceva capo a Jacob Stainer e il magistero degli Amati si incontrano e si fondono. Vari aspetti rimandano a quell'epoca: la qualità strabiliante del legno, il tipo di verniciatura e vari elementi stilistici che si compenetrano nello strumento, perché proprio in quella fase prende forma una nuova tipologia violinistica. Il modello richiama la maniera di Stainer, con la sua forma allungata e le *effe* dallo sviluppo diritto, ma a parte questo presenta anche altri aspetti che fanno pensare a un'origine tedesca, se non proprio ai liutai di Füssen o del Tirolo: queste punte dal taglio netto, sicuro, quasi piegate a forza, la spalla leggermente sollevata, per non parlare della testa e del riccio, che ha perfino qualcosa di gotico, tanto è piccolo e delicato.

Poi, però, hai questa bombatura lavorata con tocco sicuro ma tenuta bassa, alla maniera italiana, cioè un passo più in là della concorrenza in termini di estetica e di acustica, perché gli strumenti fatti così hanno una proiezione migliore e un suono più brillante. Per questo la nuova tipologia finisce per imporsi. Però – per due generazioni almeno – si riscontra solo a sud delle Alpi. In altre parole questo violino è stato fabbricato per forza di cose dove hanno inventato il nuovo sistema, dove gli influssi e gli stili nordici hanno incontrato quelli del Sud. Si vede bene che il nostro maestro senza nome ha ricercato una nuova sintesi stilistica.

Poi c'è la vernice. Trasparente, stesa su una preparazione di grandissima qualità, ambrata nei toni e quasi del tutto originale. All'epoca la sapevano fare solo in Italia, anzi, quegli anni sono l'epoca d'oro della lacca. In ambito tedesco usavano pigmenti che con il tempo hanno teso ad annerire molto gli strumenti. Questa profondità e questo colore, invece, fanno pensare all'Italia. Certo, non si può escludere che il nostro abbia passato solo qualche tempo per botteghe italiane e poi sia rientrato in Germania. Però in quei tempi, di solito, quando si passavano le Alpi era un viaggio a senso unico.

Da dove veniva secondo me? Se avessi la risposta la saprei già più lunga, e tu, caro mio, non te lo saresti mai potuto permettere. Posso capire perché qualcuno ha incollato una finta etichetta di Testore. La data non torna, ma lo strumento ha decisamente qualcosa di milanese. Così su due piedi, uno potrebbe anche prenderlo davvero per un Testore. Poi guardi meglio e capisci che una forma del genere, a Milano, non la faceva nessuno. E in termini di qualità è meglio di un Testore, che era uno molto bravo a fare il suo mestiere, ma sciatto e approssimativo. No, questo è uno strumento eccellente e nasce da un contesto italiano, poco ma sicuro, però potrebbero averlo fabbricato ovunque, e in ogni caso non conosco nessun altro esemplare d'epoca con la stessa combinazione di caratteristiche. Finché non salta fuori un *pendant* attribuito con certezza a una mano precisa restiamo in alto mare.

Se però mi domandi che tipo era il liutaio che ha fabbricato questo violino, così, sulla base di quello che si vede a occhio nudo, direi che era un artigiano esperto, dal gesto molto sicuro, fino ai minimi dettagli. Questo non è uno strumento da principianti, è opera di uno che sa perfettamente che cosa sta facendo. Probabilmente una persona già avanti con gli anni che ha acquisito i rudimenti del mestiere in ambito tedesco, nella zona di Füssen, ma poi ha fatto carriera in Italia. Se abbia trovato la fortuna che cercava, se fosse sposato e con chi, se fosse devoto e fino a che punto parlasse italiano, purtroppo, il violino non me lo dice. Però, guardando com'è fabbricato, direi che si sente un po' di accento straniero: è un violino pensato in un italiano corrente e idiomatico, ma con una punta di cadenza bavarese».

5.
Una città di spettri

Se l'uomo che stavo cercando era davvero originario di Füssen ed era emigrato in Italia in cerca di lavoro tra il 1660 e il 1700 circa, significa che era nato a distanza di anni, o tutt'al più di decenni dalla fine della Guerra dei trent'anni, in una città sfregiata dalle ostilità, ridotta all'ombra di una gloria ormai trascorsa. Una città popolata per metà di spettri.

Per prima cosa ho dato un nome al bambino del quale volevo scrivere. L'ho chiamato Hanns, uno dei nomi più comuni nella Füssen di allora. Anche in Algovia, come nel resto della Germania, il repertorio di nomi propri tra cui scegliere era piuttosto ridotto. I figli maschi potevano chiamarsi Hanns, Mang (da Magnus, il santo patrono del locale monastero), Matthias o Matthäus, Thomas, Rudolf e Franz. Hanns mi stava bene perché non presume nient'altro. Hanns è come dire Johannes. John Doe. Mario Rossi. Pinco Pallino. La distanza storica che mi separava da Hanns era troppo grande per pretendere di immedesimarmi nella sua figura: un bambino che cresce in una città semidistrutta, semivuota, invasa dalla vegetazione, ma anche in lenta ripresa. Con la popolazione ridotta a ottocento abitanti la manodopera non bastava per condurre gli indispensabili lavori di restauro, come osserva nel 1635 lo stesso Hanns Faigele:

Sulle messi di quest'anno non ho niente da ridire, perché è stato senz'altro un anno buono e fertile. Tutto è cresciuto come doveva. Però eravamo troppo pochi per sfruttare a dovere il raccolto e portarlo al riparo. Molto fieno è rimasto nei prati, sia alla prima che alla seconda fienagione; molte verdure sono andate in semenza negli orti, perché la gente era morta.

Forse Hanns era un ragazzo di città, forse è nato in uno dei poderi isolati del circondario, dove non c'era mai di che sfamarsi del tutto, oppure in uno dei piccoli borghi della zona, come Roßhaupten o Breitenwang.

A Füssen, nel dopoguerra, la ripresa è lenta e graduale. Il commercio era quasi del tutto dissestato, l'agricoltura risentiva della scarsità di manodopera, molti degli abitanti erano morti o fuggiti altrove. La vita portava il segno della miseria. Quando nel 1716 il liutaio Johann Georg Kleinhans muore all'età di soli trentacinque anni, viene stilato per conto degli eredi un inventario di tutti i suoi averi terreni. Alla voce «effetti personali» si legge:

2 giacche da uomo, una malconcia, l'altra in condizioni discrete
1 camicia di lana rossa di panno comune
1 paio di brache di cuoio
1 vecchio panciotto rosso
3 camicie di lino di buona qualità
2 idem, ma di cattiva qualità
2 camicie ricamate, ancora buone
5 colletti bianchi, di cui 2 con l'orlo di trina
3 paia di calze comuni.

Un solo paio di brache di cuoio, due camicie eleganti in lino, tre paia di calze e due colletti con l'orlo di trina: Kleinhans non era certo quello che si dice un uomo agiato. Eppure si trattava con ogni evidenza di un artigiano in vista. Se ne deduce che quel magro inventario rispecchia il tenore di vita medio di molti altri concittadini dell'epoca.

Il declino della città, a ben vedere, non dipendeva soltanto dalla peste e dalla guerra; sarebbe peggiorato anche in tempo di pace. La disponibilità di legname di qualità e la collocazione geografica dell'abitato, sulla via che portava a Venezia, avevano garantito per secoli la fortuna di Füssen, ma ormai nelle aree limitrofe le essenze più pregiate – larici, tassi, abeti rossi – erano state abbattute senza risparmio, e la piccola era glaciale aveva rallentato la crescita dei fusti di ricambio. Il commercio di legname perdeva dinamismo e il prezzo delle essenze alpine saliva, tanto che già all'epoca i committenti potevano decidere di optare per legnami più a buon mercato provenienti dalla Boemia, se non addirittura dalla Polonia. Il mercato dei beni di lusso, compresi gli strumenti musicali più costosi, decadde pressoché del tutto. Quanto alla via che portava a Venezia, sempre più commercianti sceglievano percorsi alternativi che passavano lontano da Füssen.

Un secondo problema aveva origini molto più remote. Venezia, il grande sbocco degli strumenti e delle componenti semilavorate prodotte a Füssen, aveva conquistato ricchezza e potere imponendosi come la via d'accesso dell'Europa al mondo ottomano, con i suoi favolosi tesori e le sue merci di pregio. Sul finire del XVI secolo, però, la situazione iniziava a cambiare. Dissidi interni che minavano il potere dei sultani, guerre costose e senza sbocchi, le ricadute della piccola era glaciale e le continue lotte per il potere inducono una stagnazione che infiacchisce l'invincibile partner commerciale di un tempo.

Nel frattempo i viaggi di esplorazione promossi dall'Europa avevano ridisegnato la carta del mondo e rivelato nuove vie di transito. Il commercio estero europeo iniziava a riorientarsi verso altri continenti, concentrandosi su rotte marittime più occidentali che garantivano uno sbocco diretto sull'oceano.

Ben presto il triangolo commerciale che univa Europa, Africa occidentale e Caraibi nel segno di uno scambio tra schiavi, da un lato, e zucchero, caffè e tè dall'altro, si rivela molto più decisivo della prossimità di Venezia a Costantinopoli, come del resto il traffico mercantile verso il Sud Est asiatico e le rotte atlantiche in genere. L'Atlantico prende il posto del Mediterraneo come principale arteria di comunicazione e trasporto al mondo. Il futuro appartiene a Londra e Amsterdam, non a una città affacciata sull'Adriatico, e per l'Italia in particolare il presente si chiama Livorno, dotata di un nuovo porto sulla costa occidentale della Penisola che rendeva Venezia obsoleta come punto di raccolta per le merci provenienti dall'Ovest.

Un'altra delle ragioni del declino di Venezia è la catastrofe che nel 1630 era costata la vita a tanti cittadini di Füssen. Tra il 1629 e il 1631 la cosiddetta «peste manzoniana» si diffonde in tutto il Nord della Penisola. Verona perde quasi due terzi degli abitanti, Milano poco meno della metà, e anche Venezia è gravemente colpita dal contagio. Quarantaseimila veneziani tra uomini e donne – un terzo della popolazione – vengono seppelliti in modo sommario in fosse comuni improvvisate.

Per la metropoli commerciale quella catastrofica emorragia di esseri umani, forza lavoro, *expertise* e capacità mercantili significa la fine di un antico primato. Venezia riorienta le attività, allontanandosi dal commercio di beni di lusso di origine orientale o destinati all'Oriente. A risentirne è un'intera rete mercantile internazionale formatasi nel corso dei secoli, tanto che perfino all'altezza di uno snodo secondario come Füssen appare chiaro che le commesse veneziane iniziano a rendere poco, che occorrono sempre meno portatori di liuti, che meno gente si ferma la notte nelle locande, che i viaggiatori di passaggio acquistano meno brocche del vino ricavato dalle vigne tirolesi del monastero e che il gettito delle dogane cala.

Insieme al mercato cambiano anche i rapporti tra le due città. Nello specifico, cambiano le merci. Venezia resta un centro importante nell'Europa musicale dell'epoca e continua a dettare legge sulle nuove tendenze in materia d'opera e di pratica strumentale. Ma nel quadro dinamico dato dalla competizione di virtuosi, teatri e istituzioni, unita alla presenza di viaggiatori da tutta Europa di passaggio nella città lagunare, anche il gusto evolve in modo rapido.

Il liuto è uno strumento lirico dalla vocazione polifonica, capace di rendere percettibili strutture contrappuntistiche complesse e di accompagnare attivamente i cantanti, ma ha un difetto: lo scarso volume del suono. Il timbro delicato delle sue corde si addice all'acustica di sale e salotti e si presta a sostenere la voce di un cantante, ma stenta a imporsi sotto le volte di una chiesa o nel costante brusio di un teatro.

Il nuovo spirito dei Lumi esige però che i concerti si rivolgano alla società borghese nel suo insieme, specialmente nel quadro di teatri e teatri d'opera, un nuovo spazio che in un certo senso risponda alle grandi sale del trono e alle navate delle chiese. In quegli ambienti acustici l'organico ideale si fonda su strumenti come il pianoforte, fresco d'invenzione, e sull'orchestra d'archi, ai quali potevano affiancarsi eventualmente cantanti o altri esecutori. Tutto il resto avviene per una sorta di selezione naturale. Esistevano strumenti a corde di ogni genere, un'infinità di viole diverse: *da braccio*, concepite per venire posate sulla spalla; *da gamba*, suonate in verticale tra le ginocchia ecc. Alcune avevano sei corde, altre di più, altre ancora di meno. Il sistema di accordatura poteva variare. Questo significava però che né le composizioni né i musicisti in carne e ossa potevano viaggiare liberamente, perché a una giornata di distanza le convenzioni potevano essere del tutto diverse, per cui occorreva imparare la tecnica daccapo.

I violini, le viole e i violoncelli di moderna concezione godevano di un colossale vantaggio evolutivo rispetto al variegato panorama delle viole barocche: montavano solo quattro corde, sempre intonate per quinte. Chi praticava la viola, in altri termini, poteva imbracciare qualunque strumento e iniziare a suonare, e la musica scritta per quell'accordatura si poteva leggere ed eseguire senza complicazioni anche all'estero. Un successo nato dalla standardizzazione. Va inoltre considerato che con sole quattro corde era più facile correggere l'intonazione in tempo reale, specialmente se si tiene conto che la tensione del budello ovino attorcigliato risentiva in modo inevitabile delle fluttuazioni termiche e delle condizioni igrometriche di una sala non riscaldata e piena di gente. Gli accordi risultavano più puliti rispetto agli strumenti a otto, sedici o più corde.

Per i liutai che assistevano a quella rivoluzione e che avrebbero contribuito a plasmarla con la loro energia e creatività, cioè per le generazioni che lavorano tra il 1680 e il 1750 circa, è un'epoca di grandi opportunità. La domanda di strumenti nuovi era diffusa un po' dovunque in Europa, anche se non si trattava per l'esattezza di vere e proprie invenzioni, ma di versioni modernizzate di strumenti già noti. Le corti nobiliari e le istituzioni borghesi ingaggiano una sorta di rivalità musicale: da un lato pomposi trionfi, messe composte per un'aristocrazia celeste e drammi musicali fondati su massime eroiche propizie agli interessi dello Stato; dall'altro una diversa morale, a base di nobili rinunce e sacrifici supremi, ma anche quartetti d'archi e sinfonie, feste paesane e musici itineranti chiamati ad allietare i matrimoni.

Sarà l'opera a favorire l'imporsi dell'orchestra d'archi, e Venezia non era soltanto la culla dell'opera: a distanza di un secolo ne rimaneva la piazza principale. Non c'erano atmosfere, non c'erano effetti sonori che quegli strumenti fossero incapaci di produrre: dai cuori palpitanti alle tempeste in mare aperto, dal cinguettio degli uccelli al bordone delle zampogne e dei corni da caccia. Ancora all'epoca di Mozart varie orchestre avevano in organico dei liutisti, ma era chiaro che il futuro apparteneva al suono più brillante, variegato e ricco di volume dei violoncelli, delle viole e dei violini.

In un primo tempo, a quanto risulta, gli artigiani di Füssen trovano difficile adattarsi alle nuove esigenze. Mentre i liuti fabbricati in Algovia erano creazioni complesse e raffinate, dei capolavori di ebanisteria, intagliati con ogni cura, impreziositi con inserti di essenze esotiche e altri materiali preziosi, oggetti di strabiliante eleganza, i violini di Füssen erano molto più rudimentali. L'evoluzione della cultura musicale, in altri termini, colpiva l'industria domestica di Füssen nel suo punto debole.

In linea di principio gli strumenti ad arco sono più semplici da costruire. Le componenti sono meno numerose e l'assemblaggio risulta più spedito. Chi fabbricava violini, a differenza dei colleghi e dei predecessori specializzati nel liuto, non doveva dipendere dalle partite di pezzi semilavorati che venivano spedite da fuori, però la procedura restava comunque suddivisa tra più mani. In molte botteghe i lavoranti si specializzano in determinate fasi, come la piegatura della fascia, la piallatura del fondo e della tavola, l'intaglio della testa e del riccio, l'apertura dei fori di risonanza, la stesura della preparazione e la verniciatura del legno. In altre parole, uno strumento che oggi circola sul mercato con il nome del maestro e del proprietario poteva essere frutto del lavoro di un intero laboratorio. Se non altro, però, l'intero processo produttivo si svolgeva in uno stesso luogo, dalla sgrossatura del blocco di legno alla lucidatura della lacca.

Il ruolo di Füssen e delle parti semilavorate che per tradizione si producevano nella zona si fa sempre più marginale. In quegli anni, peraltro, la città non poteva contare su maestri di eccellente levatura, capaci di creare un nuovo stile, fondare una scuola, imprimere al mercato un ritrovato dinamismo. Non era un caso. Molti degli artigiani più dotati erano morti o emigrati all'estero, e i giovani liutai più energici e ambiziosi continuavano ad abbandonare la città natale, troppo lontana dai nuovi sbocchi e sul piano artigianale ormai inadeguata alla produzione di strumenti alla maniera italiana.

Un piccolo esercito di liutai nati a Füssen tra il 1650 e il 1680 si trasferisce in Italia e finisce per scalare i vertici della professione. Dopo la catastrofica epidemia di peste perfino la corporazione cremonese aveva iniziato ad accettare apprendisti tedeschi. Sembra molto probabile, per esempio, che il tirolese Jacob Stainer (1619-1683) abbia studiato nella bottega del grande Nicolò Amati. Stainer sarebbe stato uno dei pochi a fare ritorno in patria. Stabilitosi ad Absam, in Tirolo, inizia a fabbricare strumenti che avrebbero esercitato un influsso decisivo su quasi tutti i colleghi attivi a nord delle Alpi. Alcuni dei più abili maestri «italiani» del XVIII secolo erano liutai di Füssen formatisi professionalmente in quel contesto per poi emigrare in Italia.

Gli strumenti fabbricati a Füssen negli anni del dopoguerra erano spesso molto rudimentali: grezzi, asimmetrici e improvvisati, intagliati con mano sommaria, sembrano quasi lavorati con attrezzi senza filo e occhi stanchi di guardare. Strumenti fatti per essere suonati nelle osterie. Non stupisce che un violino di Füssen si vendesse per l'equivalente di sessanta pagnotte. Non erano pezzi di lusso, e gli artigiani che li fabbricavano erano persone comuni. Guadagnavano quanto un manovale o un fabbro ferraio.

Il declino della tradizione artigianale trova riscontro nella situazione della città e dei suoi sbocchi commerciali. In una regione che iniziava appena a riprendersi dalla guerra più devastante che avesse mai funestato l'Europa, la domanda di strumenti ad arco eccellenti concepiti per suonare musica nello stile italiano era piuttosto contenuta. Per una sorta di curioso paradosso, Füssen produce moltissimi liutai d'eccellenza e pochissimi violini di pregio.

Se davvero il giovane che ho scelto di chiamare Hanns è stato apprendista a Füssen, allora si è formato presso uno dei cinque mastri liutai ancora attivi nel 1675, tre dei quali appartenevano alla stessa famiglia: Hans, Christoph e Michael Fichtel, Mattheis Aicher e Lucas Socher. Anche quello era un sintomo del declino. Solo due generazioni prima le botteghe di liuteria erano oltre una ventina e ciascuna impiegava un maestro, dei lavoranti e vari apprendisti.

In un'epoca in cui pochissime cosiddette «persone comuni» sapevano leggere e scrivere, erano in pochi a tenere un diario come faceva Hanns Faigele, a inviare lettere o a lasciare tracce verbali del proprio passaggio sulla Terra, segni della propria esperienza. La maggior parte di quelle persone, nei rari casi in cui è giunta notizia della loro esistenza, è stata ridotta dalla storia alle sole informazioni che possono trovare posto su una lapide: nome, anno di nascita e di morte, parenti, e magari una massima devota o qualche dettaglio pittoresco ed eloquente.

Come vivevano, cosa pensavano i ragazzini bavaresi del tardo XVII secolo? Cosa era cambiato rispetto a un centinaio di anni prima? Quali erano le differenze rispetto a un centinaio di chilometri più in là? Hanns è potuto andare a scuola o i suoi genitori erano troppo poveri per farlo studiare? Ha forse frequentato il monastero, dove i bambini imparavano anche a suonare e cantare? Ha conosciuto già dall'infanzia la musica d'arte del suo tempo, magari a messa? Oltre alla scuola dei frati, a Füssen era attivo anche un altro istituto di orientamento più laico.

Nel caso di Füssen si può parlare di una città traumatizzata? Stiamo proiettando sulla storia categorie moderne, oppure gli uomini dell'epoca erano davvero traumatizzati dalla guerra, e rispetto a noi cambiano solo le soluzioni messe in atto per elaborare gli eventi? Erano troppo poveri e affamati per curarsi dei sentimenti? Nel raggio di varie giornate tutti avevano perso qualcuno. Intere famiglie spazzate via.

La cittadina nella quale cresce il nostro Hanns era popolata di spettri, di storie, di nomi che non si potevano sentir pronunciare senza farsi il segno della croce, una città di preghiere in suffragio delle vittime della fame e della violenza, piena di annose pendenze e rese dei conti a viso aperto, forse anche del ricordo di un passato migliore. Un aspetto che non può non avere segnato i piccoli abitanti di Füssen è la Controriforma, fattasi più intensa e programmatica che mai dopo la Guerra dei trent'anni. La Chiesa cattolica sfruttava un predominio difeso con il sangue celebrando la propria stessa gloria con una fioritura di sfarzosi edifici sacri che quasi sempre svettavano sul paesaggio circostante: simboli in pietra di un potere assoluto. I grandi monasteri barocchi come le abbazie di Göttweig, Melk, Sankt Florian o Heiligenkreuz sono stati edificati in quello spirito: perché nessuno dimenticasse chi comandava.

Anche i priori di Sankt Mang, il monastero di Füssen, si lasciano contagiare da quell'ondata di ostentazione architettonica. Nel 1696 commissionano l'ampliamento e l'aggiornamento in chiave barocca del loro complesso conventuale, mentre già venticinque anni prima la chiesa di Füssen aveva provveduto a valorizzare il santo locale nonché patrono della parrocchia.

San Magno, però, era una figura difficile da pubblicizzare. Eremita e missionario, era vissuto in quelle zone nell'VIII secolo, ma la sua carriera postuma di santo locale non era stata granché brillante. Proteggeva da flagelli naturali come i topi, i bruchi, le larve di maggiolino e i pidocchi. Quel monaco dell'Algovia, solitario, taciturno e poco avvezzo all'igiene, era l'esatto contrario dei santi azzimati che attiravano le signore nelle grandi e sontuose chiese delle città. Come se non bastasse, stando alle rare fonti agiografiche, tutte tarde, era morto di morte naturale, per cui non si prestava granché neppure al culto dei martiri.

I responsabili locali della Chiesa cattolica erano decisi a promuovere il culto del santo patrono, che quantomeno godeva del favore popolare. Guarda caso, proprio in quegli anni, per la precisione nel 1672, salta fuori il resoconto di un miracolo. Jonas Heringer, fabbricante di liuti e violini con bottega a Faulenbach, arrotondava come guardiano presso la porta cittadina che apriva dalla parte del fiume. All'epoca della guerra aveva preso posizione contro il sindaco protestante giunto al potere con il tradimento, si era ricordato all'improvviso di un fatto strabiliante accadutogli trent'anni prima, e voleva darne testimonianza:

> Per maior gloria de sancto Magnus riferisce altresì Jonas Heringer [...] omo probo e fededegno in qual guisa egli stesso or sono trent'anni fusse perseguitato in ogne tempo da le cimici e avesse usato contro a le suddette diversi remedi, e poi altri ancora, che a nulla sono valsi. Fino a che non consacrò egli se stesso e l'abitazione sua a sancto Magnus, promettendo a lui destinare ogne anno certo sacrifizio. Da quel torno fino a oggidì è stato egli libero da ogne cimice.

San Magno aveva provveduto a sbarazzare il liutaio dalle cimici che lo infestavano. Anche tenuto conto delle pessime condizioni igieniche dell'epoca, non era un miracolo di quelli che attirano torme di pellegrini. Era tuttavia un inizio. Per nostra sfortuna non ci è giunta notizia di ulteriori prodezze del santo.

La Controriforma esercita un influsso capillare anche sull'educazione dei giovani, ma il destino di un bambino come Hanns, affidato – se non addirittura venduto come lavorante o apprendista – a un contadino o a un artigiano, era legato in tutto e per tutto al carattere del suo superiore, agricoltore o liutaio che fosse. Il fatto stesso che potesse o meno frequentare una scuola sarebbe dipeso dal capriccio di chi gli dava il pane.

La vita quotidiana dei bambini che entravano a servizio intorno agli otto/nove anni poteva essere fatta di lunghe giornate lavorative: erano costretti ad attingere l'acqua per la famiglia tra insulti e percosse, a vuotare i pitali, a uscire da soli nel buio per nutrire le bestie, mentre le cure loro riservate erano rare e inadeguate. In altri casi il piccolo apprendista entrava a far parte della famiglia del maestro e veniva mandato a scuola e allevato insieme ai figli legittimi, anche se poi gli toccava lavorare per tutto il giorno in bottega.

Per un giovane come il nostro Hanns gli anni dell'apprendistato sono stati quasi certamente una dura preparazione alla vita. Un artigiano senza mezzi propri o familiari influenti poteva permettersi di aprire bottega solo in un caso: sposando la figlia del maestro. Chi non poteva contare su simili scorciatoie aveva una sola alternativa: l'emigrazione. Se davvero Hanns è partito per l'Italia, insomma, non lo ha fatto per un colpo di testa, un estro improvviso, ma ha compiuto la scelta che generazioni di artigiani avevano già compiuto prima di lui: è partito al seguito di un gruppo di trasportatori di liuti o altri commercianti girovaghi per bussare alla porta di un altro mastro liutaio in uno degli snodi della rete degli emigranti bavaresi, munito di una lettera di presentazione. Un altro maestro che in certi casi aveva addirittura preso carta e penna per scrivere in patria chiedendo l'invio di un nuovo apprendista dall'Algovia.

È difficile stabilire che età avesse Hanns quando ha intrapreso il suo viaggio al di là delle Alpi, verso un mondo nuovo. La maggior parte dei colleghi, però, al momento di lasciarsi alle spalle la Germania aveva sui tredici o quattordici anni. Il più giovane degli emigranti poi divenuti mastri liutai, un certo Piero Railich, ne aveva undici. Giorgio e Matteo Sellas, che a Venezia troveranno fama e ricchezza, partono a dodici anni, come pure Zuanne Curci.

Jonas Heringer, chiamato spesso a testimoniare del passato, data la sua memoria a quanto pare eccellente, aveva tre apprendisti, dei quali conosciamo il nome. Basta confrontare il luogo di nascita con quello di morte per toccare con mano la normalità dei flussi migratori durante e dopo la Guerra dei trent'anni. Andres Bär, nato nel 1650, muore nel 1722 a Vienna; Andreas Ott viene alla luce nel 1630 a Lechbruck, in un mondo funestato dalla peste e dalle armi, e muore nel 1667 a Praga; il terzo è partito per l'Italia.

Perlopiù gli apprendisti costretti a cambiare vita venivano mandati al di là delle Alpi. Come funzionasse di fatto l'emigrazione si può ricavare dal caso di Gioanni [*sic*] Angerero, *alias* Hanns Angerer, che stando ai documenti italiani era nato a «Fies in Allemagna» ed è citato come «fabbricante di chitarre».

Nato a Füssen nel 1627 e rimasto orfano in giovane età, Angerer poteva contare su alcuni parenti che avevano fatto fortuna in Italia. Uno dei suoi zii si era affermato come commerciante di tessuti a Genova, un altro era mercante a Milano. Hanns viene spedito a sua volta oltre le Alpi e all'età di soli dodici anni entra come apprendista nella bottega di suo cugino Sebastian Angerer, liutaio a Torino. Da quel giorno si fa chiamare Gioanni, una grafia peculiare nella quale si rispecchia forse la pronuncia regionale piemontese, che tende a indebolire certe consonanti.

Il 7 luglio 1643 Sebastian Angerer affranca se stesso e il fratello mercante milanese al prezzo di una tovaglia da altare in seta: non va dimenticato, infatti, che molti contadini nel Sud della Germania erano ancora tecnicamente servi della gleba. Gli affari vanno a gonfie vele, tanto che il 2 aprile 1650 il cognato gli scrive, dicendo di aver sentito che:

> hai fatto domanda per un ragazzo. Se lo avessi saputo prima ti avrei potuto mandare tuo fratello Benedict, che adesso è entrato come apprendista birraio a Schongau [...]. Te ne ho spesso parlato per lettera, ma tu non hai mai risposto.

Quell'imbarazzante silenzio sembra giunto al termine, dal momento che Angerer riceve da Füssen l'apprendista che aveva richiesto, Heinrich Casner, il quale più tardi avrebbe rilevato la bottega, affermandosi come liutaio con il nome di Enrico Cattenar. Tra le altre cose, Cattenar è uno dei rari emigranti nati a Füssen dei quali sappiamo che manterrà contatti con la città, dal momento che corrisponde con i frati del convento di Sankt Mang, se non altro per questioni di eredità. Se ha scritto anche delle lettere private alla propria famiglia, non sono giunte fino a noi. Non sempre chi parte spinto dalla miseria può permettersi il lusso di decidere del proprio destino: perlopiù, i liutai di Füssen andavano dove c'era lavoro. Rudolf Höß, nato a Füssen nel 1640, ha imparato il mestiere a Roma e ha lavorato a Venezia e Bologna, per poi valicare nuovamente le Alpi alla volta di Vienna, Graz e infine Monaco, dove muore nel 1628. Martin Heel è partito da Weißensee, non lontano da Füssen, per stabilirsi a Genova e in un secondo tempo riscattarsi dalla condizione di servo della gleba. Johann Caspar Krenzner si trasferisce a Salisburgo, dove nel 1743 sposa la figlia del maestro presso il quale era a bottega. David Tecchler, nato nel 1660 nella diocesi di Augusta, si stabilisce a Roma, affermandosi come uno dei più prestigiosi liutai del suo tempo.

Il giovane Hanns rimane invece un fantasma, invisibile e inafferrabile: il figlio di una città di spettri si prepara al più grande viaggio della sua vita.

6.
Danza macabra

Lo si intravede in secondo piano, seduto su una botte. Ci fissa con occhi senza vita e suona un violino. Una scena di osteria, indizio delle associazioni mentali che all'epoca si accompagnavano allo strumento.

Le orbite vuote del musicista sono esaltate da un ghigno senza labbra, perché a imbracciare il violino è uno scheletro. Uno di quei morti che a tradimento ghermiscono un vivente per il polso e lo trascinano in un'ultima danza: un invito che nessuno può rifiutare. Qui è addirittura l'oste a venire preso per mano da un altro scheletro. Dando prova di un certo senso dell'umorismo, la morte sfotte la sua vittima: «L'arte hai studiato del Pargol divino / Tu pure trasformavi l'acqua in vino». Lo scheletro strattona via l'uomo con il suo elegante farsetto rosso, mentre l'altro compare non-morto, imperterrito, siede sulla botte e fa andare l'archetto. Lo strumento è riprodotto fedelmente in ogni aspetto: non che in zona mancassero gli esempi da copiare.

Può darsi che il giovane Hanns abbia conosciuto quel dipinto, perché tutti nella sua città natale lo avevano visto: è la *Danza macabra* di Füssen, un monumentale ciclo figurativo, una sorta di cinema prima del cinema, un'esperienza che faceva rabbrividire, popolata di figure che tornavano la notte a tormentare i sogni, un *tableau* gremito di rischiose allusioni: il fremito del vizio, l'uguaglianza di fronte alla tomba, la transitorietà delle pompe terrene, di ogni sforzo, di ogni differenza sociale.

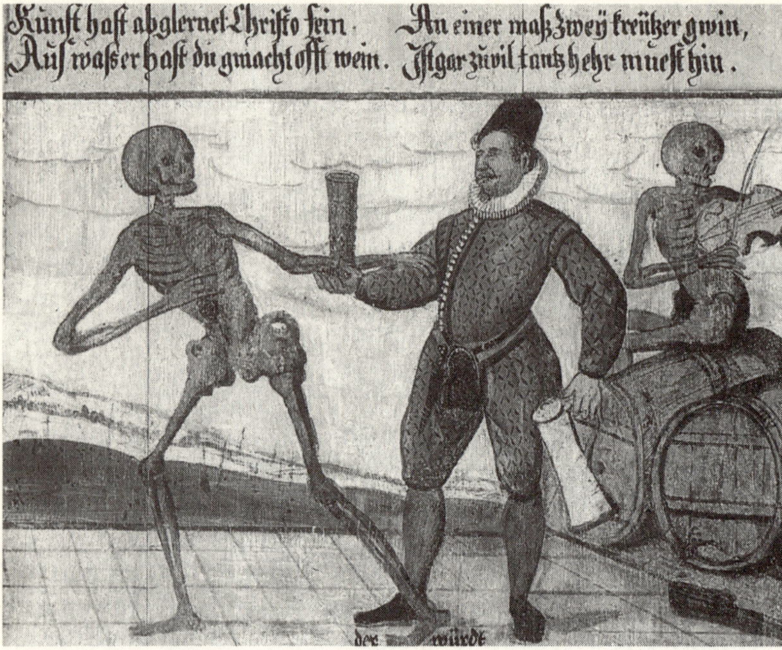

Particolare della *Danza macabra* di Füssen in cui compare un violino

Dieci grandi tavole in legno, ciascuna illustrata con due scene, opera di un artista locale attivo nel 1602, mostrano come la morte si porta via tutti, dal papa al pittore stesso.

Si tratta, alla lettera, di una successione di danze, come in una *suite* barocca. Le movenze degli scheletri sono piene di slancio, la morte rapisce gli uomini a tempo di musica per rendere più dolce e irresistibile l'invito che nessuno può rifiutare: una *danse macabre*. Il papa viene trascinato via tra i gemiti nasali di una ciaramella, che per il principe diventa una zampogna, come quelle che suonavano i suoi sudditi, mentre la sua principesca consorte ha diritto a uno squillo di chiarina nell'orecchio: «Mi avete visto ballare, Eccellenza? / Ora a voi tocca danzare la mia danza». Il dottore è convocato a suon di tamburi, l'oste con il violino, il proprietario terriero con squilli di tromba, il povero

Ciclo iconografico della *Danza macabra* di Füssen

«amministratore» e il giocatore incallito con il piagnucolio sardonico di una piva, mentre al pittore sono riservate le note soavi del liuto. Füssen, città di liutai, aveva trovato un monumento alla sua altezza: «Tocca ballare, vi aggradi oppure no».

***

La danza macabra tradisce una certa diffidenza nei confronti dei girovaghi. Musici e saltimbanchi, cartomanti e borseggiatori, conciabrocche e imbonitori: figure immancabili a matrimoni, fiere, feste comandate e sedute dei tribunali. Facevano girare la testa alla gente con i loro trucchetti e la loro paccottiglia da due soldi, rimedi miracolosi, specchietti e trine. Facevano scomparire e riapparire gli oggetti e menavano la gente per il naso, anche se a vestire la giubba del matto erano loro. La morte del ciclo iconografico di Füssen è un soggetto di quella risma: un vagabondo senza fissa dimora, uno che viene da fuori, cioè da nessuna parte, che danza e suona a tempo, sempre allegro, sempre sogghignante. Di persone del genere non ci si può fidare: portano sventura e, pure quando se ne vanno senza lasciare gente malata o stregata sul loro cammino, puntualmente scompaiono dei polli dal cortile e delle monete dalle tasche. Guai a chi non fa attenzione. È gente pericolosa, senza coscienza, una manica di sbandati. Il pifferaio di Hamelin è uno di loro, come pure l'irriverente personaggio folklorico di Till Eulenspiegel. Trascinano le anime candide nella perdizione o nel delirio. Una delle loro melodie più popolari, ripetuta all'infinito in variazioni sempre più scapestrate, era detta non a caso *La Folia.*

Nel Nord Italia i girovaghi di quella risma erano detti *ciarlatani.* Quando sbarcavano in un villaggio mettevano tutto a soqquadro con le loro arti sensazionali. Quando suonavano ai matrimoni bevevano più degli ospiti eppure continuavano a strimpellare, una melodia dopo l'altra, fino a che l'ultimo invitato era tornato a casa o si era rovesciato a terra. Il violino era uno degli strumenti preferiti di quei musici ambulanti: piccolo e maneggevole, facile da accordare, ma al tempo stesso incredibilmente versatile, capace di suonare di tutto, di imitare qualunque suono, dal cinguettio di un uccello al lamento della zampogna, dalla voce umana al corno da caccia, fino a simulare addirittura un'intera orchestra.

Non c'è da stupirsi che la morte, ritratta nei panni del musico itinerante, suoni proprio il violino. Suonare è sedurre, e sedurre è precipitare l'unione, il trasporto irresistibile, la conquista e il culmine di ogni cosa: la *petite mort.* Intorno all'anno 1600 il violino è uno strumento per girovaghi e ciarlatani, seduttori e corruttori di professione. Tocca ballare, che piaccia oppure no.

Quell'inquieta esistenza girovaga, più sospetta che mai negli anni della guerra, specialmente nel Sud della Germania, faceva risorgere antiche paure. Gli artigiani itineranti, i gruppi di profughi, le bande di predoni, le carovane di pellegrini, conciabrocche,

Allegoria dei mesi, *Settembre e ottobre*

ambulanti e truffatori di ogni genere sfuggivano alle maglie dello Stato, non avevano una residenza, non pagavano tasse. Vivevano all'addiaccio anche in tempo di pace: proscritti dal luogo natale se non addirittura nati per strada, scacciati dai compatrioti o fuggiti con le ultime forze residue. L'Europa brulicava di persone che cercavano altrove un'esistenza migliore.

Ma le paure dei cittadini arroccati tra le mura dei loro borghi e quelle dei contadini indifesi che vivevano in aperta campagna avevano origini ancora più antiche. Il sospetto nei confronti dei girovaghi, con la loro musica e i loro spettacoli inebrianti, nasceva da un'angoscia atavica, pressoché inseparabile dalla vita stanziale: il timore dell'estraneo, del viandante, dell'incoercibile, dell'anarchico. Irresistibile, affascinante, pericolosamente sensuale, un nomade senza patria, un barbaro primitivo, un ladro, uno sciupafemmine. Alle spalle di quella figura fa capolino il dio della danza e dell'estasi, del vino e della terra, che girovaga con il suo seguito per trascinare gli esseri umani nel delirio e nella smania del desiderio, il dio assassinato dalle mani di creature profane che risorge ogni anno: Dioniso, signore del frastuono e dell'oltretomba.

La paura del vagabondo è il terrore ancestrale dell'incontrollabile, del dio oscuro che arriva inatteso con il suo seguito, accompagnato dal fragore di trombe, cembali e sistri per sovvertire l'ordine delle cose, per farlo a brandelli come i suoi accoliti smembrano le bestie. Il vino, la musica e l'estasi erodono qualunque ordine costituito, lasciando gli uomini nudi e inermi. Che cosa resta da fare se non armarsi contro l'invasione delle forze alle quali occorre sbarrare il passo, ma che pure, incessantemente, tornano a irrompere nella vita degli uomini? In un certo luogo specifico, in un preciso giorno del calendario è dato abbandonarsi alla follia – previa osservanza di certi rituali, però, altrimenti il mondo sprofonderebbe nel caos.

Di qui la fiera con i suoi spazi, di qui il giorno di festa. La sovversione dell'ordine dominante diventa parte di quell'ordine stesso. Le viene assegnato un luogo importante nell'immaginario al solo scopo di controllarla meglio nella vita quotidiana, incanalandola sotto forma di canzoni truculente, schiamazzi da postribolo, richiami di sirene, ritornelli satirici e danze talmente vorticose e rapide, talmente pulsanti, talmente protese verso un continuo accelerando, talmente estatiche da travolgere il cuore di qualunque uomo.

La *Danza macabra* di Füssen si snoda volteggiando lungo un percorso che risale a strati antichissimi della memoria culturale e della paura. L'angoscia di assistere al crollo delle strutture familiari, e la voglia di vederle cadere. Lo scheletro armato di violino è forse un richiamo (senz'altro molto dimagrito) all'immaginario dei culti dionisiaci; però la danza macabra, oltre a richiamare quei riti estatici, parla anche del terrore di vedere risorgere forze che non rispettano l'ordine sacro e naturale delle cose, la pura anarchia delle tombe scoperchiate e dei cadaveri danzanti che vengono a portare via delle persone perbene, trascinandole con sé nel fondo del sepolcro, quasi che la tomba fosse un talamo nuziale per l'eternità, o tutt'al più un luogo indicato per un *one-night stand.*

Anche l'Europa cristiana continua a drammatizzare senza posa quel vortice che risucchia gli uomini nell'abisso. Stando a vari documenti coevi, è possibile che l'iconografia della danza macabra riprenda la «danza dei morti» che nel XIV secolo veniva eseguita dalle troupe di saltimbanchi in occasione di certe festività religiose. In Francia è attestata precocemente con il nome di *danse macabre*, forse un prestito dall'arabo *maqabir* (da *qabr*, tomba): insomma una danza di chi seppellisce e di chi viene sepolto. Ancora un'eco postuma di al-Andalus e della sua diaspora, che forse non avrà portato a Füssen la danza macabra, ma se non altro le ha regalato il liutaio Jörg Wolff *alias* Jorge Lopez.

L'immagine della danza macabra si può leggere in orizzontale, come uno spaccato della società dell'epoca, ma anche in verticale, come genealogie di esseri umani che solo all'ultimo momento, in punto di morte, capiscono di non poter portare nulla nel loro viaggio e lasciano una testimonianza intima e suggestiva.

Ecco allora la danza delle generazioni, che ballano e balleranno tutte al suono dello stesso piffero. Una dopo l'altra vengono portate via a forza, senza che alcun mortale possa sottrarsi a quel destino. E ciascuna lascia in eredità alla successiva certi passi di danza, certi gesti, un certo portamento del capo, forme di paura e vergogna, fierezza e senso di appartenenza, odio per questi e tolleranza per quelli.

Era l'eredità che i bambini come Hanns portavano con sé all'estero: la loro identità. Conoscevano un mestiere ed erano latori di una memoria che li legava ad altri esseri umani che forse erano morti da tempo e sopravvivevano soltanto in loro, mentre giorno dopo giorno avevano a che fare con persone che popolavano un'altra vita, una vita fatta di gioie e dolori nella quale toccava loro immedesimarsi, ma che conservava sempre un non so che di irreale, effimero e provvisorio.

Dopo diversi giri di quella danza il prodotto delle sue mani è finalmente capitato nelle mie, dove resterà per qualche tempo: un violino come quello della *Danza macabra* di Füssen. La sua

Allegoria, morte
con fanciulla nuda

melodia si snoda per scenari diversi, di generazione in generazione, attraversando i secoli. Tra i danzatori ci sono anch'io: non so per quanto tempo ancora mi sarà dato di dimenarmi nella calca, non so quando la vertigine mi farà perdere i sensi, quando inciamperò per piombare a terra, ma so che la musica continuerà, e che uno dei musicisti o dei danzatori riprenderà il mio violino e unirà la sua voce a quella degli altri strumenti.

L'immagine della danza si può anche rovesciare. Tu suoni e suoni, ma alla fine la troverai in agguato, lei vorrà strapparti lo strumento di mano e con un ghigno ti inviterà a danzare. Finché riuscirai a tenerlo in mano continuerai a suonare, e finché riuscirai a suonare continuerai a vivere. È andata così, grossomodo, per le orchestre organizzate nei campi di concentramento, mentre il destino colpiva altri con il suo grottesco senso dell'umorismo.

Lo storico militare inglese Antony Beevor racconta il caso di un giovane ufficiale tedesco fatto prigioniero da un'unità russa in Germania. I russi hanno requisito un'antica villa e si viene a sapere che il tedesco suona il pianoforte. Il comandante gli dice: buon per te, finché suoni rimarrai vivo, ma non ti è concesso fermarti, perché appena smetti di suonare ti spariamo. I soldati iniziano a fare bisboccia e il giovane suona e suona, tutto quello che gli torna in mente dagli anni della sua formazione borghese, continua a suonare finché i muscoli delle dita non si intorpidiscono, finché è talmente stremato che vacilla sullo sgabello, finché collassa, si ferma, non ce la fa più. Il comandante allora impartisce un ordine, i soldati lo portano fuori e lo passano per le armi.

Finché riesci a suonare continui a vivere. Finché riesci ancora a intrattenerli, finché ballano, va tutto bene. Così suoni fino allo stremo, massacri le tue mani macinando tutto il repertorio delle canzonette da balera: guai a lasciarli annoiare.

Quanto alla morte, il suo repertorio è molto variegato. Marcette militari e canti di sirene, il rullo di tamburi di un'esecuzione capitale, musica da ballo, cori celesti, ritornelli da osteria, canzonacce di strada, ballate di malavita, concerti per violino, videoclip di disco music. La danza che predilige, però, è lenta e misurata. Nasce dagli infiniti mutamenti della vita, dal suo infinito girovagare per strade e vicoli. La morte danza sulle cadenze gravi di una passacaglia, il cui nome stesso fa pensare ai girovaghi, ai «ciarlatani» e ai musici erranti, che suonavano per ogni dove ma il cui repertorio, nonostante quelle processioni che duravano anche per ore, era piuttosto limitato.

La forma della passacaglia prende il nome da quello stile di vita, da quel modo di suonare: *passar la calle*, cioè andare per le strade. Una serie di variazioni che si avvicendano senza fretta su una linea di basso (la voce più grave della tessitura) la cui melodia ritorna sempre simile a se stessa, in modo più o meno scoperto, in forme più o meno alterate. La passacaglia è un po' come un'improvvisazione jazz: intorno al basso obbligato si raccolgono glosse, controcanti, riflessioni, raffiche di virtuosismo, momenti trasognati. Il pezzo conosce fasi di alta e bassa marea, finché a un certo punto finisce.

Una forma ideale per il musicista di strada, perché si poteva prolungare a piacimento, perché il carattere improvvisato del pezzo, la libertà esecutiva e l'esperienza consentivano di continuare a danzare con spontaneità da una variazione all'altra senza perdere il contatto visivo. Come fanno anche gli scheletri nelle venti tavole della *Danza macabra* di Füssen. La passacaglia, suonata con ironica gravità, è la formula ideale per la danza macabra. È una forma che si addice al sentimento della vita di un'epoca nella quale il progresso tecnologico e scientifico era ancora lento e il corso delle cose terrene sembrava immutabile: un'eterna risacca di dolori alternati a brevi istanti di felicità o addirittura estasi, di carestie intervallate da feste inebrianti, una processione di mode e signori, piaghe, guerre, cerimonie, patiboli e notti d'amore. Il mondo va sempre avanti, tutto scorre, però partecipare di quel flusso non significa credere nel progresso. Al contrario: solo la mano di Dio si frappone tra questo mondo e l'entropia totale, il caos assoluto.

La *Danza macabra* di Füssen è ancora oggi uno spettacolo che lascia a bocca aperta. Generazioni di cittadini si sono attardate ad ammirarla, fin da bambini, senza capire del tutto, ma già affascinati. Anch'io mi sono soffermato davanti a quelle tavole, nella cappella, dove l'opera occupa un'intera parete, e ho provato di nuovo quella stretta allo stomaco: forse anche Hanns, tanto tempo fa, ha occupato questo punto preciso. Se Hanns aveva frequentato la scuola dei frati, se aveva cantato nel coro o se di quando in quando era stato a messa lo conosceva di sicuro, quel dipinto. Forse però lo ha guardato perché era un ragazzino, si sentiva curioso e una notte di luna piena gli amici erano venuti a prenderlo di nascosto per sottoporlo a una prova di coraggio che sarebbe tornata a tormentarlo nei suoi sogni.

7.
Pareti scoscese a perdita d'occhio

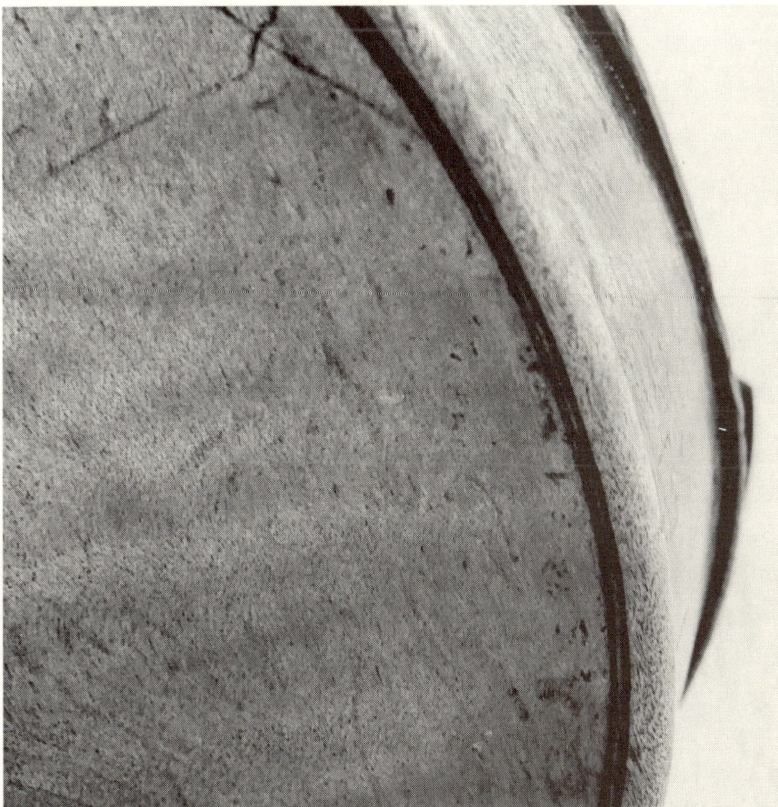

> Sono riuscito a valicare le Alpi per fare ritorno in Francia; in precedenza, diretto in Spagna, mi era già toccato inerpicarmi oltre i Pirenei, che però sono molto meno alti e spaventosi. Quanto ai monti del Galles, come Eppint [*sic*] e Penwinmaur [*sic*], dei quali si fa tanto caso da noi, sono mucchietti da talpe in confronto a questi: stanno alle Alpi come i pigmei ai giganti, le vescichette agli ascessi, i brufoletti alle verruche. E poi danno sempre qualcosa di utile per l'uomo o per le bestie, i monti del Galles: fosse pure solo dell'erba. E invece queste ruvide, immani, mostruose escrescenze della natura non danno proprio un bel nulla (di solito) se non picchi di roccia, e le cime di molte sono imbiancate di neve per dodici mesi l'anno.
>
> JAMES HOWELL, *Epistolæ Ho-Elianæ*

Per secoli gli artisti non sembrano neppure averle viste, le Alpi. Prima del tardo Settecento non sono praticamente mai state raffigurate. In compenso vengono descritte dai viaggiatori. Montaigne ne aveva fatto esperienza, come più tardi innumerevoli signori britannici diretti a sud per il Grand Tour. A questo proposito non si può fare a meno di notare un dettaglio sorprendente: le Alpi del XVII secolo non sono ancora «belle»; perlomeno non nei resoconti coevi. Le pareti di roccia, i canaloni, i valichi, ma specialmente le montagne, tendevano piuttosto a incutere timore, erano qualcosa di orrido, di immane, di certo non bello. Il sublime naturale è una scoperta del protoromanticismo.

Quando un ragazzino si accingeva a valicare la catena al seguito di un gruppo di viaggiatori di commercio, trasportatori di liuti e muli, aveva ben altro per la testa che il fascino del pittoresco. La maggior parte degli apprendisti che si lasciavano alle spalle Füssen partiva tra gli undici e i quattordici anni, ossia, tenuto conto delle condizioni alimentari e del tenore di vita dell'epoca, prima della pubertà. È molto probabile che il nostro Hanns, mandato in Italia per lavorare sotto un mastro liutaio bavarese, abbia affrontato il viaggio in quella fase della sua biografia.

Innanzitutto si trattava di oltrepassare i monti. Un'avventura rischiosa che per molti poteva tradursi in incidenti fatali e imboscate. Le prime strade percorribili in vettura sarebbero arrivate solo un secolo dopo. Prima di allora si accedeva ai valichi per semplici mulattiere che spesso e volentieri correvano rasente le pareti di roccia o attraversavano crepacci su ponticelli di fortuna. Bastava mettere il piede in fallo per rovinare nell'abisso. Un passo di troppo, e uomini e bestie precipitavano a fondovalle. E quelle non erano le uniche insidie: strada facendo il viandante si imbatteva in valanghe e intemperie, tempeste di neve e slavine, briganti armati, orsi e lupi. A quanto pare non mancavano neppure i draghi, citati da moltissimi testimoni, e poi spiriti, streghe e demoni. Il folklore alpino è gremito di presenze malefiche.

John Evelyn è un cittadino britannico relativamente agiato quando nel 1664 parte per il canonico viaggio di perfezionamento in Europa. I suoi ricordi sul valico delle Alpi occidentali in direzione dell'Italia, più tardi pubblicati, aiutano a capire che cosa rappresentassero quelle montagne per un viaggiatore del tardo Seicento e quante minacce nascondessero anche per chi poteva permettersi un cavallo, o al limite un mulo, dormiva in rifugi accanto a un fuoco scoppiettante, mangiava e beveva a sazietà, portava armi e affrontava quella prova insieme a compagni esperti. Evelyn rimane grandemente impressionato dal paesaggio che quella faticosa ascesa rivela:

L'indomani mattina abbiamo ripreso a salire tra quei dirupi e quei sentieri orridi e spaventosi, dove crescono pini in abbondanza e vivono soltanto orsi, lupi e capre selvatiche; in nessun punto lo sguardo si spingeva oltre un tiro di pistola, perché l'orizzonte era chiuso da rocce e montagne, le cui cime innevate sembravano sfiorare il cielo, e in vari punti fendevano le nuvole.

Per un *gentleman* maggiormente avvezzo agli agi dei salotti londinesi che agli aspetti più ingrati della natura, l'attraversamento delle Alpi è un'esperienza indimenticabile. In certi tratti angusti e rocciosi la sua vita dipende dal passo del suo mulo; poi, di nuovo, irrigidito dalla paura, attraversa a piedi un ponte improvvisato con pochi giganteschi tronchi di abete rosso.

In quei tratti angusti ci toccava spesso smontare di sella, ora nella neve gelata, ora scottati da riverberi del sole tra le rocce, mentre scendevamo verso il fondovalle, dove qua e là ci imbattevamo in qualche miserabile baracca costruita sul declivio roccioso, tanto che pareva dover scivolare giù da un momento all'altro.

E la natura non era l'unico spettacolo mostruoso. Anche gli esseri umani che popolavano quel paesaggio sterile e minaccioso avevano un aspetto inquietante, come di creature uscite da qualche leggenda. Evelyn descrive i gozzi smisurati degli abitanti di una valle, «grossi come sacchi d'argento da cinquanta chili». Secondo le credenze dell'epoca, quella deformità era dovuta all'abitudine di bere neve sciolta, ma il viaggiatore londinese ha un'altra ipotesi. Quell'aspetto orrendo era:

Un vizio ereditario della loro razza. Trascinata verso il basso la pelle del viso rende i loro tratti così ripugnanti, grinzosi e sformati che non conosco nulla di più spaventoso. A tutto questo vanno aggiunti uno strano abito rigonfio, le pellicce che portano e la lingua barbara che parlano, un miscuglio corrotto di tedesco, francese e italiano. Sono di alta statura, estremamente sgarbati e rudi, ma onestissimi e gente fidata.

Il viaggio di Evelyn si rivela un autentico dramma. A un certo punto la comitiva viene presa in ostaggio da alcuni paesani armati e torna in libertà solo dopo aver pagato un riscatto, poi rischia di sprofondare nelle nevi perenni. Uno dei cavalli scivola giù per un declivio e viene recuperato a fatica da quell'«oceano di neve che dopo ottobre nessuno riesce più ad attraversare». Quindi i viaggiatori capitano in un villaggio dove quasi ogni abitazione sfoggia una testa d'orso, di lupo o di volpe sulla porta.

Quelle impressioni erano amplificate dalla brutalità arcaica del paesaggio, dal perenne incombere di neve e dirupi, dai crepacci colossali e dal maestoso stagliarsi delle montagne, le cui vette senza tempo dominano il paesaggio. Prima di raggiungere vallate più dolci il viaggiatore è messo a durissima prova.

Il religioso italiano Sebastiano Locatelli attraversa il Passo del Sempione nel 1666. Nelle sue memorie descrive così l'attraversamento di un tratto di Alpi e l'inizio della pianura italiana:

> Vorrei poter descrivere i precipizi che circondano i poveri viaggiatori e il frastuono delle sorgenti. La cosa che più spaventa è veder giganteggiare di fronte a sé delle cime sempre più alte che occorre oltrepassare. La vetta del Sempione era incoronata di nubi che si vedevano secondo i momenti correre, diradarsi, addossarsi le une alle altre, squarciarsi, confondersi, e che parevano guerreggiare tra loro e contro la cima della montagna. Il sole faceva da arbitro, allontanandole, e il suo viso radioso sembrava prometterci pace e serenità. Ma i nostri piedi che avanzavano per quei sentieri, alti quasi quanto i sentieri celesti trapunti di stelle, erano tutt'altro che sicuri. Temevamo di vederci puniti da un momento all'altro per quella nostra temerarietà rovinando in un precipizio. Dopo avere passato come dei ciechi più di un passaggio angusto, con gli occhi chiusi per non venire sopraffatti dal terrore, fidandoci dei nostri muli, che avevano una lunga dimestichezza con quelle montagne, siamo arrivati a un punto dove sbocciano i fiori di primavera.

Il sollievo del prelato italiano è prematuro. La discesa verso Gondo sarà anzi la parte più insidiosa e angosciante dell'intero tragitto. «Toccava scendere sempre, e sempre a piedi, in mezzo a rocce e orrendi precipizi, lungo un sentiero largo due palmi: da un lato un abisso dalla profondità quasi infinita, dall'altro montagne che sembravano pronte a rovinarci addosso. Temevamo una disgrazia da un momento all'altro». Attraversare le Alpi significava, alla lettera, ritrovarsi in un altro mondo. Su un punto la memorialistica è unanime: si trattava di una prova che andava superata. Nei libri di taglio sensazionalistico e negli aneddoti legati al Grand Tour non mancano mai, opportunamente abbellite o adattate al gusto dell'epoca, le esperienze toccate ai viaggiatori in quel paesaggio bizzarro e inquietante.

I problemi di Sebastiano Locatelli, in ogni caso, non finiscono con quella laboriosa discesa. A Gondo viene fermato insieme ai suoi compagni di viaggio perché il certificato sanitario che aveva portato con sé dalla Francia non sembrava in regola. Né preghiere né denari riescono a chiarire la situazione. I viaggiatori vengono rinchiusi in una baracca con mucchi di foglie di castagno per giaciglio, nutriti con acqua e pane all'aglio in attesa che le autorità milanesi decidano se la comitiva può entrare in Italia. Era passata solo una generazione dalla grande peste del 1630 e i viaggiatori erano ancora potenziali veicoli di contagio.

Locatelli e compagni non se la prendono più di tanto. Viaggiare significava per definizione trovarsi alle prese con difficoltà impreviste. Dal momento che Locatelli era un sacerdote, i reclusi organizzano una funzione nella chiesetta locale. Il curato ammette di essere incompetente e inadatto al ruolo, ma aggiunge che non c'era nessun altro a prendere il suo posto, al quale avrebbe rinunciato volentieri. In serata i viaggiatori trovano il modo di procurarsi del vino a buon mercato. Si ubriacano e cantano fino a scivolare nel sonno. L'indomani, durante la messa, Locatelli pronuncia un'omelia di oltre un'ora, ma la comunità non sembra granché impressionata dalla sua eloquenza, tanto che il religioso, rassegnato, si dice che tanto valeva predicare alle statue o ai cadaveri.

Quando alla fine il messo ritorna da Milano con le carte necessarie, i problemi non sono finiti. L'uomo esige di essere rimborsato per le spese di vitto e alloggio sostenute a Milano. L'oste pretende un compenso per aver governato i cavalli. Per loro fortuna i viaggiatori avevano con sé la cifra esatta necessaria per riacquistare la libertà. Una persona meno abbiente, in quelle circostanze, non se la sarebbe cavata a buon mercato. Locatelli non riesce a sbarazzarsi del sospetto che fosse una manovra concertata per alleggerire la scarsella di quei viaggiatori dall'aspetto agiato.

Il prelato e i compagni, finalmente liberi, erano impazienti di proseguire per non cadere nelle mani dei banditi e non incontrare altre complicazioni. Si affrettano a ridiscendere verso valle anche se il sole era già tramontato. «Procedevamo in sella tra spuntoni di roccia e torrenti di montagna, ora salendo, ora scendendo, con le lucciole e le scintille che schizzavano dagli zoccoli degli animali per unico chiarore», racconta. Per lunghi tratti sono costretti a tirare gli animali per la cavezza. Per darsi coraggio e mantenere compatto il gruppo nel buio, uno dei viandanti gridava di quando in quando: «Ave Maria!», e un altro gli faceva eco: «Gratia plena!». Giungono così all'ultimo ponte:

> un ponte largo due piedi [circa 60 centimetri], fatto di assi collocate per traverso su due tronchi di abete. Ciascuno ha dovuto attraversare da solo, tenendo l'animale per la cavezza. Quando arrivavamo al centro il ponte si piegava sotto il suo peso, fin quasi a rovesciarci nel Toce, e quella volta abbiamo giurato di non tentare mai più un viaggio del genere di notte. Finché non è giunto al termine anche quell'ultimo tratto della discesa dal Sempione e siamo sbucati sani, salvi e di ottimo umore in un pianoro inondato dalla luce della luna, dove le vigne annunciavano già la fine delle montagne – e l'epilogo del nostro terrore.

Locatelli era italiano e portava con sé del denaro. Per molti degli emigranti che affrontavano le montagne per ricominciare da capo, invece, la discesa verso la pianura aveva forse lo stesso effetto riconfortante dopo gli orrori del valico, ma le promesse di quelle campagne agiate e di quelle città incantevoli e prospere sembravano rimanere fuori portata.

Sul finire del XVII secolo l'Italia era una realtà composita, perlopiù soggetta a potenze straniere. In termini economici le singole aree avevano grosse difficoltà, tanto più che venivano sollecitate di continuo per contribuire a finanziare le guerre dei loro signori spagnoli, asburgici e, più tardi, francesi, senza contare quelle dei papi. Tempi duri per chi oltrepassava le Alpi alla ricerca di fortuna in Italia.

Il nostro Hanns deve aver potuto contare su buoni contatti. Forse portava addirittura con sé una lettera di referenze. In altri termini, il primo approccio è stato forse meno arduo di come poteva essere talvolta per altri coetanei partiti da zone diverse dell'arco alpino e diretti come lui verso sud. Giunti all'estero, molti di quei bambini, alcuni fuggiti di casa, altri ceduti dai genitori, diventavano apprendisti, cameriere, braccianti, servitori e cuoche, ma anche soldati, spazzacamini e borseggiatori, oppure si davano alla prostituzione e all'accattonaggio. Le ragazzine avevano una sola possibilità, se volevano sfuggire alla strada: entrare a servizio in una famiglia nella speranza di conoscere e più tardi sposare un uomo rispettabile. Per i ragazzi, oltre all'esercito e alla marina, c'era il mondo dei mestieri artigianali. Quasi sempre gli accordi necessari, nei casi fortunati come quello di Hanns, erano stati presi a monte, cioè in patria, passando per le diramazioni di una rete capillare di colleghi, commercianti, parenti e fornitori. È molto probabile che Hanns conoscesse il nome del maestro sotto la cui guida avrebbe iniziato a lavorare in Italia: un uomo che quasi certamente aveva legami di parentela o affinità con la sua famiglia o con quella dell'artigiano che lo aveva formato. Probabilmente conosceva anche il nome della città nella quale i suoi accompagnatori lo avrebbero condotto e ne aveva già sentito parlare. Tenuto conto del fatto che i liutai impiegati in Italia si trattenevano quasi sempre sul posto, senza mai fare ritorno a Füssen, se non per rarissime eccezioni, Hanns doveva sapere anche un'altra cosa: che forse non avrebbe mai rivisto la sua famiglia, la sua città e il paesaggio nel quale era cresciuto.

Un poeta anonimo del XVI secolo che varie generazioni prima di Hanns aveva affrontato lo stesso periplo, scriveva del dolore provato al momento di congedarsi dal Tirolo per trasferirsi altrove:

Innsbruck, ti devo abbandonare
Verso contrade forestiere
Conduce il mio cammino.
La gioia è spenta nel mio cuore
Né so come la ritrovare
Finché io vado a capo chino.

8.
Milano

Un giovane uomo dai capelli cortissimi ci è venuto incontro dal fondo del cortile. Aveva un che di timido nel portamento che me lo rendeva simpatico. Senza dire una parola, o quasi, ci ha fatto strada giù per una scala, verso il sotterraneo: il laboratorio di CC, suo padre.

Fino a quel momento i miei rapporti con il liutaio e storico milanese si riducevano a qualche lettera e a un paio di telefonate. CC era uno dei tanti esperti di fama internazionale ai quali avevo spedito fotografie del mio violino, nella speranza che uno di loro potesse darmi qualche indicazione utile. CC mi aveva risposto con garbo e interesse, però aveva messo bene in chiaro che senza avere lo strumento per le mani non poteva dirmi nulla di definitivo. Per cui ero partito alla volta di Milano con la custodia dello strumento in spalla.

Per secoli il nome *Milano* è stato sinonimo di potere ed eleganza. Prestigiosa è anche la tradizione dei liutai milanesi. Uno di loro era Carlo Giuseppe Testore, il maestro al quale è erroneamente attribuito il mio violino, retrodatato per inavvedutezza di due generazioni, e CC aveva fama di massimo conoscitore della liuteria milanese. Il taxi si era allontanato dal centro, portandomi verso una zona dove le strade si facevano più ampie e il traffico più lento, tra polverose facciate ottocentesche: un quartiere che aveva ben poco di italiano, ma faceva pensare all'Impero asburgico (al quale Milano, in effetti, è stata assoggettata per qualche tempo).

Non era stato facile rintracciare l'indirizzo di CC. Quando poi mi sono ritrovato davanti al palazzo giusto, l'aspetto dell'ingresso – monumentale – dava l'impressione di un luogo che avesse conosciuto giorni migliori. C'era una piccola bottega di parrucchiere e la facciata era imbrattata di graffiti. Il palazzo vicino ospitava una filiale di Hello Chicken, piena di luce e deserta.

CC aveva le stesse maniere circospette, quasi introverse, che mi avevano già colpito in suo figlio, che peraltro lavorava a bottega da lui come apprendista. Aveva passato l'esame di ammissione alla scuola di liuteria senza dire nulla a suo padre. Gli aveva rivelato il segreto solo dopo essere stato accettato. Ora lavoravano insieme, affiancati da un dipendente, uno spagnolo, in un grande stanzone che fungeva da bottega, con porte che davano su due locali attigui.

Nella stanza dove CC mi ha invitato a entrare c'erano vari banconi da lavoro e un tavolo centrale. Ovunque, stese, appoggiate o appese, c'erano tavole di legno destinate a nuovi progetti, strumenti in corso di assemblaggio e parti di vecchi esemplari che avevano bisogno di riparazioni. Lungo le pareti, file di utensili e ripiani di libri, moltissimi libri: la biblioteca di un erudito. Era una di quelle stanze che non consentono di affermare con certezza in quale decennio o in quale secolo ci si trovi. Gli unici dettagli che ancoravano la scena al presente erano il computer, le lampade luminosissime e il telefono portatile abbandonato su un ripiano.

Con la sua barbetta grigia e i suoi occhiali CC faceva pensare a un professore di università, più che a un artigiano. Non per nulla passava molto tempo in archivi e biblioteche. Fabbricava strumenti, era chiamato in tutto il mondo come restauratore ed era uno dei massimi esperti sulla vita e l'opera di Antonio Stradivari e sugli esponenti della scuola milanese, che aveva espresso a sua volta qualche stella di prima grandezza. Se c'era qualcuno in grado di confermare o smentire una volta per tutte l'ascendenza milanese del mio strumento, era lui.

Sennonché i liutai originari dell'Algovia o del Tirolo documentati a Milano erano rarissimi. Stando alle attuali conoscenze, i fabbricanti di liuti e/o violini nati a Füssen e attivi in città erano stati soltanto nove e nessuno di loro aveva lavorato nel periodo che interessava a me, né aveva lasciato strumenti rintracciabili. Se quel violino fosse stato milanese, insomma, spiegare l'influsso tedesco diventava più difficile, ha premesso CC mentre prendeva in mano lo strumento. Lo ha esaminato da più angolazioni, con l'efficienza di una lunga pratica, ha perlustrato l'interno con uno specchietto, ha ingrandito i dettagli con una lente.

«Uno strumento magnifico», ha concluso in un inglese lento e studiato. Era una di quelle persone che pronunciano una frase in una lingua straniera solo dopo averla formulata con cura nella loro mente. «Un buon lavoro del primo Settecento», ha proseguito CC. «Vuole dare a intendere di essere nato a Milano, ma fa solo finta. Non solo l'etichetta è falsa, com'è logico: un falso anche buono, ma la data non torna. Ogni tanto capita di sbagliare, perché la maggior parte di queste etichette sono state apposte all'inizio del XIX secolo, quando il mercato degli strumenti italiani d'epoca si impenna di colpo un po' in tutta Europa e alcuni si specializzano nel mettere in commercio falsi di qualità. In quegli anni, però, sapevamo ancora poco sulla vita degli antichi maestri, comprese le date di nascita e morte. Alcuni esistevano solo per via di certi strumenti attribuiti loro a posteriori, perché non erano mai vissuti; altri venivano associati agli strumenti sbagliati, che quindi venivano riattribuiti di continuo. All'epoca, di Testore si sapeva soltanto che era stato un maestro di altri tempi, perduto nelle nebbie del passato, per cui qualunque data un po' vecchiotta poteva sembrare plausibile.

Lo strumento, di per sé, potrebbe anche far pensare alla scuola milanese. Forse è stato adattato di proposito a quello stile, per esempio allargando le *effe*, qui, in questa curva, per farlo assomigliare a un vero Testore, perché l'aria di famiglia c'è. Però, al tempo stesso, non ci siamo: non può essere, non con questi elementi alla tedesca, perché a Milano i bavaresi o i tirolesi sono stati rarissimi, e nessuno, che io sappia, lavorava in questo modo. Per cui direi che non è un violino milanese. Italiano sì, probabilmente fatto al Nord, ma non milanese».

Mentre CC portava avanti le sue indagini ho pensato a come ciascuno di noi impara a vedere in modo diverso. Lo sguardo di un musicista, lo sguardo di uno storico e lo sguardo di un liutaio vedono e mettono in risalto ora questo ora quell'aspetto, interpretano gli stessi elementi in modi diversi. A un esperto di strumenti d'epoca interessa stabilire rapporti in termini di stile, sistemi di fabbricazione, materiali e trattamento delle componenti per confrontare ciascun aspetto con un intero repertorio di elementi simili archiviato nella memoria, un processo che coinvolge i polpastrelli e il naso allo stesso titolo degli occhi. Le orecchie servono soltanto ad auscultare il legno, che viene saggiato con le nocche per individuare eventuali fenditure dove il suono si smorza o parti mal fissate che cigolano, punti dove la colla ha ceduto. La voce dello strumento interessa poco o nulla.

Una volta ho domandato a MR perché il suono di uno strumento d'epoca abbia così poca importanza ai fini della stima di mercato e dell'attribuzione. «Perché non esiste un suono Stradivari, un suono Guarneri ecc.», mi ha risposto. «Quelle sono favole buone per i media, per i sognatori a occhi aperti, ma sono tutte stupidaggini. Sono strumenti di fattura straordinaria, ma il loro suono, in concreto, dipende da tanti di quei fattori: per esempio dai restauri o dai ritocchi che lo strumento ha subito nei secoli, da quanti sono e dalla loro qualità artigianale, dalla vernice (che a volte è originale, a volte no), da eventuali inserti nuovi o interventi per assottigliare o ispessire il fondo e la tavola armonica, dall'altezza e dal taglio del ponticello, da com'è fissata l'anima, da com'è montata la catena, dalle corde, dall'umidità, da chi sta suonando. Alcuni cercano di oggettivare questi aspetti usando metodi scientifici di vario genere, misurando le vibrazioni e facendo suonare gli strumenti a dei robot ecc., ma alla fine la qualità puramente oggettiva del suono di uno strumento conta poco, perché un violino inizia a suonare davvero solo quando incontra un musicista capace di reagire alle sue possibilità e alle sue sfide in modo specifico, sottile e altamente personale, e queste sono qualità squisitamente soggettive. Per cui il suono non è un criterio dirimente. Io bado solo all'oggetto, a come è fabbricato, allo stile, alla conservazione. Il mio giudizio si basa su quello».

«Ma aspetta», ha aggiunto, «c'è dell'altro. Il suono non è parte della procedura di *expertise*, però naturalmente io li ascolto, i miei esemplari; a volte li suono perfino, quando non c'è nessuno in giro, per ricavare un'impressione delle loro possibilità e del genere di musicista al quale si addicono. Ho già al mio attivo vari matrimoni felici tra violinisti e violini».

Mentre gli esperti vedono lo strumento come un oggetto da attribuire in base a determinati criteri a una certa scuola, se non addirittura a un certo specifico liutaio, il mio approccio di amatore è del tutto diverso. Nei panni del violinista percepisco lo strumento come un'estensione del mio corpo, come partner di una ricerca che dura per tutta una vita. La voce dello strumento e il modo in cui lo sento in mano sono tutto: antichità, *pedigree*, prezzo e storia pregressa non hanno alcun peso. Preferisco uno strumento senza nome che riesco a far cantare a un capolavoro inestimabile il cui suono non sarebbe per forza migliore, ma che mi paralizzerebbe al momento di portarlo con me o lasciarlo a casa, costringendomi a temere per la sua incolumità.

In un violino, inteso come strumento musicale, contano tutte le qualità che l'esperto non giudica pertinenti. In quanto oggetto storico, però, il mio violino è anche una *cosa*, un manufatto nel quale convergono innumerevoli vicende umane: in un violino sono sedimentati secoli di competenze e sperimentazioni di musicisti e artigiani; ci sono le vie del trasporto e del commercio lungo le quali transitavano i legni e le maestranze; ci sono la società nella quale lo strumento trovava utilizzo e il mondo dal quale proviene. Per tentare di avvicinarmi al cuore del mistero che il mio violino sembrava celare con tanta cura ho provato a fare quello che gli specialisti di solito non fanno: se un esperto interessato soltanto al violino inteso come oggetto non riusciva a ricavarne le risposte che cercavo, occorreva percorrere la strada opposta e ricostruire innanzitutto il mondo dal quale proveniva quello strumento.

La mia ipotesi di partenza era elementare. Mi sembra probabile che un giovane uomo (forse addirittura un bambino) venuto in Italia per entrare a bottega dopo essersi formato in una zona germanofona dell'arco alpino compreso tra l'Algovia e il Tirolo non parlasse ancora l'italiano. Il suo riferimento immediato doveva essere quindi la comunità degli espatriati che metteva in comunicazione il suo luogo d'origine con l'Italia. Potersi appoggiare a una bottega nella quale si parlava tedesco era una necessità, quantomeno all'inizio, mentre il nuovo arrivato si ambientava e imparava l'italiano. La prima domanda da porsi, in altre parole, era quanti e quali mastri liutai di madrelingua tedesca erano attivi in Italia verso il 1700. Sembra ragionevole ipotizzare che il mio enigmatico amico Hanns fosse entrato come apprendista o lavorante presso uno di quegli artigiani.

Qui le cose iniziavano a complicarsi. Negli ultimi decenni gli storici hanno mostrato che in varie città italiane erano attivi liutai tedeschi, perlopiù originari di Füssen, e che quegli artigiani erano in contatto e si imparentavano tra loro, oltre a formare e scambiarsi gli apprendisti che facevano venire dall'Algovia. Il problema è che nella maggior parte dei casi rimangono solo vaghi accenni in documenti ufficiali, voci di registri, deposizioni. Per molti di quegli emigranti non restano né carte private né strumenti attribuibili con certezza. Non abbiamo più che nomi e date su un pezzo di carta: qualche scarabocchio tracciato con l'inchiostro è tutto quello che rimane delle loro biografie.

Gli archivi aiutano a gettare luce sulla vita delle persone comuni. Capita spesso che di punto in bianco, grazie a una descrizione o a una dichiarazione, alle carte di un processo oppure a una lettera, un individuo si stagli di fronte a noi come una figura a tutto tondo, come un uomo in carne e ossa. Si tratta però di eccezioni, di rari colpi di fortuna sparsi tra chilometri di scaffali ricolmi di atti spesso non catalogati e che peraltro nel corso della storia sono stati spostati, riordinati, hanno subito incendi, bombardamenti e furti. Solo anni e anni di lavoro consentono di estrarre dagli archivi nuovi materiali utili, saltati fuori per caso o per una felice coincidenza, magari mentre si stava cercando dell'altro.

Eppure doveva esistere un modo per circoscrivere le ipotesi sull'origine dello strumento (e quindi per determinare dove poteva aver lavorato la persona che lo aveva realizzato). Gli artigiani attivi nelle varie città e regioni adottavano procedimenti diversi, si avvicinavano in modi determinati alla fabbricazione di strumenti, avevano preferenze estetiche individuali, ideali specifici, sagome e modelli di bottega. Naturalmente non mancavano le ibridazioni, come appunto nel caso degli artigiani tedeschi attivi all'estero, che giungevano in Italia con un certo repertorio di tecniche e poi finivano per adeguarsi allo stile del posto. Sta di fatto, però, che ciascun luogo e ciascuna scuola ha dato vita a un'immagine caratteristica e possiede una fisionomia riconoscibile. Spesso i maestri più grandi hanno sviluppato forme originali per poi venire imitati, copiati, contraffatti e perfezionati un po' ovunque.

Era un'indagine complessa e affascinante, piena di false piste e di alberi genealogici poco affidabili. Le attribuzioni degli strumenti evolvono di continuo a mano a mano che gli esperti acquisiscono informazioni o sperimentano nuove metodologie. Il più delle volte gli strumenti riesaminati cadono dal piedistallo, perché emerge che in realtà non erano degli Stradivari o dei Testore, ma opere di liutai minori, se non addirittura di emeriti sconosciuti. Ogni tanto accade anche l'opposto, e un violino fino a quel momento ignoto o sottovalutato viene ascritto al *corpus* di un grande maestro.

Dubitavo fortemente che proprio io, profano e dilettante, sarei riuscito a ricondurlo come per magia all'opera di un nome leggendario (leggi: inestimabile), quando un piccolo stuolo di esperti di prim'ordine non aveva saputo che pesci pigliare. Quella era gente che sapeva il fatto suo. Però avevano una visuale ristretta: a loro interessava approdare a un'attribuzione certa, con ricadute tangibili in termini di prezzo, quindi non badavano alle informazioni collaterali che si potevano ricavare dallo strumento.

Una cosa era certa: il mio strumento non mandava segnali univoci sulle sue origini. Lo stile non era sufficientemente puro, mescolava troppi influssi per venire attribuito a un solo maestro con nome e cognome.

Da un altro punto di vista, però, quella pluralità di influenze e caratteristiche era interessante di per sé, perché poteva servire da materia prima per ipotesi su una vita e su un mondo, ipotesi di ordine personale. Forse non sarei mai riuscito a dare al mio Hanns un nome reale, comprovato da documenti, magari con tanto di dati anagrafici, ma quell'oggetto parlava comunque di lui. Se fossi riuscito a penetrare più a fondo, a capire quali influenze avevano plasmato lo stile di Hanns, forse sarei riuscito a scoprire qualcosa di più sul genere di vita che aveva vissuto.

Non potevo permettermi di avere per le mani tutti i violini del mondo, certo, però potevo contare sui libri e sulle banche dati specializzate. Per lunghi mesi e lunghe notti insonni ho studiato e confrontato migliaia di fotografie di strumenti, dettagli, fori di risonanza, immagini dell'interno, contorni, ricci e molto altro. Mi interessavo soprattutto ai maestri attivi tra il 1690 e il 1730, dapprima prendendo in considerazione tutti i liutai partiti da Füssen per lavorare in Germania e in Europa, poi concentrandomi soprattutto sull'Italia, quindi sui maestri italiani attivi negli anni di riferimento, infine sulle città chiave della rete di emigranti che faceva capo a Füssen. Studiavo, scartavo, copiavo materiale e facevo confronti fino a lacrimare.

È stato il periodo del lavoro di setaccio, ben poco spettacolare, spesso monotono, il genere di situazione che nei thriller viene ridotto nella fase di montaggio a pochi secondi: uffici con luci accese di notte, volti stremati al chiarore dei monitor, pareti coperte di foto di luoghi del delitto e cadaveri, frecce a collegare il tutto, cartoni di pizza, una tazza di caffè, in altri tempi magari anche un posacenere pieno. È difficile entrare nel merito di un lavoro del genere senza scendere nei dettagli.

9.
Sei solo

Lavorare su documenti storici significa dare la caccia a frammenti che solo a prezzo di un lento e faticoso sforzo di ricostruzione si rivelano come parti di un tutto. Perlopiù, i brandelli superstiti non sono nemmeno i più rivelatori, ma quelli che il caso ha lasciato arrivare fino a noi: materiali come il metallo, la pietra o la pergamena, archivi risparmiati dalla distruzione e dal saccheggio, oggetti scartati o reimpiegati ad altro scopo come certi preziosi manoscritti medievali che un tempo si utilizzavano per rilegare i libri più recenti ecc. Le circostanze che decidono che cosa permane e che cosa scompare sono innumerevoli. Ancora più difficile è dire qualcosa di credibile sui mondi vissuti che sembra di indovinare dietro quelle povere vestigia arrugginite o ingiallite.

Come ragionava, che cosa provava un giovane emigrante alle prese con il proprio destino in un'epoca in cui gli esseri umani (quando le guerre, la fame o le pestilenze non li costringevano a fuggire) si spingevano di rado oltre un raggio di dieci chilometri dal luogo natio? E come traduceva quei sentimenti in parole o gesti, ammesso che lo facesse? È ragionevole sperare di scoprire qualcosa di preciso su temi del genere dopo tanti anni? Di mettere a fuoco una fisionomia?

Come afferrare i sentimenti e i pensieri di un uomo che non ha lasciato tracce documentarie? Com'è andata sulle Alpi? Qual è stata la sua esperienza del valico? Quanto ha sofferto per la perdita della sua famiglia, della sua lingua, dei suoi luoghi? Sentiva nostalgia di casa? È mai riuscito a superarla?

Sarebbe stato ridicolo pretendere di dare una risposta a tali interrogativi sulla base di un violino e di testi inesistenti, ma l'arte dell'epoca barocca, con i suoi formalismi, il suo culto dei sentimenti nobili e perfino tragici, sembrava dischiudere una strada alternativa, una deviazione che avrebbe consentito, se non altro, di rendere l'idea del modo in cui i contemporanei di Hanns si rapportavano a quelle emozioni, del contesto nel quale erano esperite dal soggetto, del modo in cui venivano tradotte in arte e gesti, insomma, in una lingua estetica condivisa.

In un'epoca nella quale le emozioni erano spesso e volentieri ritualizzate, o espresse nel quadro di un sistema di regole severe, quelle stesse emozioni, portate a un alto grado di astrazione, ci parlano a volte da alcune opere d'arte. Un altro grande viaggio di scoperta dell'epoca, uno dei più affascinanti e stupefacenti sul piano psicologico, emotivo e spirituale, è redatto in una lingua che Hanns conosceva bene; anzi, dato il periodo in cui è vissuto e il lavoro che faceva è quantomeno probabile che conoscesse il materiale di prima mano. Mi riferisco a un ciclo di pezzi per violino solo, opera di un contemporaneo, un musicista che a sua volta si era visto costretto a lasciare la città natale per cercare un impiego altrove: Johann Sebastian Bach.

Anche Bach è stato innanzitutto un artigiano. Non viene al mondo tra i contadini dell'Algovia, ma in un ambiente più agiato, e da bambino non patisce la fame, perché suo padre è musico municipale. In compenso, però, perde presto i genitori, deve trasferirsi in casa di un fratello e decide relativamente tardi di tentare la carriera di organista. Sembra probabile che il suo primo strumento sia stato il violino, non l'organo. In quel periodo è suo fratello maggiore a impartirgli lezioni di tecnica strumentale e scrittura, perché Bach, in vita sua, non avrebbe mai studiato composizione o preso lezioni propriamente dette, ma si impadronisce dell'arte e dei relativi metodi come un artigiano acquisisce un mestiere: copiando, imitando, spingendosi oltre e facendo esercizio.

All'epoca gli specialisti si spostavano in funzione delle possibilità di lavoro, perché il mercato dei liutai e dei compositori era per forza di cose molto circoscritto. L'inconfondibile scrittura bachiana nasce dalla fusione di tradizioni regionali, continuità storiche e influssi internazionali, una sedimentazione resa possibile dagli spartiti che circolavano spesso e volentieri in copie manoscritte, oltre che dall'esempio vivente dei grandi improvvisatori. Il gusto musicale cambiava di continuo: dapprima sono state Parigi e Versailles a dettare legge, poi il primato passa a Londra, infine a Venezia. Ma le opere di ciascuna scuola venivano lette, studiate ed eseguite in tutta Europa.

In gioventù, deciso a dare un saggio completo delle sue capacità compositive, Bach mette mano a un ciclo di pezzi per violino solo. Era affascinato dall'idea di esplorare fino alle più estreme conseguenze tecniche le potenzialità degli strumenti a tastiera e ad arco (che lui stesso padroneggiava alla perfezione), specialmente in termini di soluzioni armoniche e polifoniche; la musica non doveva solo intrattenere, ma anche spingere i musicisti a trascendere i limiti imposti dalle quattro dita posate su altrettante corde.

La scelta di scommettere su un unico strumento per mostrare tutto ciò che sapeva fare si ispirava in particolare a un incontro. All'epoca la letteratura per violino solo era una tradizione già affermata, ma il genere si riduceva a composizioni virtuosistiche a base di fuochi d'artificio che servivano più che altro a mettere in risalto le possibilità timbriche dello strumento, che nel XVII secolo iniziava la sua marcia trionfale per l'Europa e quindi, per così dire, aveva ancora bisogno di venire presentato in società. Sul piano strettamente musicale, i brani per violino solo erano perlopiù di scarso interesse: si scrivevano su misura, in funzione delle capacità di ciascun esecutore. Uno di quei solisti era Johann Georg Pisendel, più giovane di Bach di un paio d'anni, un artista inquieto e curioso che nel 1716 aveva fatto un viaggio a Venezia per entrare alla scuola dei virtuosi locali. Aveva trascorso un anno intero nella città lagunare a spese del signore che lo ingaggiava e qui, tra le altre cose, aveva conosciuto Antonio Vivaldi.

In termini puramente tecnici i virtuosi italiani, come lo stesso Vivaldi o Giuseppe Tartini, non avevano rivali in Europa. Pisendel, però, riesce a tenere il passo, tanto che Vivaldi gli dedica addirittura alcune sonate dalla scrittura funambolica.

Rientrato in Germania, Pisendel assume la direzione dell'orchestra di corte di Dresda e procede a comporre una nutrita serie di opere per violino dall'intonazione virtuosistica ed eclettica. È allora che Bach, entrato in servizio come maestro concertatore a Weimar (cioè, di fatto, come violinista), ritrova il suo collega e coetaneo, che conosceva da un comune soggiorno a Weimar nel 1709. Per il suo tramite il geniale autodidatta, mai sazio di nuove scoperte, impara le tecniche della scuola violinistica italiana, che si erano andate facendo sempre più sofisticate, specialmente a Venezia. Affascinato da quel nuovo mondo, Bach inizia a scrivere di proprio pugno una serie di pezzi per violino solo.

Mentre Bach lavorava a quelle che oggi conosciamo come *Sonate* e *Partite*, dirigeva l'orchestra di corte a Köthen, una cittadina di duemila abitanti. Le commissioni che riceveva dal suo datore di lavoro, un principe protestante, erano perlopiù di intonazione profana. La stagione delle *Cantate*, delle *Passioni* e della *Messa in si minore*, le opere che fanno di Bach il massimo autore di musica sacra di ogni tempo, era ancora di là da venire.

Le *Sonate* e *Partite* vedono la luce nel 1720. Il manoscritto autografo presenta l'opera con queste parole: «Sei solo à Violino senza Basso accompagnato». Seguono la data della stesura in bella copia, 1720, e il nome del compositore.

Già solo questi primi elementi danno da pensare. Tanto per cominciare la datazione è anomala, perché in epoca barocca gli spartiti a stampa uscivano quasi sempre senza data. Gli amatori acquistavano sempre pezzi nuovi, per cui era superfluo indicare un anno sul frontespizio. La seconda perplessità è di ordine grammaticale: perché «sei solo» e non «sei soli», al plurale, cioè sei pezzi per violino solo?

L'anno 1720, però, non vede soltanto il completamento delle *Sonate* e *Partite* per violino, ma è anche e soprattutto l'anno di una grave perdita per Bach: rientrato da un viaggio a Karlsbad in compagnia del suo datore di lavoro, non ritrova più la moglie diletta, Maria Barbara, morta in sua assenza di una grave malattia sconosciuta e seppellita poco prima del suo ritorno. Di punto in bianco quelle grandi composizioni per violino si trasformavano, tra le altre cose, in un omaggio a una persona cara, come suggerisce anche il titolo, che dunque forse non era un errore grammaticale: «Sei solo».

Mi accapigliavo da trent'anni con quelle partiture, che non esigono soltanto un grande virtuosismo tecnico, ma anche una forte maturità esecutiva. La scrittura violinistica di Bach è polifonica, come quella dei suoi pezzi per organo, si basa cioè sul decorso parallelo di più voci indipendenti, sovrapposte e intrecciate tra loro. Non basta, insomma, suonare le note sullo strumento: occorre impartire a ciascuna linea il peso e l'accentuazione giusti. Le tre *Sonate* comprendono tutte una fuga, dove a tratti le voci sono addirittura tre o quattro, e dove le possenti impennate della melodia sono sostenute da controsoggetti che occorre valorizzare, dando vita a incastri ritmici e armonici che ammettono più interpretazioni legittime in termini di fraseggio e agogica.

Ciascuna di queste interpretazioni rappresenta una chiave di lettura, un insieme di sfaccettature, l'esplorazione di un certo piano di significato, la messa in risalto di certe strutture ritmiche e armoniche. Ciascuna esecuzione, presa di per sé, può risultare affascinante, ma nessuna è così completa da esaurire tutte le possibilità. Un po' come ciascuna lingua può descrivere una realtà diversa, articolando in modo di volta in volta specifico sentimenti, percezioni e rapporti, ciascuna interpretazione di Bach è sempre e solo un dialetto, o forse anche una lingua a pieno titolo, ma che rimanda alla pienezza dell'esperibile per mezzo di un vocabolario e di una grammatica propri che imprimono alle cose un accento caratteristico e riconoscibile.

Per coincidenza la prima *Partita* di Bach, che per ragioni incomprensibili non avevo mai affrontato in precedenza, l'ho scoperta proprio allora, mentre cercavo di indagare sulla vita di un suo anonimo contemporaneo. Quelle quattro danze, ciascuna corredata da un doppio che varia e rispecchia l'originale, sono state per me l'esperienza di uno spazio completamente nuovo. Anzi, sembravano promettere di tradursi in una sorta di liberazione. Vivo di musica da quando ho iniziato a pensare, mi sono dedicato ad essa con passione. L'esecuzione di un pezzo, però, era sempre stata per me anche il momento di un giudizio di qualità: quando si cresce circondati da musicisti di professione è inevitabile. La formulazione è spesso indulgente, ma il senso del verdetto è sempre chiaro: da un esecutore ci si attende la perfezione, il rispetto di certi standard tecnici. Nessuno si è mai aspettato da me che diventassi musicista: ero io a pretenderlo da me stesso, a volerlo, forse ad averne bisogno.

Suonare, per me, voleva dire una cosa sola: venire giudicato. Un aspetto che finiva per sedimentarsi nei ricordi, fino a diventare parte integrante di ciascuno dei pezzi che ho studiato nel corso degli anni. Quella *Partita*, però, era priva di ogni incrostazione. L'avevo scoperta da zero come un territorio inesplorato, un paesaggio che potevo rendere fertile con le mie mani, una storia in otto variazioni su un tema nascosto, che prende avvio da un'*ouverture* alla francese la quale, con pochi tratti sommari, delinea un'intera orchestra e poi, all'improvviso, si mette a suonare davvero, passando per una danza rustica e cullante e una sequenza briosa a base di volate contrastanti, fino a sfociare in un soliloquio per cembalo o per liuto seguito da un brano la cui bellezza, che sembra balenare come un lontano ricordo, incanta e paralizza l'ascoltatore. Una sorta di meditazione centrale sulla perdita precede l'esuberante scena di osteria che inizia subito dopo e il maestoso fluire dell'ultimo movimento così ricco di idee, che riprende il gesto solenne del primo tempo e dalle infinite possibilità, strutture e dissonanze ricava finalmente un ordine fiero e stoico.

E tutto questo con sole quattro dita posate su quattro corde, un po' di legno, un po' di budello ovino, un po' di resina e qualche crine di cavallo. Oggi il budello delle corde si può sostituire con materiali di sintesi, ma il principio rimane lo stesso. Più che un pezzo, un miracolo. Una musica che trascende i poveri materiali dai quali scaturisce, dando voce a pensieri e sentimenti che non sarebbero mai stati esprimibili in altra forma.

Quel pezzo era mio, soltanto mio. Non lo suonavo per indurre un pubblico a dare un apprezzamento positivo delle mie capacità, ma penetravo in territorio vergine, passo dopo passo. In quell'avventura il suono del mio strumento non era più che un ausilio per il pensiero, un commento alla partitura. Le difficoltà tecniche non erano insormontabili, e il mio violino mi aiutava dove poteva. Non esiste privilegio più bello, non c'è nulla di più meraviglioso che affrontare un compito più grande delle proprie capacità, della propria perspicacia, della propria ambizione; qualcosa che ci invita, anzi ci sfida ad agire e suonare meglio, con maggiore profondità e concentrazione, con più abbandono, in forme più comunicative, strutturate, essenziali, semplici. Da giovane mi spostavo sempre in compagnia del violino che avevo comprato all'Aia. Lo portavo con me dappertutto. Avevo suonato in scompartimenti ferroviari, in vecchie chiese, in una piscina vuota rivestita di piastrelle a Francoforte e in un garage a Wellington, in Nuova Zelanda – per pubblico, un pugno di persone capitate lì per caso.

Bach mi aveva sempre accompagnato in quelle trasferte: almeno uno o due tempi dalle *Sonate* e *Partite* non mancavano mai quando imbracciavo lo strumento. La scrittura di Bach era penetrata così a fondo nella grana e nei ritmi della solitudine da riuscire a captare la mia esperienza del tempo trascorso in disparte dai miei simili e tradurla in una forma capace di imprimere dinamismo a quel sentimento, conferendogli un decorso drammatico. Il messaggio veicolato da quel ciclo che Bach aveva composto con tutta l'ambizione della sua giovane età, per poi dedicarlo alla moglie defunta con un moto sottile e quasi impercettibile di sofferenza luttuosa, era: «Sei solo»; ma poi, in un'unica soluzione, trascendeva quella solitudine conferendole una forma sonora.

Torniamo a un'altra solitudine: quella di uno sconosciuto, un uomo comune vissuto intorno al 1700. Con chi viveva in Italia, Hanns? Era solo? In termini puramente fisici no, questo è molto improbabile. All'inizio del XVIII secolo, specialmente nei quartieri popolari, pochissimi avevano una stanza tutta per sé. In una strada piena di botteghe di artigiani, in particolare, nessuno poteva vivere a lungo per proprio conto. La vita andava in scena al cospetto di altri, in compagnia di altri. Come un bambino o un adolescente abbia vissuto l'esperienza dell'esilio, però, è qualcosa che si può tutt'al più ricostruire per via indiretta. Era solo al mondo, strappato dalla casa dei genitori, catapultato in un luogo sconosciuto, alla mercé del suo nuovo padrone, tallonato dalla necessità di orientarsi il prima possibile in quel contesto imparando la lingua, facendosi degli amici, magari trovandosi una compagna, una ragazza intravista per strada e con la quale aveva scambiato al massimo qualche parola, perché in una piccola comunità ci si conosce tutti e perché nell'Italia di allora le donne dabbene, decise a trovarsi un fidanzato rispettabile, non uscivano quasi mai da sole.

Ci si può sentire soli anche in mezzo a una folla, anzi, forse soprattutto tra la gente. Se Hanns ha mai espresso per lettera il dolore che provava, quelle lettere sono perdute. Se è per questo, neppure di Johann Sebastian Bach ci sono rimaste lettere nelle quali il musicista informava questo o quell'amico dell'improvvisa dipartita della moglie e del lutto che lo aveva colpito. Eppure quel lutto è sopravvissuto ai secoli. Hanns ha conosciuto quella musica? Ha colto un'eco di quella solitudine? È suggestivo immaginarlo, ma di fatto l'incontro tra le *Sonate* e *Partite* bachiane e il mondo del violino si situa piuttosto nel XIX secolo. Nell'Italia del secolo precedente, infatti, almeno stando ai programmi ufficiali e alle notizie che possediamo, si suonava solo musica italiana. La sola eccezione erano i virtuosi e i compositori in tournée, come Händel e pochi altri. Non si può escludere che un musicista di passaggio abbia suonato qualche pagina di Bach nella bottega di Hanns, ma è decisamente improbabile che lui stesso abbia potuto conoscere quei pezzi in territorio italiano, anche ipotizzando che praticasse il violino per proprio conto. Il nodo compositore-strumento-interprete, in questo caso, si stringe quasi certamente solo in un secondo tempo.

Un'altra preziosa opportunità per articolare le proprie emozioni e situarle in un contesto erano i rituali della Chiesa. Nelle città dell'Italia di allora, come in altri centri europei, gli esponenti delle minoranze etniche e religiose tendevano a occupare specifici quartieri, a esercitare specifiche professioni e a ritrovarsi la domenica e nei giorni di festa in specifiche chiese, sinagoghe o (nei Balcani) moschee. Hanns apparteneva a una minoranza etnica, ma la sua fede era la stessa del paese di adozione: il cattolicesimo. Ciononostante c'era in quasi ogni città una chiesa che fungeva da punto di riferimento per la comunità tedesca, una sorta di fulcro. In quei luoghi i rituali che pervadevano la vita di persone come Hanns portavano il segno del cerimoniale e del simbolismo della Controriforma, la risposta cattolica a un protestantesimo che aveva saputo parlare alla gente comune.

Nel quadro del movimento controriformista la Chiesa si sforza di venire incontro ai fedeli, potenziando l'aspetto teatrale della liturgia (anche per quanto riguarda l'architettura e la musica), promuovendo il culto dei martiri e insistendo sulla catechesi. Hanns è vissuto e ha pregato in un'epoca in cui la Chiesa di Roma si sforzava di assumere forme più attraenti, coinvolgenti e al tempo stesso psicologicamente sottili. Tornano in auge i pellegrinaggi e le processioni espiatorie, mentre la confessione, tra altre tecniche interiori, si afferma come uno strumento finalizzato al controllo della vita emotiva e intellettuale del credente.

Guidata dai gesuiti, autentici esperti in materia, la Chiesa della Controriforma aveva imparato a parlare la lingua delle emozioni, a coinvolgere e fidelizzare gli uomini con messe in scena mozzafiato e sontuosi edifici studiati ad arte. In campo gesuita anche la cornice musicale si fa sempre più opulenta, come pure la solennità dell'eucarestia. Per chi costruiva strumenti (e non di rado arrotondava gli introiti come orchestrale) la Chiesa non era soltanto un rifugio spirituale, ma anche un importante datore di lavoro, in forme dirette o indirette.

I rituali della comunità consentivano al singolo di prendere parte alle perdite e ai lutti, ma anche alle gioie degli altri fedeli, una partecipazione che faceva dei sentimenti un patrimonio comune della comunità stessa. A un emigrante che solo in rari casi fortunati poteva trovare nel proprio ambiente professionale un amico con il quale confidarsi, la comunità dei fedeli non regalava soltanto un senso di appartenenza, ma anche la possibilità di esprimere la propria vita emotiva in un quadro capace di conferirle senso.

I sentimenti umani sono sempre gli stessi – la gioia, il desiderio –, ma la molteplicità delle forme in cui hanno trovato espressione nel corso della storia ha del miracoloso. Anche la solitudine è sempre una solitudine specifica, ma a volte la realtà emotiva di un'epoca remota riesce ancora a parlarci da una pala d'altare, una partitura, una poesia. «Du sihst wohin du sihst nur Eitelkeit auff Erden», come scriveva Andreas Gryphius, il poeta barocco: «Ovunque volgi il guardo il Mondo è cosa vana».

Ero impaziente di vedere il mondo con gli occhi di Hanns, un uomo vissuto dieci generazioni prima di me, al quale nulla mi legava, e al quale forse – musica a parte – non avrei avuto molto da dire. Eppure provavo una sorta di attrazione nostalgica, uno struggimento: ambivo a sentire la vita come l'aveva sentita lui, volevo mettermi nei suoi panni, addirittura proiettarmi nel suo corpo per riscoprire ogni cosa a partire da quello, occupare il posto che sentiva di occupare nel mondo, ritrovare la specifica colorazione della realtà in cui era immerso o che esisteva in lui, patire la fame che aveva patito, godere dello stesso genere di orgasmo, scoprire che odore avevano per lui le strade dopo un acquazzone estivo, come gli apparivano i colori, come percepiva il timbro di uno strumento, che sapore aveva la paura quando lo attanagliava, che consistenza e peso prendevano gli utensili nelle sue mani mentre lavorava il legno.

Le mie ricerche erano ponti fragili e traballanti sul baratro del passato. A volte, mentre studiavo un documento, restavo folgorato da un dettaglio, un giro di frase, un gesto, che mi comunicavano senza preavviso la sensazione di avere colmato una distanza. In un istante di chiaroveggenza sentivo allora di conoscere l'altro come si conosce un amico.

10.
Londra

L'orizzonte emotivo del mio amico senza volto si dischiudeva solo per vie indirette. Il violino era geloso del suo mistero. Avevo già trascorso molte notti in bianco per tentare di assegnarlo a qualcuno, e gli esiti di quelle ricerche pazienti, ma non per questo meno accanite, sembravano convergere in modo sempre più stringente in una direzione specifica: una bottega veneziana, la sola ipotesi capace di tenere insieme i dati stilistici, la finestra cronologica di riferimento e l'origine bavarese di Hanns. Tra il suo violino e gli strumenti usciti da quella bottega c'era, per così dire, una sorta di aria di famiglia, una costellazione, come quando senza pensarci troppo sentiamo che due individui sono fratelli (oppure sosia, ma questa è un'ipotesi più inquietante, perché mina alla base concetti come l'individualità o l'identità personale).

Anche in materia di liuteria l'idea di un fantomatico doppio di Hanns, lungi dal convincermi, mi pareva aberrante. Ciascuno strumento ha una propria fisionomia, e non a caso: deriva dal fatto che l'artigiano ha imparato il suo mestiere da qualche parte, ha lavorato per la committenza di una specifica città o per un mercato ben preciso, in continuità con una certa tradizione. Quell'aria di famiglia, insomma, non poteva essere una rassomiglianza fortuita. Nessuno fabbrica per caso e in una regione che non c'entra nulla degli strumenti che rispondono alla perfezione al linguaggio formale di un'altra scuola, e chi potrebbe mai falsificare il lavoro di un maestro sconosciuto?

Mi sono detto dunque che il mio violino, fra tutti i possibili candidati, corrispondeva in modo particolare alla maniera di un certo Matteo Goffriller (1659-1742), nato in Tirolo come Matthias Friller o Gfriller e giunto a Venezia nel 1685 per sposare la figlia di un collega più anziano nato a Füssen, Martin Kaiser, e prenderne in gestione la bottega.

Goffriller è stato uno dei liutai più ambiziosi e apprezzati del suo tempo. La sua bottega impiegava diverse persone: lavoranti e *garzoni* (cioè apprendisti) andavano e venivano di continuo. Per il tramite del suocero e della moglie aveva legami con Füssen. Anche altri colleghi veneziani, i cui nomi vengono citati nei registri della corporazione dei liutai, erano nati in Algovia, il che non sorprende, dati i solidi rapporti commerciali che legavano da tempo le due regioni.

Vari dettagli della biografia di Goffriller, insomma, sembravano compatibili con il mio violino, che su un piano per così dire estetico aveva compiuto un lungo viaggio dalla scuola tedesca a quella italiana, e che fondeva elementi stilistici di entrambe le tradizioni. I dettagli, però, erano ancora più eloquenti: il disegno delle punte, le proporzioni, la collocazione delle *effe*, la vernice. Diversi strumenti di quella bottega sembravano richiamare il mio, e la cosa mi dava da pensare.

E i problemi non erano finiti. Anche nel caso di Goffriller era difficile attribuire con certezza più strumenti alla stessa mano. Da un lato c'era l'incontestabilità di certi dettagli che non sembrava possibile ridurre ad alcuno schema (il riccio piccolo, la piega rigida delle punte, rivolte all'esterno), dall'altro una serie di elementi che consentivano di ricondurre il mio strumento a quella specifica bottega. Nessun violino attribuito a Goffriller riuniva in sé tutte le peculiarità del mio, ma le singole caratteristiche ricorrevano, solo distribuite su più esemplari, ora in questo ora in quello strumento.

Mancava un gemello, un pezzo imparentato con il mio sotto ogni aspetto, eppure tutti i violini di quella scuola presentavano, per così dire, un'affinità di famiglia, sebbene limitata in ciascun singolo caso a specifici aspetti. Confuso e turbato, sono tornato all'aeroporto, questa volta per incontrare TI, a Londra. Ci conoscevamo da vent'anni, dai tempi in cui mi guadagnavo il pane nella capitale inglese come giornalista e traduttore, mentre TI lavorava per Sotheby's, nei cui locali mi recavo in pellegrinaggio ogni volta che si presentava l'occasione per ammirare o addirittura suonare violini di grandi maestri (è stato allora che ho avuto per le mani il mio primo Stradivari, il mio primo Guarneri del Gesù).

TI si era messo in proprio da un pezzo, e dirigeva una piccola casa d'aste specializzata in strumenti ad arco preziosi e rari. Esperto autorevolissimo nel suo campo, aveva accettato di esaminare su mio incarico il violino misterioso. Naturalmente prima gli avevo spedito delle foto, e lui aveva risposto subito, mandandomene altre due: uno strumento completo e un dettaglio della testa. Si trattava di una viola, opera di un certo Antony Posch, un emigrante di Füssen che nel primo Settecento trova impiego come liutaio di corte a Vienna. Sennonché Posch non era mai stato in Italia. «Io ci vedo un nesso chiaro», mi scriveva TI: «Nella misura in cui il violino si può ancora identificare, lo attribuirei alla mano di Posch».

Con mia grande sorpresa, MR aveva reagito con entusiasmo a quella teoria. Era stato proprio lui il primo a ipotizzare un'origine italiana, però di fronte a quella viola che assomigliava davvero molto al mio violino aveva giudicato non improbabile che lo strumento fosse davvero stato fabbricato a Vienna intorno al 1700 e che magari non ne fosse mai uscito. Un'idea che mi lasciava a dir poco tiepido, seppure pronto a piegarmi all'evidenza di fronte a eventuali prove.

Solo dopo essere atterrato a Londra sono venuto a sapere che TI era partito per l'estero, e che sarei stato ricevuto da un suo collega. L'indomani ho suonato il campanello della casa d'aste. Un'addetta mi ha ricevuto e mi ha fatto strada verso la sala. Poi è ripartita per i fatti suoi. Ero solo.

Tre delle pareti erano foderate di violini, appesi spalla a spalla come ex voto di una religione sconosciuta. Un assistente mi aveva portato un espresso, mentre il collega del mio amico, PH, era impegnato altrove e mi pregava di pazientare. Su un tavolino, in compenso, c'erano due volumi illustrati aperti alla pagina giusta: mostravano strumenti di Antony Posch. Guarda guarda, mi sono detto: TI ha lasciato istruzioni precise.

PH si è mostrato affabile, professionale e cortese. Aveva già esaminato le foto, e ora studiava il violino dal vero. Füssen, certo, poco ma sicuro, con influssi italiani, perché no. E se fosse stato un Posch? «Mi convince poco», ho risposto, e per un breve istante mi è sembrato di cogliere negli occhi dell'interlocutore un sorrisetto di commiserazione. «Caro lei», sembrava dire, «a chi non piacerebbe ritrovarsi uno strumento di fattura italiana? Belle le ipotesi romantiche, oltre che più remunerative, ma occorre guardare in faccia la realtà».

«Francamente mi domando se non venga dalla bottega di Goffriller», ho ribattuto.

«Goffriller?», ha ripetuto PH fissandomi con scetticismo. «Ma neanche per sogno. Mi dispiace, ma non ha nulla di un Goffriller, è fuori discussione. Però, guarda caso, ho due Goffriller qui in cassaforte. Tirarli fuori non costa nulla. Così possiamo confrontare i dettagli. Un attimo, prego, sono subito da lei».

Ed eccolo tornare con due strumenti: uno strabiliante violino verniciato di rosso veneziano, come un'auto da corsa, opera di un grande maestro, e un secondo simile nel colore, ma dalla forma meno espressiva e dalla bombatura leggermente più pronunciata. Aveva avuto una vita impegnativa, a quanto sembrava, perché qua e là le punte erano state parzialmente ricostruite e la tavola armonica mostrava le cicatrici di varie fenditure riparate.

«Questo qui è un vero affare», ha annunciato PH. «La vita non è stata tenera con lui, poverino. Però è un vero Goffriller. E quest'altro», ha soggiunto indicando il primo dei due violini, quello più attraente, «è un fuoriclasse: conservazione perfetta, stile tipicissimo. E se lo metto vicino al suo si vede subito che i due strumenti non hanno nulla a che spartire. Il suo ha un'altra forma, meno espressiva, più legata alla scuola tedesca del Sud, per non parlare del rosso veneziano, che è il fiore all'occhiello di Goffriller, mentre il suo è di un giallo ambrato con sfumature brune. Per questo io continuerei a dire Posch».

Che mi piacesse o meno, finalmente approdavo a un'attribuzione confermata da un esperto. Anche se non corrispondeva alle mie ipotesi di partenza, anche se molte delle mie ricerche si facevano meno rilevanti. Mi ero cavato gli occhi studiando i più noti liutai italiani mentre forse invece il mio violino, opera di un liutaio della corte asburgica, aveva passato trecento anni della sua esistenza saltabeccando da un salotto viennese all'altro.

MR appoggiava quella versione. «E magari non si è mai allontanato da Vienna», ha buttato lì con un sorso di caffè, ascoltando il resoconto del mio viaggio. «Però magari anche Posch ha lavorato un paio d'anni in Italia prima di stabilirsi a Vienna, no? Chi può dirlo? A conti fatti non sappiamo nulla di questi maestri di Füssen e della vita che hanno fatto. E così forse ti ritrovi con un Antony Posch, un bello strumento d'epoca». Sembrava di ottimo umore, anzi, mi è sembrato parlare con sollievo. «Se però ci tieni ad avere la certezza», ha soggiunto MR, «il massimo esperto di Posch lavora proprio qui vicino, al Kunsthistorisches Museum. Vai a trovarlo. Si chiama RH. Dottor RH, Ordine al merito per la cultura».

II.
Il ciarlatano

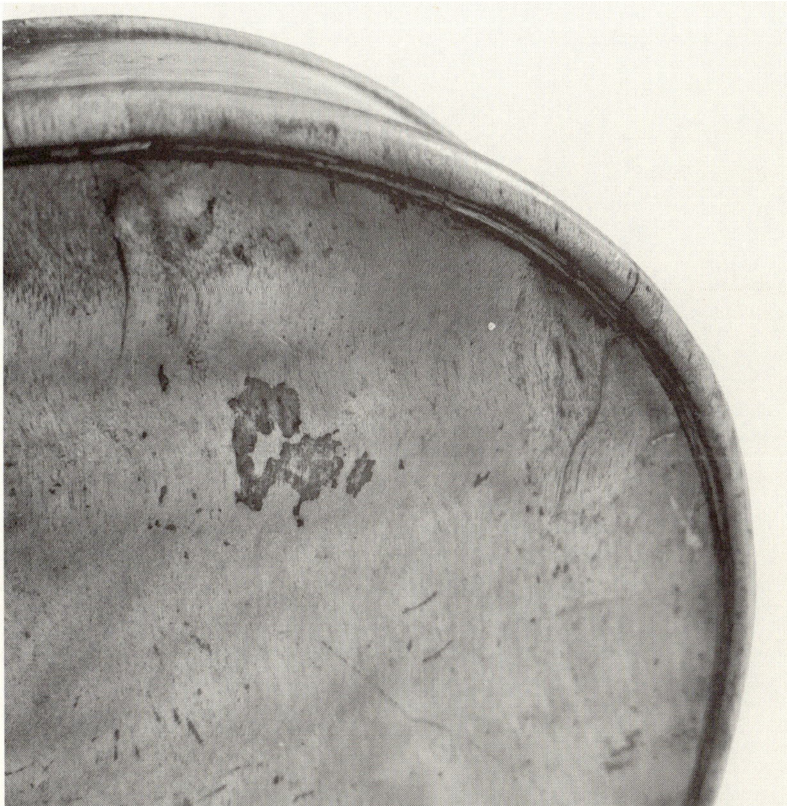

La mia trasferta londinese non aveva fruttato una risposta definitiva. Né una appagante, almeno per quanto mi riguardava. Anzi, ogni volta che chiedevo il parere di un esperto ripartivo con più dubbi di prima, i problemi si andavano moltiplicando, le incertezze aumentavano. Solo un esame scientifico sarebbe riuscito a far tacere una volta per tutte quelle controversie, portando sul tavolo dei fatti incontrovertibili.

La procedura più promettente si chiama dendrocronologia. La parola è difficile, ma si tratta in buona sostanza di contare gli anelli di una pianta, seppure coinvolgendo immani banche dati e sofisticati algoritmi. L'idea di base è semplice e attraente, forse troppo: gli alberi crescono a ritmi variabili che dipendono dall'igrometria e dalle temperature di ciascuna annata. Se l'anno è buono mettono su più legno, se l'anno è cattivo si sviluppano meno. Gli anelli annuali di una pianta, in altre parole, disegnano un motivo leggibile, traducono in una sorta di codice a barre gli aspetti storico-climatologici della vita di un albero. Analizzando quegli anelli e ragionando a ritroso, insomma, lo specialista può risalire all'età di un certo fusto e perfino all'anno in cui è stato abbattuto.

Dato un pezzo di legno a casaccio – quantomeno nei casi in cui la storia climatica di una certa regione è nota anno per anno e il materiale comparabile risulta sufficientemente ricco – il motivo definito dall'ampiezza variabile degli anelli dovrebbe dare luogo a una datazione univoca. L'ultimo anello corrisponde all'ultimo anno di crescita dell'albero; tenuto conto del fatto che durante la lavorazione viene asportata la parte più superficiale del fusto, quell'«ultimo» anello viene a designare il momento che precede di circa cinque anni l'intervento del taglialegna. Se l'ultimo anello corrisponde al 1700, insomma, l'albero è stato abbattuto verso il 1705 per venire lavorato dopo un'opportuna stagionatura.

Il grandissimo vantaggio di questa procedura sono i dati fotografici sui quali si basa: non occorre sottoporre lo strumento a esami fisici. Oggi nessuna perizia degna di questo nome può rinunciare a una conferma dendrocronologica. Quando uno strumento viene ascritto a un maestro che risulta già morto all'epoca in cui l'albero è stato abbattuto il verdetto è chiaro: l'ipotesi non merita neppure di essere presa in considerazione.

MR aveva provveduto già vari anni prima a far testare il violino, ma l'esame dendrocronologico non aveva aiutato. Secondo l'esperto, un olandese, il materiale di confronto non era sufficiente per dare una risposta univoca. Io ho voluto riprovarci, questa volta rivolgendomi a PR, una celebrità, uno dei massimi specialisti di dendrocronologia, consultato da grossi commercianti, case d'aste e musei.

Il verdetto di PR è giunto solo a varie settimane di distanza: ignoto, imprecisabile, materiale di confronto insufficiente, impossibile procedere a deduzioni certe. Le correlazioni statistiche con la sua banca dati di legni lavorati da liutai erano troppo scarse per ricavarne qualcosa di specifico. L'ho chiamato al telefono, trovando all'altro capo della linea un signore affabile e loquace.

«Succede spesso, molti legni non si lasciano identificare», mi ha detto. «Da un lato è vero che tutte le piante di una data regione sono esposte alle stesse condizioni meteoclimatiche; dall'altro ciascun albero cresce a modo suo, a seconda della luce e del terreno, della quota e della vegetazione circostante, degli animali che rodono la corteccia, delle mutazioni genetiche di cui è portatore, dei funghi xilofagi. Quello che noi ci preoccupiamo di fare è individuare correlazioni statistiche sufficientemente indicative a partire da diverse banche dati, valutando e calcolando in base a tutta una serie di fattori. Nel caso del suo legno ho trovato alcune correlazioni, ma non abbastanza forti, e quindi non significative sul piano statistico. La pianta ha un profilo di crescita troppo strano. Succede: metta che il fusto accanto venga abbattuto, all'improvviso arriva più luce; oppure si prende un fungo e la crescita rallenta. Il che, per via del suono, non è sempre un male, anzi.

Forse quella volta il liutaio ha comprato una partita anomala, un tipo di legno che di solito non prendeva. Forse era al verde, o forse ha trovato in un cantiere una tavola che gli è piaciuta. Mi è già capitato di fabbricare strumenti dal suono eccellente usando legno di vecchie porte e ante di armadi. Le risposte non sono sempre facili e scritte in bella copia. Il suo violino è stupendo, ma in termini dendrocronologici non dà risultati significativi».

Gli domando se abbia un'ipotesi personale sull'origine geografica, dal momento che manipola ogni giorno violini d'epoca. «Il luogo d'origine? Difficile dirlo, ma ha qualcosa di veneziano, magari è addirittura un Deconet. Ha già provato a cercare in quella direzione?». No, in tutta onestà non avevo mai pensato a Deconet: una figura documentata a Venezia nella seconda metà del XVIII secolo, non nella prima, e che per giunta non veniva dalla Germania, ma dalla Francia. Come se non bastasse, il nome Michele Deconet è al centro di una furibonda *querelle* scientifica.

Sul mercato odierno i Deconet sono pezzi molto ricercati, si comprano e vendono per cifre importanti. Il francese è uno degli ultimi grandi esponenti della scuola veneziana. Tanto più acceso si è fatto il dibattito quando uno storico italiano, dando prova di un'eccellente padronanza degli archivi, ha suggerito in un articolo che Deconet potrebbe anche non avere mai prodotto un solo violino in vita sua: non possediamo la benché minima prova documentaria in quel senso. La polemica si è protratta per anni, anche su Internet, finendo per esulare dal terreno dei dati di fatto, come sempre in questi casi. Quando sono in gioco patrimoni e reputazioni il dibattito scientifico trascende.

La discussione ha avuto inizio quando il già citato esperto e archivista italiano SP ha fatto notare in un articolo che nei documenti della corporazione veneziana alla quale facevano capo anche i fabbricanti di violini non figura alcun Michele Deconet, né come titolare di una bottega né come dipendente di un altro maestro. Deconet non aveva mai versato quote all'associazione di categoria, pure così puntigliosa in campo fiscale, il suo nome non risulta tra gli iscritti e non si trova citato in alcun documento autografo prodotto da un liutaio dell'epoca. Di norma soltanto i maestri iscritti alla corporazione e titolari di un laboratorio erano autorizzati a vendere violini in proprio. Chi mancava dei fondi o della fortuna per mettersi in proprio rimaneva lavorante a vita, producendo per conto terzi.

Michele Deconet sembra essere sfuggito in qualche modo a quel destino. Pur non possedendo né una bottega di liuteria né un negozio di strumenti musicali, sembra aver fatto affari d'oro. Gli strumenti legati al suo nome non sono molti, ma tutti eccellenti, e sappiamo da certe fonti che vendeva violini con il proprio nome sull'etichetta. SP, però, ha sostenuto che a fabbricarli non poteva essere stato lui, tant'è vero che non viene mai indicato come liutaio: faceva realizzare quegli strumenti da uno o più artigiani per poi rivenderli a proprio nome.

Se questo era il suo mestiere non sembra eccessivo dare a Deconet del ciarlatano, perché stando ai documenti dell'epoca un ciarlatano era anche questo: un musico errante, un saltimbanco, un veggente, un cavadenti e un cantastorie che nei mesi estivi girava villaggi e città per esibirsi in occasione di matrimoni e feste e divertire la gente, mentre nel corso della lunga stagione del carnevale trovava lavoro direttamente a Venezia. Il ciarlatano viveva della credulità di un pubblico in gran parte provinciale e ingenuo. Sfoggiava i suoi trucchetti, eseguiva i suoi pezzi di bravura, se necessario finché l'ultimo dei danzatori rovinava sbronzo sul pavimento, e l'indomani mattina era già scomparso.

Deconet veniva dall'Alsazia. Una curiosa testimonianza, un autoritratto a parole che lui stesso redige nel 1743, lo presenta così:

Michiel de Connet, in età d'anni 14 circa, partiva dalla sua patria e si fè soldato, portandosi in Parigi dove ha dimorato circa due anni, e dopo si portò in Venezia dove ha dimorato sino al presente, non però di continuo, essendo di quando in quando andato in varie città della terra ferma per causa della sua professione di suonatore.

Un uomo che a malapena adolescente sceglie il mestiere delle armi e poi ripiega su Venezia per vivere di musica aveva senz'altro girato il mondo più della maggior parte dei suoi contemporanei, e a quanto pare di esperienze da raccontare ne aveva. Quando fa richiesta per sposarsi, un testimone dichiara: «Li conosco tutti e due da circa 14 anni in qua. La donna perché negoziavo di biade col primo suo marito e detto Michiel [...] che praticava le Piazze, sonando il violino e l'ho anco veduto di passaggio in Mestre, Padova, Treviso».

In quanto musicista girovago, ipotizza SP, Deconet era la persona giusta per portare con sé strumenti da rivendere nelle città dove non erano attive botteghe di liutai. Li comprava da uno o più fabbricanti veneziani, che cedendoli a lui potevano aggirare le regole draconiane della corporazione cittadina, perché gli strumenti affidati a Deconet venivano smerciati fuori dal territorio della Serenissima – seppure con un'etichetta che diceva: «Venezia». I suoi veri compari, però, non erano i rispettabili mastri artigiani di Venezia, ma i vagabondi senza fissa dimora. Nel 1771 sua figlia Teresa sposa un certo Gaspare Soranzo, figlio di un musico itinerante, che diceva di lavorare come astrologo e veggente e che trascorreva il grosso dell'anno in viaggio.

È quantomeno possibile che Deconet abbia riservato ai suoi clienti lo stesso trattamento che suo genero riservava agli sprovveduti: spacciando per propri degli strumenti che non aveva fabbricato lui. Forse però si limitava a presentarsi come una persona che sapeva dove procurarsi degli strumenti di qualità, che poi circolavano con il suo nome.

I colleghi non hanno accolto con benevolenza le considerazioni di SP. Le controricostruzioni e le polemiche si sono sprecate: si trattava di stabilire se Deconet fosse stato davvero un importante liutaio veneziano oppure un abile truffatore che continuava a menare gli esperti per il naso a distanza di secoli e secoli, mentre gli strumenti attribuiti alla sua mano, in realtà, sarebbero opera di vari artigiani senza nome.

Molti hanno messo in discussione la credibilità e la competenza dello studioso, che lavora a titolo privato, senza affiliazioni accademiche o commerciali. SP, a sua volta, ha risposto pubblicando altri materiali d'archivio. Seguono confutazioni ancora più aggressive, finché l'italiano sceglie di sfilarsi dal dibattito. Il problema, scomodo, è rimasto aperto da allora. Manca una soluzione certa e forse non arriverà mai. Come sempre in questi casi, non è superfluo ricordare che un'attribuzione certa si accompagna sempre a importanti ricadute monetarie. Gli strumenti di un Deconet «liutaio» realizzano somme profumate sull'esclusivo mercato della liuteria italiana d'epoca. Forse gli strumenti di un Deconet «ciarlatano» varrebbero un po' meno.

Il mio violino opera di un ciarlatano? Da un lato è vero che il mio strumento ricorda per molti aspetti quelli smerciati dall'enigmatico signor Deconet, ma la cosa smetterebbe di stupire, anzi, si spiegherebbe alla perfezione, se davvero l'esemplare che suono fosse a sua volta di origine veneziana. L'epoca più produttiva del francese, però, si situa nella seconda metà del XVIII secolo, cioè risulta di vari decenni troppo tarda. Ho iniziato a scoraggiarmi: le mie elucubrazioni non sembravano condurre da nessuna parte. Forse non avrei mai cavato un ragno dal buco.

12.
Un accento straniero

MR aveva osservato che nella fattura del mio strumento si avvertiva un lieve accento straniero: «Una punta di cadenza bavarese». Quelle parole hanno trovato terreno fertile, dando luogo a risonanze tutte personali. Le lingue parlate con accenti stranieri sono sempre state una presenza familiare nel mio mondo, fin dalla mia infanzia. Più tardi, in età adulta, ho vissuto io stesso in vari paesi. Ovunque andassi ero quello che parlava con l'accento tedesco, un leggero ma inconfondibile dettaglio nella dizione che mi distingueva dagli altri, i parlanti madrelingua.

Chi parla con accento straniero è sempre un po' fuori posto. Non che m'importasse più di tanto: fin da bambino per me era la norma. Ero nato e cresciuto in mezzo a persone dall'accento forestiero. Mia nonna era di Amburgo, ma viveva da decenni in Olanda, e ormai non parlava in modo corretto né il tedesco né il neerlandese. A volte faceva sorridere, a volte metteva paura: la sua lingua era un guazzabuglio di parole ed espressioni idiomatiche, canzonette dell'anteguerra e frasi fatte orecchiate alla radio. Poi c'era mia madre, che parlava un tedesco infarcito di costrutti neerlandesi, e che si trasformava in un'altra persona non appena metteva piede in Olanda, il paese dell'infanzia e dell'adolescenza. Ringiovaniva, si lasciava andare, sembrava quasi una ragazzina, mentre a casa, in tedesco, era molto più seria e adulta. La Germania era il paese del lavoro, dove i suoi colleghi dell'Accademia, musicisti venuti dai quattro angoli del pianeta, si difendevano dal primato globale dell'inglese comunicando nelle più curiose varianti del tedesco, del francese, del russo e del giapponese, finendo spesso per non capirsi affatto.

Tutti quegli esuli erano finiti a Detmold, dove avevano trovato un incarico e un titolo di professore, salvandosi dalle incognite e dalle nevrosi della carriera di musicista indipendente. Quell'atmosfera mi era sempre piaciuta, con la sua tolleranza per le identità complesse e la sua apertura alle famiglie composite; con lo spazio che lasciava alla disperazione, ai festeggiamenti estemporanei, alle lunghe cene informali annaffiate di vino, tra aneddoti e barzellette sempre più orrende intorno al tavolone di qualche pizzeria, magari dopo un concerto ben riuscito; con i suoi punti di vista insoliti e le sue locuzioni bislacche; soprattutto, però, amavo l'ossessione comune per qualcosa: per la musica, per l'espressione, per la tecnica, per la comunicazione, per il piacere di perdersi in una sfida, finché le differenze linguistiche passavano in secondo piano, lasciando spazio a una lingua comune, quella musicale, che è un idioma *sui generis*, come le formule matematiche, a patto di averla studiata per ore e ore interminabili.

Quando suonavano insieme, bevevano in compagnia o magari andavano a letto tra loro, le differenze, l'isolamento e la solitudine degli emigranti si dissolvevano. Poi c'erano sempre pettegolezzi, relazioni clandestine e cuori spezzati, specialmente cuori di donna, come quello della mia madrina, una pianista, venuta al mondo come contessa viennese e finita a insegnare a Detmold. Non perché fosse una grande pianista o sentisse ardere in lei un fervido afflato pedagogico, ma perché una rampolla di buona famiglia non poteva fare altro nella vita che studiare il pianoforte. Più tardi suo padre era finito in rovina per certi investimenti sbagliati, così le era toccato mantenersi da sé.

N era una donna troppo indipendente per fare la moglie e rinunciare alla carriera. Così aveva sposato un cantante, che le aveva dato un figlio. Quindi si era separata e aveva avuto la fortuna di ottenere una docenza all'Accademia al momento della sua fondazione. Parlava con un meraviglioso *accent* viennese, e la sua vita aveva la stessa cadenza. In lei ogni cosa era elegante e ironica, degna di una *grande dame*. Al tempo stesso, dietro quella facciata così rigida e impeccabile come la sua messa in piega, sempre identica a se stessa, si nascondeva la solitudine di una donna che per tutta la vita aveva perduto persone importanti, oltre ad aver dovuto abbandonare una patria cosmopolita e il futuro agio che le spettava, riducendosi a dare lezioni di musica in provincia.

Infine c'era B, la mia insegnante di violino. L'incarnazione stessa di una vita vissuta con un forte accento straniero. Originaria di Wolverhampton, in Gran Bretagna, era venuta a Detmold per studiare, poi, per un motivo o per l'altro, era rimasta nei paraggi, accontentandosi di un ingaggio come secondo violino nell'orchestra del locale teatro d'opera. B passava per eccentrica, anche per via dei suoi immani sbalzi d'umore. Era impossibile prevedere con chi avresti avuto a che fare: ora la donna spigliata e spiritosa che aveva sempre una storiella buffa da raccontare, ora una furente e delusa, piena di odio per i colleghi, che della musica, diceva, se ne fregavano. Viveva sola con due gatti, era capace di imbarcarsi in torrenziali monologhi, rovesciando un astio impensabile e lungamente covato sulla testa del primo violino, dei compagni di leggio e soprattutto del direttore d'orchestra. «Quello dirige come se la musica gli facesse *schifo*!», declamava con enfasi nel suo tedesco a dir poco caratteristico, perché dopo trent'anni all'estero pronunciava ancora tutto come una turista inglese, insofferente di quisquilie come le regole grammaticali. B parlava come un personaggio da *sitcom*, ma viveva per la musica, per il rispetto che impone all'individuo il lavoro sui dettagli, per la conoscenza degli stili, per la passione con la quale occorre suonare ogni nota. Come violinista non era un peso massimo, ma è riuscita a comunicarmi quella passione. Mi ha insegnato lei a passare di posizione, a usare l'archetto e a curare tanti altri dettagli di natura tecnica, ma soprattutto mi ha fatto capire che la musica può vincere la solitudine, che la sua vita di sradicata e il suo amore per lo strumento erano due lati di una stessa medaglia, per lei come per molti altri.

Da giovane, quando facevo visita alla parte olandese della famiglia, avevo paura di venire scoperto, smascherato come tedesco. Avevo imparato il neerlandese in fretta e furia e mi esprimevo in modo tale che gli altri bambini, con cui giocavo a calcio o avevo a che fare per altre ragioni, capissero solo in un secondo tempo che non ero della zona. Volevo sentirmi uno di loro, parte del loro gruppo, senza domande imbarazzanti, senza osservazioni. Nel frattempo ero riuscito solo a fare del mio tedesco uno strano ibrido di vari dialetti, con elementi amburghesi da un lato e viennesi dall'altro, con deviazioni per questo o quel secolo e incontri linguistici con altri paesi. La mia stessa vita aveva un accento straniero. Anche per questo ero deciso a non mollare le indagini, a scoprire qualcosa di più sull'accento bavarese del mio violino e sulla vita della persona che lo aveva fabbricato.

Ogni volta che tentavo di immaginare Hanns mi balenava nel ricordo un altro accento ancora, un'associazione di idee, un nesso talmente forte che un artigiano morto secoli e secoli prima prendeva addirittura il viso della persona alla quale non potevo fare a meno di pensare.

Fresco di laurea, avevo trovato lavoro presso un editore londinese, e qui avevo avuto la fortuna di lavorare sui testi di un grande scrittore tedesco, WGS, i cui capolavori elegiaci sull'esilio e il ricordo, usciti in una fase già tarda della sua carriera, non gli hanno regalato solo una certa notorietà, ma lo hanno catapultato nel pantheon letterario del xx secolo. Mi sono ritrovato più volte a lavorare con l'autore sulle traduzioni inglesi dei suoi testi. Una volta ho trascorso un'intera giornata chino su un manoscritto nella sua casa di Norfolk, dove si era trasferito fin da giovane, abbandonando il suo paese natale.

WGS era nato a Wertach, un comune di soli 2500 abitanti che in linea d'aria dista ventidue chilometri da Füssen: nel xviii secolo sarebbe stato l'equivalente di un giorno di marcia lungo il piede delle Alpi. I suoi modi pacati, cauti e solleciti, la sua voce grave che sembrava sempre rammaricarsi di qualcosa, i capelli e i baffi brizzolati, la fronte alta che sormontava gli occhi scuri e profondamente incassati – nella mia immaginazione la figura di Hanns si confondeva con quella del grande scrittore che aveva lavorato sul non-senso della perdita e della violenza e sul tema dell'emigrazione: tanto da far pensare a uno scherzo del destino quando un banale incidente d'auto causato da un infarto al volante lo ha portato via per sempre.

Naturalmente so che l'Hanns della mia fantasia e il WGS della realtà non hanno avuto nulla in comune, o in ogni caso non abbastanza da giustificare inferenze, ma è più forte di me: WGS mi sembra perfetto nei panni del liutaio. Aveva la pazienza che occorre, il senso della forma e della necessità, l'amore per il dettaglio, il gesto sicuro ed esercitato, il rispetto per l'opera dei predecessori, la consapevolezza del fatto che le forme consacrate dal tempo sono andate in frantumi e che occorre trovare nuove soluzioni per giungere allo scopo. Quale scopo? Il suono perfetto, una risonanza capace di proiettarsi nello spazio e nel tempo fino ad abbracciare interi secoli.

In termini genealogici basta risalire al XVII secolo per avere quasi la certezza che in un modo o nell'altro i due personaggi sono imparentati, a meno che una delle due famiglie non sia giunta nella zona durante la guerra, in fuga dalla regione natale, oppure si sia stabilita in loco nel quadro di un «ripopolamento», cioè di un insediamento forzoso di famiglie importate a quello scopo, secondo la pratica adottata dai principi più lungimiranti dopo epidemie e conflitti. Comunque stiano davvero le cose, nella mia mente quella parentela esiste. I due si sarebbero capiti a meraviglia, anche se Hanns non avrebbe saputo che farsene della letteratura tedesca contemporanea e WGS non si intendeva di violini. Si sarebbero riconosciuti a vicenda.

L'accento straniero si sente perché il mio violino parla italiano: perché ha un aspetto italiano, pur conservando nella costruzione e nella forma degli elementi di madrelingua tedesca, amalgamati all'idioma di adozione.

Forse anche nella vita di tutti i giorni Hanns aveva un accento straniero. Forse parlava italiano con una cadenza sveva o tirolese. Chissà se lo prendevano in giro alle sue spalle. Chissà se, come molti emigranti, non riusciva a evitare certi piccoli errori, se confondeva immancabilmente certe parole oppure continuava a pronunciarle in modo scorretto perfino dopo tanti anni. Con chi poteva esprimersi in tedesco? Ha fondato una famiglia nel suo paese di adozione? Qualcuno parlava la sua lingua madre nella bottega per cui lavorava?

Certi errori di pronuncia o di sintassi, quando non vengono corretti nel tempo, possono nuocere all'integrazione di uno straniero, ma possono anche aiutarlo a mimetizzarsi. Come ho capito solo molto, molto tardi, nel caso della mia insegnante di violino, B. Era nata nella provincia inglese in una famiglia piuttosto agiata, ma non granché colta. Sentendosi soffocare in quell'ambiente, era fuggita dapprima a Londra, poi nella piccola Detmold, per studiare con uno specifico insegnante, un virtuoso ungherese che, pur avendo fama di grande musicista, non aveva mai avuto la carriera che le sue doti straordinarie meritavano, ma che in compenso aveva fama di esigere dalle sue allieve delle prove di gratitudine molto tangibili. B mi ha fatto capire più volte di non essere stata felice negli anni del suo apostolato.

Era passato molto tempo da allora, eppure B si era trattenuta a Detmold. Chi la conosceva rideva o sorrideva del suo modo di esprimersi, del suo sconcertante senso dell'umorismo, del modo in cui ripeteva sempre: «Sono amorosa», invece di «morosa», per dire che certi pagamenti erano in ritardo, il che peraltro le capitava spesso, data la modestia dei suoi introiti.

Quei dettagli vistosi catturavano l'attenzione degli altri, che badavano solo alle sue formulazioni stravaganti e alla sua pronuncia bislacca, rendendo invisibile la sua vera diversità, quella personale, e distogliendo le curiosità altrui dalla vita privata che conduceva in tutta discrezione. Molto meno evidente del suo accento era il fatto che quell'amabile eccentrica inglese, con i suoi due gatti Tristano e Isotta, i suoi aneddoti e la sua passione fanatica per la musica, amava le donne: un'inclinazione che in patria, nella Wolverhampton del dopoguerra, non avrebbe mai potuto seguire, e anche nella provincia tedesca la costringeva a muoversi con estrema circospezione.

A distanza di anni, quando ripensavo a lei, tutto questo mi sembrava evidente, tanto più che dopo la mia partenza, un bel pezzo dopo, ha deciso di iniziare a convivere con una donna, una cembalista che la accompagnava sul palco e non solo. Perfino quella convivenza, però, veniva sempre descritta come una partnership artistica, non come qualcosa di più profondo, cosa che in effetti era. I pantaloni e i capelli corti di B, il suo evidente interesse per le ragazze giovani e graziose, i suoi caratteristici sbalzi di umore, che forse nascevano da un senso di perdita e solitudine, avrebbero dovuto aprirmi gli occhi fin dall'inizio, ma la facciata della straniera eccentrica aveva mascherato così tante cose che il problema stesso mi si è posto solo molto più tardi.

Nonostante le sue condizioni precarie, la forestiera che non riusciva a sbarazzarsi dell'accento straniero, un accento che al contempo le serviva da diversivo tattico, trovava più facile vivere all'estero come *outsider* che doversi orientare in Inghilterra. In Germania B era e restava l'inglese, ma è probabile che dopo tanti anni avrebbe stentato a ritrovarsi nella società britannica, e che per tutta la vita le sarebbe toccato tacere di quello che era forse l'aspetto cardinale della sua esistenza.

E trecento anni prima? Come aveva gestito l'aspetto erotico della propria biografia il giovane uomo che ho chiamato Hanns? A quali condizioni un emigrante poteva trovare l'amore o l'appagamento sessuale, avviare una relazione, mettere su famiglia? Aveva un'amante, o magari (cosa pericolosa all'epoca) un amante? È riuscito a sposarsi e ad avere figli? O forse per tutta la vita gli è toccato accontentarsi di soluzioni discrete e rapporti mercenari?

Tenuto conto dell'età media degli apprendisti che venivano spediti oltre le Alpi, è probabile che Hanns fosse ancora un bambino al suo arrivo in Italia. E quando si arriva così giovani in terra straniera è ancora possibile acquisire una lingua alla perfezione, o quasi, specialmente quando si ha orecchio per queste cose (il che, strano ma vero, non si può dire di tutti i musicisti – vedi B). Anche ponendo che avesse assimilato la cadenza locale, però, il suo nome e forse anche il suo aspetto lo indicavano come uno che veniva da fuori. Quasi sempre gli emigranti tedeschi italianizzavano il loro nome, ma i loro familiari, i membri della loro parrocchia e i loro colleghi erano spesso originari della stessa zona e spesso provenivano dalla stessa comunità religiosa e linguistica.

È probabile che i primi anni in Italia siano stati quelli decisivi per il successo del giovane Hanns e per la sua integrazione nella nuova vita e nella società in cui era immerso. Se davvero è partito prima dell'adolescenza, quella fase di orientamento in un mondo sconosciuto coincide con la pubertà, uno sviluppo che all'epoca risultava meno precoce di oggi a causa dell'alimentazione insufficiente riservata ai bambini (e i genitori di Hanns dovevano essere relativamente poco abbienti, se il ragazzo si è dovuto allontanare). Insomma, si può ipotizzare che l'ingresso di Hanns nell'adolescenza cadesse tra i quattordici e i sedici anni, com'era per molti ragazzi dell'epoca.

Nelle società europee del XVIII secolo, però, il concetto di «pubertà» non esisteva ancora: l'ordinamento sociale non assegnava un posto specifico alla vita da teenager. Un «uomo fatto» era un uomo a tutti gli effetti, e veniva trattato di conseguenza: poteva farsi soldato, venire processato come un adulto e perfino venire messo a morte. Le ragazze andavano in sposa già a quattordici o quindici anni, seppure nell'ambiente degli artigiani fosse più comune ritardare le nozze, spesso perché i fidanzati non avevano abbastanza risorse per mettere su casa. Per gli immigrati come Hanns, in altri termini, il tempo di attesa tra la pubertà e la vita di coppia poteva protrarsi anche per lunghi anni.

Il tumulto interiore che accompagna la fase della crescita, in compenso, era un motivo ben presente anche all'epoca. Lo si ritrova incarnato e garbatamente preso in giro in personaggi come Cherubino nelle *Nozze di Figaro* di Mozart, eternamente invaghito di qualche donna, ma nella vita reale non c'era molta pazienza per quei turbamenti. La letteratura borghese non aveva ancora iniziato a esplorare la condizione di chi abita un corpo che cambia e si trova a fare i conti con desideri e sentimenti sconosciuti. La pubertà esisteva e occorreva conviverci alla meno peggio, ma non era un problema di cui si parlasse. Nel caso migliore, la condizione dell'adolescente era percepita come un'allarmante fase di turbolenza nel percorso altrimenti lineare che dal bambino portava all'uomo adulto. Quel pericoloso momento di trapasso veniva interpretato non di rado in chiavi molto diverse a seconda del secolo, dell'area geografica, della comunità religiosa di riferimento e del rango sociale. Prima dell'epoca illuminista, per esempio, la masturbazione era un peccato, ma un peccato veniale. Quasi ovunque in Europa la Chiesa perseguiva e castigava pratiche sessuali considerate aberranti come l'adulterio e la sodomia, ma nessun giovane sorpreso in un momento di intimità solitaria è mai stato processato o sottoposto a inquisizione.

Solo con la fase illuminista, e l'ambizione di fare dell'essere umano una creatura razionale e totalmente controllabile, l'onanismo è stato visto come una grave malattia da combattere a ogni costo, forse perché il piacere solitario sembrava sottrarsi a qualunque regime illuminato, e neppure la logica del capitalismo riusciva a disciplinarlo. Il piacere fai da te era irrazionale, gratuito, profondamente anarchico e pericolosamente autonomo. Di qui l'autentico fanatismo con il quale medici, filosofi e pedagoghi dell'età dei Lumi lo hanno messo alla berlina.

Però Hanns non ha trascorso gli anni dell'infanzia e della pubertà in mezzo ai filosofi, ma in un ambiente di emigranti, tra persone comuni, operai e artigiani. Insomma, è improbabile che quella pubblicistica specializzata, che perlopiù circolava a stampa, abbia avuto un impatto concreto sulla sua esistenza. Probabilmente Hanns ha avuto la fortuna di vivere la pubertà prima che prendesse piede l'esigenza di controllo sulla sessualità adolescenziale propagata di lì a poco dal fanatismo illuminista. Nelle comunità gli orientamenti morali scaturivano dalla prassi concreta della convivenza quotidiana in uno spazio ristretto e dalla narrazione ufficiale della Chiesa. Il margine per realizzarsi come esseri sessuati era ridotto, ma al tempo stesso vigeva una robusta tolleranza per la natura e le sue esigenze, sulle quali perlopiù calava il silenzio.

Così nascevano e venivano trasmesse le regole di condotta di una piccola comunità all'interno di un mondo più o meno estraneo. Al tempo stesso, com'è probabile, Hanns trascorre gli anni della gioventù in una grande città, dove non solo le tentazioni erano molteplici, ma dove il clima politico era segnato da dibattiti e controversie di una certa virulenza, condotti perlopiù attraverso opuscoli e fogli volanti che riuscivano a raggiungere anche le persone incapaci di leggere da sé. Le novità e i pettegolezzi nutrivano la conversazione nelle taverne, per le strade, nei mercati, nelle botteghe. I testi satirici e polemici, spesso acquistati sottobanco agli angoli delle strade, venivano letti in piccoli gruppi di persone fidate per poi venire commentati e discussi.

Il potenziale anarchico di quell'incessante ribollire veniva seguito con diffidenza dai governi e dalla Chiesa. Innumerevoli editti, leggi, misure di polizia e processi dimostrano che già allora la gioventù di sesso maschile rappresentava una sfida molto seria per l'ordine pubblico, specialmente quando erano in gioco il sesso, l'alcol o lo sport. Già allora i più anziani erano convinti di essere l'ultima generazione che valesse qualcosa, mentre i giovani erano sovreccitati e rammolliti. Quanto al desiderio sessuale, poteva essere solo dannoso, come scrive per esempio il cardinale Silvio Antoniano, uno dei protagonisti della Controriforma italiana:

> Gli adolescenti sono vogliosi, & cupidi, & arditi a tentar le cose desiderate, se bene le cupidità loro sono veloci, & spesso contrarie fra loro medesime, & si mutano da un'hora all'altra, surgendo in loro nuovi desiderii, & satiandosi presto de i primi. Onde li assomigliano alla sete cagionata per l'ardore della febre, sono dediti a i piaceri della caccia, & a i cavalli, non tengono cura di danari, poco pensano alle cose utili, & necessarie, non odono volentieri chi gli ammonisce, & riprende, sono facili ad esser ingannati, & come molle cera si piegano al vitio, stanno volentier in compagnia d'altro della istessa età, & facilmente contrahono amicizia per occasione di piaceri, & solazzi, essendo amici del riso, & de' giuochi, & molte altre cose si dicono, & si possono dire della natura de i giovanetti adolescenti, ma il più grave nemico loro, sicome anchora i Filosofi hanno conosciuto, è la incontinenza della carne, della quale maggiormente sono infestati, & gli fanno per ordinario minor resistenza [...] come si vede tutto giorno per esperienza, & maggiormente in quelli che restano senza governo, o sia per morte o pure per poca cura del padre, & d'altri attinenti.

Che genere di maestro avrà trovato Hanns? Lo trattava come un figlio, da padre severo, oppure lo vedeva soltanto come forza lavoro a buon mercato, se non addirittura come una bocca importuna da sfamare? Molto è senz'altro dipeso da quello, perché quasi ogni minuto della sua esistenza quotidiana deve avere risentito del clima che si respirava in bottega. Le persone di casa mangiavano e lavoravano insieme, spesso dormivano a gruppi in camerate o addirittura in letti comuni. Fuori città non era insolito che figli e genitori condividessero lo stesso giaciglio.

Non ci sono casi documentati di apprendisti bavaresi o tirolesi che una volta giunti in Italia siano stati mandati a scuola, o comunque ammessi a ricevere un'istruzione strutturata, ma d'altra parte, in generale, non sappiamo quasi nulla di concreto sulla vita di quegli artigiani. È probabile che negli anni del garzonato e della prima maturità Hanns non abbia avuto alcun sentore del fermento illuminista, ancora agli esordi, e quindi neppure di certe teorie pedagogiche che tanti giovani uomini hanno spezzato nel nome di lodevoli intenzioni.

Un accento straniero è qualcosa che traspare in tutti gli ambiti dell'esistenza. Ostinato, impossibile da eliminare, rimane abbarbicato alla persona, fino a intridere i suoi abiti, come le note inconfondibili di un profumo o di una certa spezia, come l'odore di sigaretta, come quello della vecchiaia. La cadenza e la pronuncia colorano tutte le manifestazioni di un uomo, da quelle più intime a quelle ufficiali. Perché l'accento con il quale una persona ha parlato e vissuto non dovrebbe ritrovarsi anche nel suo lavoro? È un'ipotesi troppo avventata? Ripensando alle lezioni di violino di B, mi sono detto che il suo accento artistico veniva dai suoi insegnanti, dapprima londinesi, poi ungheresi e russi, e quegli accenti nazionali si sono fusi sotto le mie dita in una sintesi nuova, per quanto non granché omogenea. C'è sempre un'inflessione idiomatica, c'è sempre un accento. Nel caso di Hanns quell'accento si può ricostruire tutt'al più da singoli dettagli del suo modo di lavorare il legno. Le punte del violino, l'angolazione verticale dei fori di risonanza, l'intaglio delicato del riccio, che serba come un ricordo dell'architettura sacra del gotico nordeuropeo. È una lingua personale, dotata di una coloratura propria, e in questa lieve coloratura è la personalità, la ricchezza dello stile.

13.
Collegamenti

Per dare a vedere l'infinita molteplicità delle diramazioni, dei collegamenti e dei vasi comunicanti che irrorano una vita umana occorrerebbe iniettare una sostanza colorata nelle vene e nelle arterie, come facevano gli anatomisti. È una struttura complessa come le radici di un albero, intrecciate a quelle di tutte le altre piante della zona, brancolanti nelle profondità della terra come antenne sensibilissime. Hanns, il mio amico senza volto, è vissuto in un mondo di collegamenti tanto intensi quanto spesso inattesi. Quei collegamenti non erano ancora una realtà quotidiana, né il loro carattere anonimo e globale era scontato come ci appare oggi, però anche Hanns era indissolubilmente legato alla vita, al lavoro, alle sofferenze e ai profitti di persone la cui esistenza non sospettava neppure e con le quali non avrebbe mai avuto a che fare.

Il legno che manipolava ogni giorno, per esempio, parla di una rete globale nella quale l'artigiano, volente o nolente, si muoveva. L'abete rosso per la tavola armonica veniva perlopiù dalle Alpi, come egli stesso. Soprattutto dall'area dolomitica, dove il terreno povero e le quote elevate davano fusti dalla crescita lentissima, e quindi un legno dalla grana compatta e finissima che veniva fatto scendere in forma di tronchi lungo il Piave fino a Venezia. Anche l'acero, destinato al fondo e alle fasce dello strumento, giungeva via acqua, ma in questo caso perlopiù dall'Adriatico, perché gli aceri migliori crescevano in Serbia e in Bosnia, all'epoca territori ottomani. Arrivavano nella laguna di Venezia a bordo di zatteroni, venivano lasciati a bagno per qualche tempo e poi trascinati sulla terraferma per l'essiccazione. Il pioppo, che serviva a fabbricare gli elementi interni che danno stabilità allo strumento, era un'essenza tenera e poco pregiata: cresceva in tutto il Nord Italia, lungo i canali e in altri contesti sufficientemente umidi.

Gli altri legni e materiali utilizzati dai liutai venivano da continenti lontani ed erano importati in Italia per il tramite delle città portuali, come appunto Venezia. Talvolta si trattava di abbellimenti estetici, in altri casi di necessità del mestiere, indispensabili per rendere maneggevole uno strumento ed esaltare il suo suono. Il manico e la cordiera erano impiallacciati con legni esotici dai pori sottili, il cui gradevole colore scuro contrastava con le parti verniciate. Perlopiù ebano del Brasile o dell'Africa occidentale per il manico, che doveva resistere all'usura provocata da un'incessante pressione delle dita sulle corde senza incurvarsi e senza sviluppare avvallamenti. Alcuni liutai, però, usavano anche palissandro, legno di rosa e altre essenze caratteristiche del Levante, dell'Asia centrale o delle colonie equatoriali.

L'archetto si fabbricava con altri legni esotici ancora, alcuni talmente rari e costosi, come il pernambuco e l'amoretto, detto anche «legno serpente», che occorreva talvolta razionarli, e che potevano restare introvabili per vari mesi l'anno. Solo quei legni, però, avevano la grana e le proprietà ideali che consentivano ai liutai di piegarli a caldo per modellare un archetto ben riuscito.

Oltre agli elementi che dovevano per forza di cose presentare specifiche proprietà acustiche e funzionali c'erano le decorazioni, gli inserti e gli ornamenti, che dipendevano dal gusto e dalla classe di prezzo dello strumento. Anche quelli utilizzavano materiali globali: le miniere di argento e oro andavano dalla Bulgaria al Perù, la madreperla veniva dalle conchiglie tropicali o dai cefalopodi del Sud Est asiatico, l'avorio era africano e il guscio di tartaruga embricata dall'Oceano Indiano, dai Caraibi e da altre zone ancora.

E la vernice, con le sue immancabili ricette segrete e le sue virtù portentose? Da un lato è vero che ciascuna bottega o scuola tramandava ricette diverse, accompagnate da un numero variabile di fondi, mani di colore e verniciature ecc., ma le sostanze di base erano sempre le stesse: olio di lino, alcol o trementina, spesso di preparazione locale, nei quali venivano disciolte resine come il benzoino del Sud-Est asiatico, il mastice del Levante, la sandracca maghrebina e il rossissimo sangue di drago di Sumatra.

Un violino di quell'epoca è una miniatura in scala del mercato globale. Già allora una fitta rete commerciale legava gli strumenti musicali a continenti, culture e mercati lontani, con il loro lavoro schiavile, le lunghe carovane, le traversate oceaniche, le creature delle variopinte barriere coralline, con la brutale occupazione dei territori che le potenze commerciali europee praticavano un po' ovunque, con gli alberi ciclopici delle foreste pluviali che si abbattevano a terra aprendo squarci nel mare di fogliame ogni volta che i loro tronchi immani cadevano vittima delle accette, con la calura tropicale o l'ombra blu-acciaio delle nevi eterne.

La rete di contatti personali che struttura la vita di Hanns non ha un respiro intercontinentale, ma era comunque più ampia di quella di molti suoi contemporanei, perché non solo il nostro liutaio era parte della diaspora bavarese in Italia e nel resto dell'Europa, ma il suo mestiere lo portava a contatto con musicisti di tutto il mondo, viaggiatori, gente di teatro, signori – con i mercanti venuti dai porti dove si comprava la materia prima e dove il caos di persone, lingue, costumi e merci spalancava una finestra sull'infinita varietà dei paesi d'oltreoceano.

La posizione delle minoranze era sempre stata precaria. Gli ebrei d'Europa non erano i soli a subire periodicamente delle persecuzioni. Le tensioni sociali e le invidie private potevano degenerare in esplosioni di violenza. Agli emigranti conveniva non dimenticare mai la propria vulnerabilità.

Gli immigrati tedeschi, peraltro, venivano dal paese della riforma luterana. Su di loro gravavano i sospetti della collettività, che li vedeva come criptoprotestanti o potenziali eretici venuti a corrompere un paese cattolico con libri e costumi blasfemi. Sulla scia della Controriforma, in particolare, l'Inquisizione non cessa di insistere sulla necessità di purificare la fede e reprimere gli elementi nocivi: un vero e proprio terreno di coltura per calunnie e denunce.

Jacob Stainer, il padre della liuteria tedesca nonché il più celebre maestro della sua generazione, ha sperimentato sulla propria pelle che cosa significasse venire accusati di eresia. Quella che per lui è una disgrazia, però, si traduce per lo storico in una miniera di documenti. Stainer è nato intorno al 1619 e impara il mestiere a Cremona sotto Nicolò Amati, o quantomeno così si presume. Poi, dopo gli anni di tirocinio itinerante, pure trascorsi in Italia, rientra in patria ad Absam, in Tirolo.

La sua decisione di non lavorare in una grande città ma in un piccolo centro nelle Alpi è insolita, ma la sua reputazione era talmente grande che a quanto pare il maestro poteva permettersi di abitare anche lontano dalle grandi direttrici del mercato. Riceve grosse commissioni da monasteri e corti aristocratiche, spesso per più strumenti o per interi *ensembles*. Era un nome talmente prestigioso che a volte le sue creazioni superavano nel prezzo la grande liuteria cremonese.

Quella vita di quieto prestigio viene improvvisamente sconvolta il 2 giugno 1668, quando il parroco di Hall, Stephan Gifl, scrive a un superiore a Bressanone per far sapere di avere provveduto a «una ispetione *in libros domesticos*» in casa del sarto Jacob Meringer e del liutaio Jacob Stainer – una perquisizione in piena regola nel corso della quale erano emersi dei libri proibiti.

Nella biblioteca del sarto era saltata fuori, tra le altre cose, una copia della Bibbia tradotta da Lutero, oltre a vari altri volumi sospetti, tra cui «un libro sui pianeti, uno di chiromanzia e un libro semindecente [*Schimpf und Ernst* di Johannes Pauli]». In casa dell'amico Stainer la visita intempestiva del curato non aveva rilevato nulla di sospetto, sennonché Meringer aveva sostenuto che a prestargli alcuni dei libri incriminati era stato proprio il liutaio.

La Chiesa sembra prendere molto sul serio quelle accuse e il ritrovamento di quei testi. Gli artigiani specializzati, gente che all'epoca del tirocinio aveva viaggiato in lungo e in largo, più alfabetizzati dei contadini e dei braccianti, sufficientemente agiati da potersi permettere fogli volanti e libri per poi farli circolare, erano guardati con particolare sospetto. I due uomini vengono convocati per dare spiegazioni, ma si rifiutano di comparire. Stainer scrive per far sapere che «il troppo daffare in bottega» non glielo consente: sta preparando una partita di strumenti per la corte imperiale di Vienna. Quanto ai libri ritrovati, sostiene di non averli «né fabbricati né acquistati in proprio, bensì di averli ereditati da suo padre o ricevuti per altre vie. Dice di non farne uso, ma di trovarli piacevoli, perché il Credo è stampato a bei caratteri». Al tempo stesso dava a intendere che «ad Absam di libri come quelli ce n'è altri».

E all'improvviso è come se potessimo sentir parlare un artigiano del Seicento, un uomo del quale non conosciamo neppure di preciso le date di nascita e morte, e le cui vestigia private sono pure rarissime (la sua abitazione esiste ancora e un museo in Tirolo conserva una pialla che gli è forse appartenuta). Nelle lettere che scrive per respingere l'accusa di eresia, che poteva costargli la vita, trovano espressione la sua voce, il suo accento, la sua personalità. Nel frattempo il parroco raccoglieva prove a carico dei due amici. Di Stainer si diceva che non si confessasse mai, che prestasse in giro libri proibiti acquistati da ambulanti di fede luterana e che si fosse ripetutamente espresso in termini sprezzanti sul cattolicesimo. Le deposizioni dei testimoni presentavano l'artigiano in una luce addirittura sulfurea. Stainer era «un uomo cattivo e perverso», oltre che «volgare e sozzo quando ha bevuto». Da sobrio invece parlava molto poco. Eppure conosceva a menadito il Nuovo Testamento, tanto che «è capace di citare a memoria i versetti con il loro numero e nelle dispute adduce solo l'autorità della Bibbia».

Poco ma sicuro, Jacob Stainer non era il tipo da lasciarsi intimidire. Dieci anni prima di venire processato per eresia aveva sporto denuncia per «rapina» e aveva preteso di farsi rimborsare i costi dei bagni che aveva preso per rimettersi in salute dopo che vari uomini lo avevano assalito a manganellate – più il prezzo di un cappello uscito malconcio. Anche questa volta non respingeva le accuse in modo diretto, specialmente perché nei fumi dell'ebbrezza, per sua stessa ammissione, tendeva a «dare aria ai denti». Chiedeva però di venire messo a confronto con i testimoni che lo avevano accusato di eresia e «che un giudice preparato, neutrale e spassionato ascolti le accuse e le deposizioni alla mia presenza in modo da stabilire se io abbia fallato».

La causa si protrae per vari mesi. Stainer ignora tutti gli inviti a comparire, adducendo le esigenze del lavoro e problemi di salute, ma al tempo stesso ribadisce la propria posizione. Purtroppo i sospetti a suo carico sono seri. C'era chi giurava che organizzasse funzioni eretiche in casa propria durante la messa, e nel corso di quelle non solo predicava dottrine protestanti, ma imbandiva ai presenti «farse bestiali, sozzure impudiche, eresie e altre farneticazioni». Aveva perfino dubitato del purgatorio. Altri sostenevano di averlo sentito dire che Maria non aveva messo al mondo il Salvatore con un parto virginale, ma come tutte le altre donne, e che pregare i santi non serviva a nulla.

Ha allora inizio una curiosa danza tra il vescovo e le autorità, il parroco Gifl, da cui nasceva tutto, e l'imputato. Ogni volta che viene chiamato a comparire o è accusato di nuovi crimini, Stainer risponde in modo sempre più sicuro di sé, mentre i suoi accusatori si muovono con cautela. A complicare le cose, forse, c'era anche il fatto che alcuni anni prima il parroco aveva rilevato una cambiale firmata da Stainer, il quale però si era rifiutato di ripagargli il debito. Senza contare che i collegamenti postali tra Innsbruck, Bressanone, Hall e Absam erano lenti e inaffidabili, per cui i ritardi erano all'ordine del giorno.

Alla fine nel febbraio dell'anno successivo arriva la sentenza. Stainer e Meringer hanno l'ordine di inginocchiarsi di fronte alla comunità radunata dopo la messa e abiurare le loro credenze erronee con un cero spento in una mano e un flagello nell'altra. I due condannati reagiscono all'istante e chiedono una pena meno aspra. Perfino il vescovo sembra d'accordo con loro. Convocati di nuovo a Bressanone, si rifiutano per l'ennesima volta di comparire. Nel prosieguo dell'affare saranno arrestati (ma Stainer si fa portare in cella gli strumenti del mestiere e continua a lavorare dietro le sbarre) e infine scomunicati. La scomunica viene letta ad alta voce dal pulpito della chiesa alla luce di ceri che poi vengono spenti e buttati oltre il parapetto.

Stainer non molla, neppure dopo un mese di carcere e l'esclusione dal gregge di Santa Madre Chiesa. Il processo non è stato condotto a dovere, lamenta, ribadendo la propria perfetta innocenza. Occorreva quindi annullare la scomunica. Si offriva se non altro di ripetere di fronte a testimoni «la professione di fede della Chiesa cristiana cattolica (poiché si dubita di me a questo riguardo) in una cappella privata, per esempio in casa del sig. parroco di Hall». Così facendo, a lungo andare, riesce a ottenere di venire riabilitato, e senza danni irreparabili alla sua persona o ai suoi affari. Inginocchiato di fronte ad alcuni religiosi nella sacrestia della chiesa parrocchiale di Hall, abiura ogni credenza eretica, recita il Miserere e viene simbolicamente fustigato per tre volte sulla schiena con un flagello. Dopodiché viene lasciato libero di tornare a casa.

Stainer non è l'unico liutaio in odore di eresia, anzi. I mercanti e gli artigiani tedeschi erano sempre guardati con sospetto, specialmente in Italia. Si temeva che propagassero clandestinamente il luteranesimo e altre idee aberranti. Già un secolo prima di Stainer, a Venezia, i tre fratelli Tieffenbrucker sono chiamati a difendersi in circostanze simili.

I Tieffenbrucker, originari di Füssen, si erano sparsi in tutta Europa. Gaspar si era stabilito a Lione e dirigeva dalla Francia la rete di famiglia, mentre i tre figli Magno, Abramo e Moyse aprono bottega a Venezia. Nel 1565 un servitore li denuncia, come si legge nelle carte dell'Inquisizione:

> Augustino Ursino, cameriere in casa del signor Foscarino, desiderando alleviare la propria coscienza e obbedire al confessore, accusa i tre fratelli Magno, Abraò e Moyse, lauteri in San Salvador, di essere dei luterani che non credono alla santa messa né al purgatorio e alle indulgenze ma credono che il papa non abbia alcuna autorità [...] e mangiano carne nei giorni di magro.

Gli inquisitori lasciano cadere il procedimento. Forse il testimone non appare loro fededegno. Per Abramo, però, i pericoli non sono ancora finiti. Era il più giovane dei tre fratelli e la liuteria non lo attirava granché, mentre suonare il liuto, magari bevendo vino, sembra essergli riuscito molto meglio. Sposa la figlia di un altro liutaio (italiano), la tradisce senza remore e litiga con i fratelli per farsi liquidare prima del tempo la sua parte di eredità. Già da anni aveva smesso di lavorare e vivere insieme a loro. Nel 1570 si trasferisce a Vicenza e tenta di mettersi in proprio. Di lì a poco, però, è di ritorno a Venezia, dove l'Inquisizione torna a interessarsi al suo caso.

Questa volta, nel 1575, è un pittore affermato ad accusarlo di eresia luterana. Le circostanze in cui viene presentata la denuncia la dicono lunga. Il primo soggiorno vicentino di Abramo Tieffenbrucker non aveva portato bene. La sua prima moglie era morta di parto e lui era rientrato a Venezia, dove si era risposato. Con la figlia del suo futuro accusatore, Domenico Misani.

Già poco dopo le nozze, però, Abramo aveva abbandonato la sposa e aveva fatto ritorno a Vicenza, solo. Per la donna il ripudio era una situazione terrificante: prigioniera di una sorta di limbo sociale, non poteva risposarsi né vivere da donna sposata né comportarsi da vedova. È quindi molto probabile che la denuncia all'Inquisizione fosse anche un gesto di vendetta, oltre che una mossa tattica in vista di un possibile annullamento delle nozze. Per ottenere quello scopo il 5 maggio 1575 il cognato di Abramo rilascia una deposizione dettagliata:

> Conosco Abramo il liutaio tedesco da sei o sette anni, da quando viveva in San Salvador e aveva una bottega di liuti in calle delle Acque. Era sposato con una delle mie sorelle e ho capito che era luterano perché aveva un ritratto di Martin Lutero in una cornice d'oro e ricordo di avere parlato con lui del purgatorio e lui ha risposto che il purgatorio era in questo mondo, allora l'ho invitato a venire con me per vedere un prete e chiarirsi le idee, ma non ci è mai andato, neppure dopo avere preso appuntamento.

Altri testimoni confermano che non solo negava il purgatorio, ma sosteneva che i preti ne parlavano solo per fare soldi, che tutte le religioni erano uguali e che nessuno oltre a Dio meritava di venire chiamato santo, neppure il papa. Sembra inoltre che la Vergine, a suo giudizio, fosse una donna comune, che aveva fatto con Giuseppe quello che fanno tutte le donne sposate. Lo accusavano inoltre di possedere una Bibbia in tedesco, di non confessarsi mai e di passare molto tempo con il suo migliore amico, che faceva il libraio. L'ultima testimone, donna Helena, la vedova del pittore Domenico Misani, aveva molto di peggio da riferire. Non solo il suo scellerato genero negava l'esistenza dell'inferno e del paradiso, ma aveva sostenuto che l'olio santo con il quale si facevano ardere le lampade nelle chiese era meglio usarlo per l'insalata.

Non si può fare a meno di notare quanto le accuse di eresia si assomiglino a distanza di un secolo, dal caso di Abramo Tieffenbrucker a quello di Jacob Stainer. Meno chiaro è se quelle imputazioni fossero congetturali, magari perché quello era lo stereotipo del luterano tedesco, oppure se davvero si trattasse di opinioni professate a viva voce.

L'Inquisizione si mette alle calcagna di Abramo l'eretico, che però è scomparso senza lasciare tracce. Secondo SP, l'esperto italiano di violini e di storia della liuteria, potrebbe corrispondere a un certo Simone, un figuro che commerciava in liuti tra Vicenza, Padova e Lione. Il che è ragionevole, perché corrisponde ai punti di riferimento geografici della famiglia Tieffenbrucker. La famiglia sapeva a proprie spese che con l'Inquisizione non c'era da scherzare.

L'accusa di eresia, ovvero di luteranesimo, era la ferula con la quale in Italia si minacciavano a ogni piè sospinto e talvolta si colpivano davvero gli immigrati tedeschi. Di fronte a quella situazione di vulnerabilità i tedeschi in diaspora facevano ricorso ai rimedi che tengono banco ancora oggi: il ripiego sulla famiglia, sul clan, sui connazionali. Le comunità di artigiani stranieri dell'epoca barocca erano un po' l'equivalente degli odierni supermercati pachistani, delle fornerie turche, delle ditte di pulizia cinesi, delle società di taxi serbe, degli ambulanti nigeriani, che si trovano a Liverpool come a Berlino o a Chicago. L'unico modo per ricominciare in un paese straniero quando non si ha del denaro da spendere sono i contatti: una rete capace di trovare a chi ne ha bisogno un posto per dormire e una chance.

Abramo Tieffenbrucker era la pecora nera della famiglia, eppure gli altri se ne sono presi cura, sebbene con discrezione, facendo in modo che potesse sopravvivere e che non capitasse nelle grinfie della giustizia. Senza la rete di sostegno della sua famiglia sarebbe stato perduto.

14.
Un certo slancio caratteristico

Senza certezze sul luogo in cui Hanns aveva forse imparato il mestiere e trascorso l'esistenza, non c'era più molto da aggiungere sul suo conto. Eppure finora nessuno dei miei tentativi aveva dato buoni risultati. L'ultima versione, suffragata dal giudizio di ben due esperti, era che il mio violino fosse stato fabbricato intorno al 1700 da Antony Posch, liutaio al servizio della corte viennese, originario di Füssen.

Quell'ipotesi incombeva sulle mie ricerche come una spada di Damocle. Se le cose stavano davvero così, mesi e mesi di lavoro sarebbero stati vani. MR mi aveva consigliato di rivolgermi al dottor RH, il conservatore della collezione di strumenti musicali storici del Kunsthistorisches Museum di Vienna, forse il più stimato tra gli esperti di liuteria viennese, noto per i suoi studi e le sue pubblicazioni su Posch. Devo confessare di avere più volte rimandato quella visita, come fanno certi pazienti, convinti che sia la diagnosi del medico e non la malattia a fare di loro dei malati gravi. Con il passare del tempo, però, cadevano anche le mie riserve, così un bel giorno ho chiesto un appuntamento, ho infilato la porta con il mio violino in spalla e mi sono avviato con un groppo ansioso nello stomaco.

Il dottor RH occupava un ufficio nella Neue Burg, uno degli edifici del Kaiserforum, affacciato sulla Heldenplatz – un'ala pomposa, piena di colonne gigantesche e innumerevoli statue storiche. Portata a termine solo dopo la Grande guerra, non è mai realmente servita come parte del palazzo asburgico. Di gusto imperiale, in compenso, è lo stile architettonico, con i pavimenti in marmo, i soffitti vertiginosi e un'ampia scalinata. Oggi il complesso ospita la Biblioteca nazionale e una parte del Kunsthistorisches Museum, il museo di storia dell'arte. Per raggiungere l'ufficio di RH occorre attraversare un dedalo di corridoi e scale.

Qui, in una stanzetta foderata di libri sulla storia degli strumenti musicali e della liuteria, il conservatore in capo delle collezioni di Vienna ha proceduto all'ispezione oculare del mio violino. Per molto, molto tempo, in uno spaventoso silenzio, ha rigirato lo strumento in ogni direzione, studiandolo con una lente di ingrandimento. Poi, finalmente, si è pronunciato: «Splendido», ha borbottato, prima di richiudersi nel suo silenzio.

Dopo un'altra mezza eternità si è rivolto a me.

«Bellissimo strumento. L'influenza di Füssen c'è e si vede», ha iniziato a spiegare. «Ma non è un Posch, neanche per sogno. Abbiamo vari esemplari e potrei farglieli vedere, ma siamo in restauro, per cui li abbiamo imballati e spostati in deposito. Eh già. C'è questa viola molto antica che un po' gli assomiglia, ma gli altri strumenti di Posch? La vernice è diversa, il disegno è diverso, molto meno italiano del suo. Questo violino, tra l'altro, è più elegante, più curato nei dettagli. La vernice è di migliore qualità e ha tutta l'aria di essere italiana. Escludo in modo assoluto che sia uno strumento di Posch e che provenga da Vienna».

Il dottor HR, cauto per natura, non ha voluto sbilanciarsi oltre. «Posch però mai e poi mai», ha confermato, «e in nessun caso un liutaio viennese o attivo nel Sud della Germania. Sicuramente un prodotto italiano, ma di dove esattamente o di chi? Eh, saperlo!

Impossibile pronunciarsi. Venezia? Milano? Roma? Solo domande e altre domande. Forse un maestro che lavorava bene ma il cui nome si è perduto nel tempo. Non credo che si possa dare una risposta precisa».

«E che cosa le fa pensare che l'artigiano venisse da Füssen?».

«Quello si vede!», ha risposto RH, scoccandomi un'occhiata quasi interdetta. «Si vede chiaramente da... come dire? Dalla maniera in cui è pensato. Vede qui come la curva rientra profonda e sicura? E poi quel certo slancio nella voluta», e ha accennato un gesto con la mano, come per intagliare un pezzo di legno invisibile. «Quello è il marchio di fabbrica di Füssen. Soltanto loro lavoravano così».

Finora, dopo settimane e mesi di ricerche, avevo scoperto soprattutto che cosa il mio violino *non* era: non proveniva da Vienna, non era fabbricato a Milano, non era romano e non era un Deconet, il legno non risultava databile, la cifra stilistica non era sufficientemente precisa, la scuola sembrava indefinibile, l'etichetta era fasulla, l'origine era controversa. Un'identità *ex negativo.* E ora, finalmente, una qualità positiva. Un certo slancio caratteristico, un gesto tipico di Füssen. Ammesso e non concesso che quell'ennesima lettura avrebbe retto a ulteriori verifiche.

15.
Parigi, o del fare cilecca

Tutto è cambiato in un giorno d'estate del 2006, a Parigi. All'epoca mia moglie V e io abitavamo già da sei anni in un favoloso vecchio appartamento al quinto piano di un palazzo ai piedi di Montmartre, con un minuscolo balcone e una vista sontuosa sui proverbiali tetti di Parigi, perennemente mutevole e sempre nuova. Era un cliché, ma un cliché meraviglioso, e noi ci sguazzavamo, felici e increduli di essere riusciti finalmente a evadere dal mondo delle aziende e degli uffici. Finalmente, ciascuno dei due con il suo contratto firmato in tasca, potevamo abitare a Parigi e lavorare a tempo pieno come scrittori.

Io avevo una stanza che dava sul cortile interno del palazzo, un locale sfarzoso con tanto di caminetto. Sulla mensola era posato il mio primo violino, che da quel giorno all'Aia mi aveva seguito dappertutto. Quando non riuscivo più a scrivere, quando una frase o un paragrafo avevano bisogno di decantare o quando volevo distrarmi da pensieri troppo insistenti, mi mettevo a suonare.

Mentre scrivevo o suonavo, la finestra sul cortiletto rimaneva quasi sempre aperta. Entrava il ronzio dell'aria condizionata del ristorante al pianoterra, accompagnato dal suono di un televisore perennemente sintonizzato su talk show e programmi a quiz in casa di una signora anziana. Quando un programma la appassionava la signora alzava la voce e ruggiva in direzione del televisore: «Allez, allez, allez!». Quando trovava qualcosa di divertente prorompeva in risate cavernose. La sera, mentre sedevo alla scrivania, mi arrivavano suoni di altro genere: i gemiti passionali di una voce femminile, sempre la stessa, spesso accompagnata dai commenti di un'altra donna, seccata, che da un punto imprecisabile nel buio sbottava: «Ah, toutes les deux nuits!».

I fatti avevano dato ragione al liutaio olandese che vari anni prima mi aveva proposto di acquistare quel violino per non venire meno alla sua parola di artigiano: lo strumento valeva molto di più di quello che avevo pagato, anche se le origini dello strumento – anche allora! – erano del tutto misteriose, e anche se le quattro punte sui lati della tavola, non più originali, erano state malamente rimpiazzate con inserti nuovi. Il suono, però, era limpido e argentino come quello di una tromba, e io lo conoscevo in tutti i registri come conoscevo e sentivo la mia stessa voce.

Quando ci siamo trasferiti a Parigi, nel 2001, io lavoravo sull'*Encyclopédie*. Quel progetto non serviva soltanto a esplorare la mia nuova patria (perché all'epoca ero deciso a trascorrere il resto della mia esistenza nella capitale francese), né era soltanto un modo per scoprire il paese a partire dalla sua storia, ma era anche e soprattutto l'inizio di una lunga amicizia trans-secolare con Denis Diderot, uno degli esseri umani più spiazzanti, arguti, generosi, sarcastici, intelligenti, modesti, svitati, spassosi, brillanti e saggi che io abbia mai conosciuto.

Anche Diderot, peraltro, lavorava per rendere visibile la vita di persone invisibili: uomini comuni e spesso vissuti nell'oscurità che l'enciclopedista si sforzava di onorare, se non altro sulle pagine della sua opera. Le tavole degli inserti illustrati mostrano centinaia di artigiani al lavoro: dai manovali ai conciatori, passando per i tipografi, i liutai e gli sterratori. Tutti sono ritratti in pose aggraziate, di gusto quasi rococò, con bei visi dai tratti regolari, seppure un po' stereotipati, e gli abiti in ordine.

Per Diderot quel modo di raffigurazione equivaleva a un programma politico segreto: mostrare che la gente comune, gli invisibili, i lavoratori manuali, gli artigiani, i contadini erano il vero cuore pulsante di un paese. E l'aristocrazia? Inutili parassiti, come i fuchi in un alveare. Naturalmente il parallelo non viene esplicitato, ma nel lemma «Fuchi (*st. nat.*)» Diderot osserva, come *en passant*, che quegli inutili parassiti, una volta fatta la sola cosa che hanno da fare, vengono tolti di mezzo dalle api operaie.

Ma torniamo a Parigi e a quella vita piena di sorprese. Nel giro di pochi anni l'idillio ha iniziato a sbriciolarsi sotto i nostri piedi, fino a crollarci addosso con violenza. Nessuna congiura ai nostri danni, nessun errore fatale, solo una catena di coincidenze infauste: risparmi andati in fumo dopo l'11 settembre, problemi di salute, guai professionali indipendenti dalla nostra volontà (case editrici vendute, redattori di riferimento allontanati ecc.), il costo sempre crescente della vita a Parigi, e poi di nuovo malattie, problemi di insolvenza, debiti. Il sogno è diventato un incubo o, per essere più esatti, una situazione nella quale ho capito, con mia grande sorpresa, che sul piano esistenziale si può essere al tempo stesso pienamente felici e totalmente disperati.

Quella era la situazione quando un pomeriggio siamo rincasati da un appuntamento con degli amici e abbiamo trovato il portoncino del palazzo spalancato, come pure la porta interna dell'atrio. Gli ingressi degli appartamenti ai vari piani sembravano intatti, e neppure la nostra porta era stata manomessa. Però la finestrella che dava luce alla scala a circa un metro di distanza era aperta, e da quella finestra un sottile cornicione sospeso a diciotto metri di altezza portava alla finestra della mia camera. Nell'appartamento non sembrava mancare nulla: né gli elettrodomestici, né i pochi gioielli in bagno. Le carte di credito erano sul tavolo, dove le avevamo lasciate. Ma il ripiano del caminetto in camera mia era vuoto. Il violino era scomparso, insieme a custodia e archetto.

Trattandosi di uno strumento di valore, la polizia ha invaso l'appartamento: sette agenti, con tanto di sopralluogo forense. Il ladro sapeva che cosa era venuto a rubare, era evidentemente un professionista, capace di forzare in pochi secondi non solo un portoncino affacciato su una strada piena di gente, ma anche l'ingresso dell'atrio e una finestra al quinto piano. Anzi, sapeva addirittura in quale appartamento cercare. Senza contare le abilità acrobatiche necessarie per dileguarsi con una custodia di violino passando per un cornicione affacciato su uno strapiombo di cinque piani e scomparire nel nulla.

Nonostante quel dispiegamento di forze, le indagini vengono ben presto abbandonate. Non avrei mai scoperto chi aveva trafugato il mio violino. Chi poteva sapere della sua esistenza? La mia mente, come sempre in questi casi, ha fatto sfilare un'intera parata di possibili sospetti, ma nessuno di loro poteva avere fatto una cosa del genere: era inverosimile o impossibile. Inutile dire che lo strumento non si è più ritrovato.

Se davvero si è trattato di professionisti, il mio violino deve essere partito per lidi sconosciuti nel giro di qualche giorno, forse addirittura di poche ore: forse per l'Asia, dove il mercato degli strumenti d'epoca è vivace, e dove alcuni commercianti – si mormora – si sono addirittura specializzati in articoli di dubbia provenienza: strumenti di alta qualità, ma non così strepitosi, celebri o blasonati da poter dare luogo a domande scomode alle quali nessuno ha voglia di rispondere. Forse le cose non stavano affatto così. Forse il colpevole era un vicino di casa, stanco di sentirmi suonare (o quantomeno uno degli agenti è sembrato ventilare quell'ipotesi). Forse l'amico dell'amico di un conoscente, che magari aveva un'idea del possibile valore di un oggetto così antico. Eppure chi potrebbe esporsi a un rischio così enorme? Chi aveva un talento così straordinario per le acrobazie e lo scasso? Il valore monetario dello strumento non giustificava una simile prodezza, quantomeno ai miei occhi. Probabilmente qualcuno aveva creduto il violino molto più pregiato e quindi redditizio di quanto non fosse in realtà. Tanto più che non avevo praticamente mai fatto parola degli aspetti economici in presenza di estranei.

Ho chiesto notizie ai liutai della rinomata rue de Rome, li ho pregati di aiutarmi, ma lo strumento che avevo comprato all'Aia e posseduto per vent'anni non è più saltato fuori. Terminava così, in maniera inattesa e brutale, un rapporto intenso e certo non privo di delusioni, ma rinnovato su base quotidiana con uno strumento che avevo suonato pressoché ogni giorno da quando avevo diciassette anni. Non avrei mai più rivisto quel primo violino che tanto aveva contato nella mia vita.

Data la situazione nella quale ci eravamo ritrovati a Parigi, quell'incidente era come un presagio della fine, una sorta di diluvio universale, qualcosa di irreversibile: la conclusione del nostro soggiorno in Francia, l'epilogo di un'era. Naturalmente il violino era stato assicurato, e l'assicurazione ha pagato (l'impiegata con la quale ho parlato, vedendomi così scosso dall'accaduto, mi ha suggerito quello che a lei sembrava un buon consiglio: che mi comprassi un violino vecchio, dato che uno nuovo non me lo potevo più permettere). La nostra situazione finanziaria, però, era talmente dissestata che ci siamo visti costretti a mangiarci il mio violino, cioè a spendere la somma versata dall'assicurazione in beni di prima necessità.

Per un intero anno non ho più suonato una nota. Vari amici mi hanno proposto uno strumento in prestito, ma io non ho voluto saperne. Per la prima volta da trent'anni vivevo senza il piacere di confrontarmi ogni giorno con i miei limiti, con il fallimento – e con la possibilità di veder apparire qualcosa di nuovo e inatteso, dato un numero sufficiente di occasioni propizie. A un certo punto ho iniziato a suonicchiare il pianoforte, ma il venir meno della mia pratica sul violino era come un'assenza percettibile: permaneva nella mia vita come un che di negativo, perché il posto che aveva riempito nelle mie giornate e nei miei pensieri rimaneva così nettamente sguarnito.

Di lì a qualche mese la salute e le finanze sono giunte al collasso. L'angelo con la spada fiammeggiante (aiutato da un'embolia polmonare) mi ha scacciato dal nostro paradiso terrestre. Ci siamo visti costretti ad abbandonare Parigi, tra le macerie del nostro sogno. Ci siamo trasferiti a Vienna, dove potevamo contare su un minuscolo appartamento. Per la prima volta nella mia vita adulta mi sono ritrovato in un luogo sconosciuto senza un violino. E non suonavo più – non lo avrei sopportato.

È stupefacente che un essere umano possa provare un dolore così intenso per via di quella che in fondo è solo una scatoletta di legno, eppure ai miei occhi quella scatoletta e la sua perdita erano assurti a emblema del fallimento totale che ci aveva travolti, e dal quale ci siamo ripresi molto, molto lentamente e solo a prezzo di gravi sacrifici. Ci era stato strappato qualcosa di prezioso, e ora vivevamo in un limbo di silenzio.

Mi è costato fatica ripensare a quella fase, al fallimento completo di un progetto. Anche di recente quella sensazione è venuta, o meglio è tornata a sfiorarmi con le sue dita umide e fredde, perché l'ombra del fallimento era tornata a incombere sul mio lavoro, cioè sulle mie indagini intorno al nuovo violino – l'oggetto controverso e imperscrutabile che tenevo tra le mani, ostinatamente muto sulla propria storia. Nel frattempo avevo investito vari mesi e fatto diversi viaggi nel tentativo di giungere a un'attribuzione certa del nuovo strumento che aveva preso il posto del violino perduto, per ritrovare l'artigiano il cui profilo MR aveva abbozzato con pochi tratti sommari. E ora, dopo tutto quel lavoro, mi ritrovavo di fronte un groviglio di opinioni, congetture, affermazioni e versioni in contrasto, ma per quanto riguardava l'essenziale ne sapevo quanto prima. Solo che gli interrogativi si erano andati moltiplicando, e con loro anche le incertezze.

E se fosse stato tutto un volo pindarico, un equivoco, un effimero trionfo della mia fantasia troppo vivace sull'inerzia laconica delle cose? Forse non c'era nessuna storia da raccontare, forse il mio emigrante senza nome non era mai esistito e non aveva mai passato le Alpi. Forse la persona che andavo cercando in lungo e in largo non si era mai allontanata dalla Germania. Forse il mio violino era un falso, magari un falso eccellente, ma tardo, opera di qualche scaltro liutaio del XIX secolo il cui nome si è perduto. All'epoca esistevano intere botteghe specializzate in riproduzioni praticamente perfette di strumenti d'epoca. Forse alla fine era davvero un prodotto di scuola viennese, opera di un maestro minore nato a Füssen e affermatosi come liutaio di corte. Forse non era mai uscito dal perimetro di Vienna e prima che io lo portassi in giro per mezza Europa e poi addirittura per il mondo era servito a suonare valzer.

Il legno, rinchiuso in un silenzio caparbio, si rifiutava di lasciarsi datare. Il legame vivente con il passato era stato reciso da un pezzo. L'uomo e il mondo che lo avevano espresso si erano disintegrati in particelle senza nome, mentre l'oggetto stesso, naufragato nel presente, non rimandava più a nulla e nessuno. Tutte le analisi stilistiche di questo mondo, tutti i rilievi statistici, tutte le ricerche in archivio e tutte le fantasie di un saggista si arrestavano sull'orlo di un abisso invalicabile scavato dal fluire della storia. Avevo lasciato la briglia sciolta all'immaginazione, mi ero scaldato per nulla, e ora stavo per precipitare a testa bassa con tutte le mie sciocche pene perdute, com'era già successo a Parigi, o come negli anni in cui avrei dato qualunque cosa per una carriera da musicista.

Una cappa di torpore era calata sulle mie ricerche, come prima di certi temporali che non sembrano mai volersi scatenare. Il mio lavoro si trascinava stancamente di giorno in giorno. Da un pezzo il mio progetto era diventato un abbozzo di libro, un'indagine su una vita destinata a rimanere inconoscibile, perché non sembrava esistere alcun mezzo per costringere il passato a rivelarsi. Rimaneva soltanto l'ammirazione del non iniziato di fronte ad arcani impenetrabili. *The past is a foreign country. We do things differently there.* Passavano le settimane, lente e improduttive. Nessun progresso. Mi ero stancato di importunare esperti di violini. Iniziava ad apparirmi chiaro che non sempre la determinazione, la disciplina e l'ottimismo sono sufficienti. Mi sentivo al capolinea del mio viaggio.

Poi ho ricevuto un messaggio di posta elettronica. A contattarmi era SP, lo storico al centro di tante polemiche per via delle sue tesi sul due volte ciarlatano Deconet: forse il più preparato tra i conoscitori della liuteria lagunare, in termini di strumenti e di archivi, che andava compulsando da oltre vent'anni, autore di tre ponderosi volumi sulla storia dei liutai di Venezia. Gli avevo spedito delle fotografie del mio violino, come avevo fatto con molti altri esperti, domandando loro se il mio strumento sembrasse degno di interesse e se avrebbero accettato di esaminarlo. SP era uno di quelli che non avevano risposto alle mie sollecitazioni. Ora però rispondeva, e lo faceva così, in poche frasi lapidarie:

Gentile professor Blom,

Le scrive SP da Venezia. Per prima cosa la prego di scusare il ritardo con il quale le rispondo, avevo tante cose da fare.

Venendo al suo violino: io credo che la rassomiglianza con la maniera di Goffriller negli anni 1695-1700 sia talmente forte che viene da credere a un suo intervento diretto sullo strumento. Un esame dendrocronologico e quindi una datazione aiuterebbero a verificare che lo strumento possa essere stato fabbricato nella bottega di Matteo Goffriller (forse con l'aiuto di Lazinger o di un altro lavorante). Oppure, se risultasse posteriore, che sia dovuto a maestranze pur sempre legate a quella scuola. Non si può escludere neppure che si tratti di un lavoro precoce che Goffriller stesso potrebbe avere portato a termine prima di stabilirsi a Venezia.

Sia la consistenza della vernice, leggermente diversa dal solito ma pur sempre tipica del suo primo periodo, che l'avvolgimento stretto della testa si possono spiegare in più modi (l'intervento di un apprendista appena arrivato in bottega, la necessità di riprendere un difetto emerso nell'ultima voluta del riccio, un influsso tirolese ecc.).

Insomma le consiglierei caldamente di commissionare una perizia dendrocronologica, ma questa volta da PG, che io considero il migliore specialista attivo sul mercato europeo.

Dia retta a me, ci riprovi con la dendro!

Cordialmente,
SP

16.
Venezia

«Ma ora parliamo di Venezia, città senza pari che tutti ammirano. La sua posizione è unica al mondo, e la sua bellezza non ammette paragoni», si estasiava nel 1670 il viaggiatore francese Nicholas Mirabal, uno dei tanti autori che, secolo dopo secolo, hanno fissato sulla carta il momento di stupore che li ha colti la prima volta alla vista delle sagome dei palazzi, delle cupole, dei campanili che sorgevano dalle acque della laguna. Forse anche Hanns ha provato lo stesso smarrimento, tanto più che non aveva mai messo piede in una grande città.

Per farsi un'idea dell'effetto spiazzante che una metropoli così vasta, densamente popolata e pittoresca deve aver fatto a un giovane emigrante e immaginare i suoi primi passi in città non basta leggere i resoconti dei viaggiatori coevi, perché dal primo all'ultimo sono opera di autori appartenenti a classi privilegiate, le cui esperienze lagunari hanno avuto ben poco in comune con quelle di un bambino di famiglia povera o di un apprendista venuto a cercare lavoro. Eppure tutti hanno sperimentato la stessa città, gli stessi canali, le stesse persone nelle stesse viuzze anguste, e il loro naso ha respirato lo stesso fetore. Grazie ai loro occhi la Serenissima risorge dal passato.

Joseph Addison non è solo rimasto stregato dalla bellezza irresistibile di Venezia, ma sembra non capacitarsi del fatto che i veneziani fossero meno inclini alla bottiglia dei suoi compatrioti:

Una veduta di Venezia all'inizio del xvi secolo

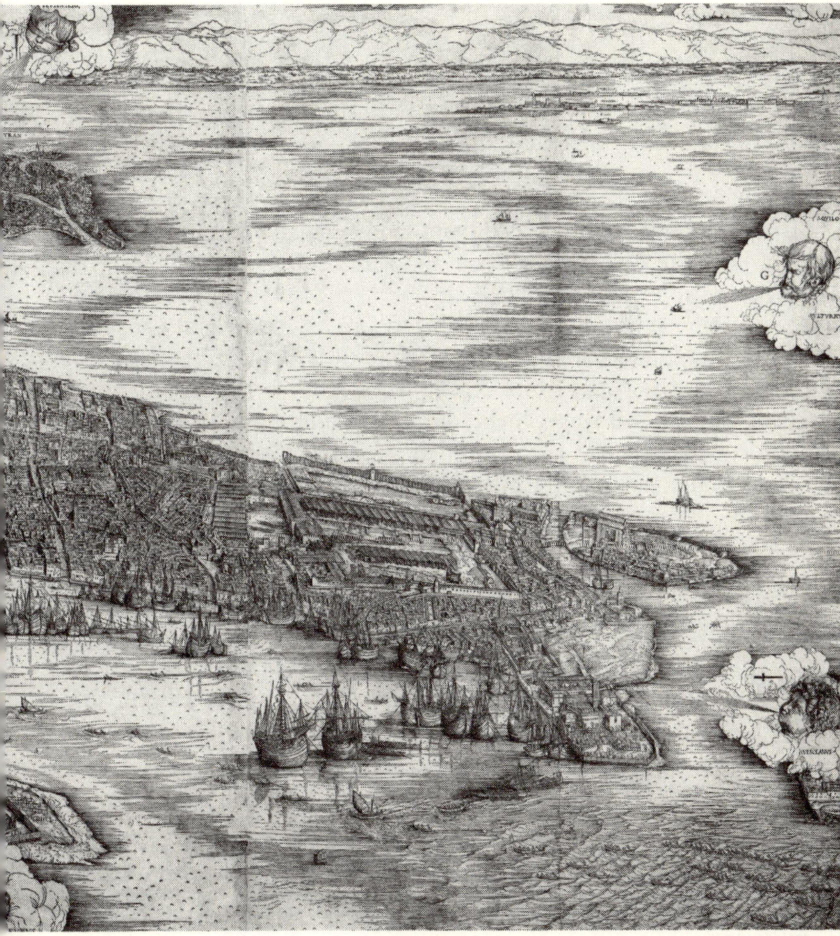
AQVILO
G

Vista da lontano fa l'impressione di una grande città inondata da una piena. È percorsa in ogni direzione da canali, per cui alle case si accede perlopiù via terra oppure via acqua. [...] C'è anche una moltitudine innumerevole di ponti bellissimi, tutti a una sola campata e senza parapetti. In una città meno sobria di Venezia sarebbero guai seri.

Anche il diarista inglese John Evelyn, reduce da un fortunoso valico delle Alpi, rimane incantato dalla molteplicità e varietà di impressioni:

Di qui ho attraversato le Mercerie, una delle strade più deliziose al mondo, talmente è dolce ai sensi. È tappezzata su ambo i lati come da panni dorati, sontuosi damaschi e altre sete, che le botteghe espongono all'aperto dalle finestre del primo piano. La varietà è tale che dopo avere trascorso quasi sei mesi in città non ricordo di avere visto la stessa stoffa esposta due volte. E poi ci sono i profumi, le farmacie, le innumerevoli gabbiette di usignoli che deliziano l'udito con il loro canto di bottega in bottega, tanto che a chiudere gli occhi ci si potrebbe credere in aperta campagna, mentre quando li si apre ci si ritrova in mezzo al mare.

Un ragazzo di campagna che avesse appena valicato le Alpi (seppure in condizioni molto diverse) e si fosse avvicinato in barca alla laguna avrebbe forse provato la stessa ebbrezza travolgente di fronte alle sagome che, come in una fiaba, si riflettevano nell'argento delle onde scintillanti, alle chiatte e alle gondole, al perenne martellare e affaccendarsi dell'Arsenale, alle calli strette e affollate lungo le quali signori e dame sfioravano operai e ambulanti, venditori di uccelli, mercanti ottomani, musici di strada e cantanti, preti, viaggiatori e curiosi; mentre lì accanto, lungo i canali, le sagome nere delle gondole scivolavano accanto al trambusto.

La vita quotidiana in una città come Venezia era sorprendente, e non solo per un apprendista venuto dall'Algovia. Perfino John Evelyn, che pure aveva viaggiato in lungo e in largo, trovava sconcertanti le sue vie multicolori:

Non meno straordinario mi è parso il bizzarro miscuglio di nazioni nel quale ci si imbatte ogni giorno per le strade e le piazze: ebrei, turchi, armeni, persiani, mori, greci, slavi, alcuni con i loro scudi tondi e con l'abito della loro patria nel bel mezzo di quel celebre emporio sempre pieno di stranieri.

Gli orefici, i ciabattini, i liutai e i mercanti del Nord germanofono erano solo una goccia nel mare delle nazioni che convivevano a Venezia, sovente raccolte in specifiche strade. E di stranieri non c'erano soltanto gli artigiani, ma anche i diplomatici e i turisti, gli artisti in tournée e soprattutto i commercianti, che spesso trascorrevano la loro intera vita adulta nella città lagunare. La comunità tedesca era da secoli un importante ingranaggio della vita commerciale e artigianale di Venezia. Con il Fondaco dei Tedeschi, che sorgeva nei pressi del ponte di Rialto, avevano eretto un monumento architettonico alla loro decisiva presenza nell'economia cittadina. La vita delle comunità straniere a Venezia poggiava su consuetudini secolari e perlopiù si svolgeva con serenità, dal ghetto ebraico al sistema di strade in cui abitavano i tedeschi, i francesi, gli spagnoli e gli ottomani. Quella popolazione mista sembrava obbedire a regole proprie. A Venezia il musicofilo inglese Charles Burney, imbarcatosi in un grande viaggio per l'Europa allo scopo di confrontare la vita culturale dei principali centri, rimane impressionato dalla qualità, ma soprattutto dalla sconvolgente varietà della vita musicale:

Di questa stagione, qui si comincia a vivere a mezzanotte. In quest'ora i canali son coperti di gondole, e piazza S. Marco è piena di gente. Il popolo accorre dappertutto, sulle rive e dovunque si senta cantare. Se due persone passeggiano insieme a braccetto, pare che non possano parlare se non cantando; se vi è gente in una gondola, sull'acqua, è la stessa cosa: qui non si ode mai una semplice melodia, un'aria, senza che non sia accompagnata da qualche altro suono. Anche per le vie, tutte le canzoni vi sono cantate a duetto. Felice incontro per me! Stanotte è passata sul Canal Grande una barca che portava una buona orchestra, composta da violini, flauti, controbassi, timpani e trombe, e una graziosa e bella voce di tenore. S'è fermata presso la casa dove sono alloggiato. Senza dubbio si trattava d'una manifestazione di galanteria d'un innamorato che portava la serenata alla sua bella.

Se Burney cita gli «innamorati» non è soltanto perché ha assistito personalmente alla scena, ma perché scriveva per un pubblico fermamente convinto che in un memoriale su Venezia non potessero mancare storie di amore e amanti. A esigerlo era la reputazione della città, specialmente quando scriveva uno specialista di musica.

Le guide per viaggiatori di epoca barocca si dividono in due gruppi distinti. C'era l'equivalente sei-settecentesco delle *Guides bleues*, opere di taglio accademico, farcite di citazioni riprese dagli autori antichi, informazioni storiche e descrizioni di edifici e opere d'arte, affreschi, dipinti, sculture, studioli, collezioni e chiese. Esisteva una seconda categoria, più discreta, rivolta a un pubblico diverso. Anche in quel caso era questione di bellezze locali, ma si trattava soprattutto di bellezze viventi.

In tutti i resoconti del Grand Tour, il caratteristico viaggio di formazione e piacere intrapreso per ampliare i propri orizzonti culturali dai giovani aristocratici dell'epoca, specialmente quelli originari delle isole britanniche e del Nord Europa, Venezia figura come un luogo di squisite tentazioni. I giovani *gentlemen* visitavano Napoli per vedere il Vesuvio e, più tardi, Ercolano; a Roma facevano il giro delle inevitabili rovine, tra sale colonnate, vecchie chiese, monumenti, statue, marmi e altri marmi. Finché, stanchi e sovreccitati, risalivano verso Venezia, dove ad attenderli trovavano, accanto a un'altra profusione di chiese e palazzi che occorreva avere visitato e descritto a dovere per i connazionali, anche un'infinità di piaceri che conveniva non descrivere affatto: un piccolo segreto, forse il più caro seppure il meno ammissibile tra i ricordi di quel viaggio, più delizioso di tutti i vasi antichi e di tutte le vedute romane che i viaggiatori avevano fatto passare per raccontarli alla famiglia.

Per i danarosi turisti e aristocratici di ogni paese, viaggiare almeno una volta nella vita per lasciarsi andare alle esperienze era parte del bon ton moderno. *What happens in Venice stays in Venice*: la città lagunare era l'equivalente barocco dell'odierna Las Vegas, capace di sedurre qualunque visitatore con le sue allettanti promesse di raffinati vizi in maschera. La seconda delle due categorie di guide che abbiamo citato forniva ai viaggiatori informazioni utili di un genere molto particolare, con pettegolezzi e aneddoti piccanti sulle avventure delle veneziane (e, a sorpresa, anche di molti veneziani) in compagnia di giovani uomini imbarcatisi nel Grand Tour. Erano bollettini scandalistici e centoni erotici mascherati da racconti di viaggio.

Il francese Maximilien Misson (1650?-1722) rimane sconvolto dai costumi sessuali dei veneziani, in particolar modo dal trattamento riservato alle ragazze di origini più umili:

> Il libertinaggio nei confronti delle donne è diventato un'abitudine, talmente diffusa e generalizzata che, per dire le cose alla buona, non rimane più alcuna coscienza del carattere peccaminoso di quelle pratiche, al quale peraltro nessuno bada. [...] Le madri sono le prime a ricercare delle cortigiane per i loro rampolli, temendo di vederli precipitare nell'abisso delle malattie veneree. Quando hanno concluso un accordo mercenario con il padre e la madre di qualche ragazza povera, l'intero parentado, senza scomporsi, viene a farle i complimenti, come se si trattasse di nozze ben combinate.

La somma pattuita in cambio di quel concubinato, un compromesso tutt'altro che raro all'epoca, veniva versata su base mensile o annuale dalla famiglia del giovanotto. In Francia i costumi erano ben diversi, come ricorda Misson, offeso e scandalizzato: «Un buon cattolico mi ha garantito che i confessori non perdono neppure tempo a sentire quelle sciocchezzuole: bazzecole del genere non meritano che se ne parli. Occorre tirare fuori *qualch'altra cosa*».

Soltanto le cortigiane straniere, aggiunge il viaggiatore, hanno conservato un minimo di coscienza, e pagano perché si dica messa a nome loro: «Ci sono strade intere riservate alle ragazze di vita che si offrono al primo venuto, e mentre gli altri sono tutti vestiti di nero e tinte cupe, i loro abiti sono rossi e gialli come tulipani».

Il probo francese non fornisce dettagli scabrosi, forse per scrupolo, forse per non offrire il fianco alla censura, e per esempio non racconta che quelle signore esponevano alla vista dei clienti i loro seni nudi appoggiati sui davanzali. Ancora oggi esiste un ponte delle Tette il cui nome ricorda quella pratica, citata da molti viaggiatori nelle loro lettere (le quali, a differenza delle opere a stampa, non andavano soggette alla censura).

A distanza di molti anni Thomas Mann avrebbe scoperto e descritto l'atmosfera di corrotta eccitazione *fin de siècle* che si respirava nella laguna, ma già nel XVII secolo Venezia era percepita come un luogo di sogni febbricitanti dove le fantasie più selvagge, scatenate e inconfessabili potevano diventare realtà. Dove a ogni angolo di strada era in agguato la seduzione, la promessa di un piacere a portata di mano che avrebbe saziato ogni desiderio.

Nicholas Mirabal, che nel 1698 fa uscire un volume sui suoi viaggi, era meno *prude* del suo connazionale Misson, per cui le pagine su Venezia non deludono le aspettative del lettore odierno. Forse l'aneddoto che Mirabal riporta è leggermente romanzato, ma corrispondeva bene all'immagine di Venezia che generazioni di viaggiatori avevano tramandato – e quelle non erano tutte fantasie.

Nel corso del suo soggiorno lagunare, racconta, aveva avviato una relazione con la moglie di un senatore, che era riuscito ad avvicinare facendole recapitare biglietti galanti all'ora della messa. La bella italiana si mostra insolitamente ricettiva alle sue avance, come se non avesse aspettato altro. Nell'arco di varie settimane i due amanti si danno appuntamenti in vari luoghi della città per sfuggire agli occhi del marito geloso. In più occasioni si vedono in casa della balia di lei – un ripiego comodo e discreto.

Alla lunga, però, il francese inizia a stancarsi di quel gioco a nascondino, per cui, scrive, decide di troncare la relazione. Una scelta che forse rispondeva anche a ragioni diverse, come per esempio un episodio verificatosi pochi giorni prima: un veneziano che sospettava il tradimento da parte della moglie l'aveva costretta a confessare e poi l'aveva uccisa con le proprie mani. Quella piccola tresca, medita Mirabal, poco galante, era «talmente pericolosa che la ragione ha soffocato in me il languore».

Nonostante quegli scrupoli, però, Mirabal è deciso a non perdersi nulla, per cui prende un'altra amante, meno a rischio di scandali. Anche quella era sposata, ma il marito era in viaggio nel Levante per affari. Finalmente si poteva abbandonare al piacere senza rischi, tanto che per sua sventura la bella rimane incinta. Neppure quella era una cosa insolita a Venezia, ed esistevano procedure canoniche per gestire simili eventualità. Mentre gli emigranti poveri scendevano dalle Alpi verso le pianure del Nord Italia in cerca di lavoro, le ricche veneziane venivano mandate in Tirolo per una discreta villeggiatura lontano dai vicini occhiuti. Qui trascorrevano qualche mese in un'oasi di pace in attesa di mettere al mondo il figlio del peccato, che poi, secondo le disponibilità della madre, veniva affidato a una coppia di contadini, lasciato sulla porta di un monastero oppure abbandonato in un orfanotrofio.

Moltissimi viaggiatori hanno insistito sul clima di libertinaggio che imperava a Venezia in materia sessuale. Le opportunità per imbarcarsi in un'avventura erotica erano molteplici: dalla semplice prostituzione alle relazioni avviate con stratagemmi discreti, e non mancavano neppure le camere in affitto. Ogni anno moltissime persone, perlopiù uomini, capitavano in città di passaggio, per cui la prostituzione fioriva nelle forme più pittoresche anche al di fuori dei contesti strutturati, ed esistevano mille sistemi informali per procurarsi favori intimi in cambio di denaro. Anzi, esisteva perfino un mestiere *ad hoc*, quello del *ruffiano*, la cui specialità consisteva nell'agevolare i contatti galanti tra giovani donne di estrazione popolare e danarosi corteggiatori. A esercitare il mestiere erano figure dall'aria in apparenza rispettabile, ma pur sempre legate a un ambiente nel quale proliferava la prostituzione non regolamentata. Anche al di fuori di quei circoli, però, a Venezia i rapporti occasionali erano tutt'altro che una rarità. Nulla sembrava impossibile in una città nella quale molti, nei mesi invernali, uscivano di casa sempre e solo mascherati.

Per tradizione l'usanza della maschera era legata al carnevale, che a Venezia si festeggiava ogni anno con un fasto rovinoso, anche se la città era indebitata fino al collo. Le veneziane e i veneziani, però, avevano preso gusto a quell'accessorio, che all'epoca del carnevale, cioè di fatto per l'intero inverno, indossavano anche per altre ragioni e in circostanze più quotidiane, come parte dell'abbigliamento standard. Incontri d'affari, *rendez-vous* privati, serate a teatro o in osteria, in un *ridotto* (cioè in una sorta di casinò dell'epoca) o al ristorante: la gente perbene circolava mascherata e saliva mascherata a bordo delle gondole, capaci di andare e venire senza fare alcun rumore.

Quei costumi unici al mondo mettevano le ali alle fantasticherie erotiche dei viaggiatori e ai lettori dei loro suggestivi resoconti, anche se non sempre il sogno e la realtà coincidevano senza residui. Agli occhi di John Evelyn, per esempio, l'ideale di bellezza coltivato dalle veneziane sembrava del tutto incomprensibile. Le donne si tingevano i capelli di vari colori e portavano acconciature bislacche, indossavano gonne ascellari e si adornavano con veli, pietre luccicanti, fiori di seta, nodi e fiocchi per ogni dove.

L'aspetto che più feriva il gusto dell'inglese, però, era un accessorio alla moda che la buona società veneziana aveva escogitato al solo scopo di distinguere le mogli perbene e le signore di rango dalle prostitute e dalle popolane. Nei circoli bene usava calzare le cosiddette *chopines*, sorta di pianelle a zeppa dalla suola alta anche cinquanta centimetri sulle quali si camminava alla meno peggio, e solo per brevi tratti, barcollando pericolosamente. I buontemponi dell'epoca descrivevano quindi le belle veneziane come «metà donna, metà legno». Quei curiosi status symbol, più simili a dei trampoli che a delle calzature, si mostravano particolarmente rischiosi e ineleganti al momento di scendere da una gondola:

è uno spettacolo grottesco vedere quelle dame trascinarsi su e giù dalle loro gondole per colpa delle loro *chopines*. Quando poi scendono da quei catafalchi paiono delle nane. Una volta ne ho viste una trentina tutte insieme avanzare barcollando a più di mezzo metro sopra la testa degli altri passanti, perché le cortigiane e la gente del volgo non hanno il permesso di portare le *chopines*.

A quanto pare l'aristocrazia veneziana aveva escogitato un sistema per limitare la mobilità delle donne. L'uso delle *chopines*, però, testimonia soprattutto del carattere molto particolare della società veneziana, che agli occhi dei contemporanei di Hanns, con ogni evidenza, esigeva forme di gerarchizzazione inscritte nello stesso panorama cittadino, negli usi della vita quotidiana, e leggibili da tutti al primo sguardo.

La cosiddetta «gente perbene», cioè l'alta società veneziana, aveva buone ragioni per opporsi a sviluppi che si percepivano come un'invasione del vizio, della decadenza e del turismo nel perimetro di quella che un tempo era stata una città gloriosa. Nessun'altra città al mondo poteva vantare un *demi-monde* raffinato come quello veneziano. Il giovane Jean-Jacques Rousseau, uomo serio e profondamente combattuto in materia erotica, aveva trascorso alcuni mesi in città come segretario, e la descrive come una sentina peccaminosa dalla quale si era allontanato con sollievo. Altri avevano molti meno scrupoli. Come Giacomo Casanova, leggermente più giovane di Rousseau, che getta alle ortiche la carriera ecclesiastica alla quale era destinato per vivere di espedienti nella sua città natale. Dapprima tenta la fortuna come giocatore professionista, ma la fortuna non gli arride; anzi, ci va di mezzo il suo intero patrimonio. In quella spiacevole situazione Casanova ha un'idea che forse la dice più lunga sulla vita musicale veneziana dell'epoca che sul conto dell'uomo:

Fu allora che decisi di diventare suonatore di violino. Il dottor Gozzi mi aveva insegnato quanto bastava per andare a raschiare nell'orchestra di un teatro. Chiesi questo impiego a Grimani, che mi assunse subito nell'orchestra del suo teatro, il San Samuele, dove guadagnavo uno scudo al giorno, che mi bastava per tirare avanti. [...] Suonando il violino guadagnavo abbastanza per tirare avanti senza avere bisogno di nessuno. [...] Il mio impiego non era certo nobile, ma non m'importava. Superando tutti i pregiudizi, in poco tempo presi tutte le abitudini dei miei umili colleghi. Dopo gli spettacoli, andavo in osteria con loro, e ne uscivamo sempre ubriachi, per poi passare la notte in posti malfamati. Quando li trovavamo occupati obbligavamo gli occupanti a sloggiare, e defraudavamo le disgraziate che si sottomettevano alle nostre brutalità dei poveri salari che la legge assegna loro.

In fatto di tecnica violinistica, a quanto pare, un principiante sbronzo non era poi tanto peggio di altri colleghi. È chiaro che ad attirare le folle nei teatri d'opera e in altre sale da spettacoli, per non parlare dei ridotti, dei locali, delle chiese e delle strade, dove la musica e i musicisti non mancavano mai, non era sempre la sete di godimenti artistici superiori. In quei luoghi si veniva per incontrare il resto della città, accompagnati dal ritmo febbrile della musica di un immancabile violinista: il *demi-monde*, gli artisti, l'aristocrazia, la gente del popolo, i giocatori in maschera e i semplici curiosi.

Anche Charles Burney presenta Venezia come una città impensabile senza la musica:

La prima musica che sentii immediatamente dopo il mio arrivo si faceva nella strada, ed era eseguita da una compagnia ambulante formata di due violini, un violoncello, e una voce, gruppo che non era più notato dalla gente del paese di come siano in Inghilterra i nostri carbonari e i nostri ostricari. Ma quella voce era, dico, così perfetta che in qualunque altro paese d'Europa avrebbe non solo attirato l'attenzione dell'uditorio, ma ottenuto applausi giustamente meritati. I due violini eseguirono con molta precisione dei passaggi difficili; il controbasso suonava con purezza ed esattezza, e la voce femminile era anche precisissima, e notevole per l'estensione, la cadenza e la leggerezza. Ma non farò menzione di tutti gli spettacoli del genere nei quali mi sono imbattuto in città, talmente frequenti che finirei per ripetermi e annoiare.

La musica di strada gli pare straordinaria, ma la qualità media della vita musicale non lo soddisfa sempre. Perfino a Venezia, a quanto pare, c'erano buoni e cattivi musicisti.

Questa mattina c'è stata una Messa in musica nella chiesa di S. Gaetano. Siccome era giorno di festa, avevano esposti al pubblico tutti i tesori e le reliquie della chiesa, cosa che aveva attirato un concorso straordinario di popolo. La musica era del signor Menagatto, il prete che batteva il tempo quel giorno. Non posso dire che m'abbia dato piacere: l'organo era duro e mal suonato; le voci consistevano in due tenori comunissimi, e in un basso, e la melodia, molto volgare, non aveva alcuna traccia di originalità.

Nonostante la pompa e l'ostentazione degli spettacoli e dei divertimenti, però, Venezia era anche una città che lavorava sodo, specialmente tra la gente comune. Solo i cantieri dell'Arsenale impiegavano 14 mila persone, che si adoperavano per assemblare a tempo di record navi mercantili e da guerra. Negli anni d'oro della marina veneziana avevano fama di riuscire a sfornare un'imbarcazione al giorno.

Quegli operai, come del resto i soldati e i galeotti che azionavano i remi, conducevano una vita dura e spietata, e i piaceri che potevano concedersi nei rari momenti di libertà corrispondevano a quelle condizioni brutali. «Non dirò nulla dei combattimenti di tori, della caccia all'anatra, degli incontri di pugilato, dei balli, delle regate (che sono le corse di gondole) o dei bagordi del giovedì grasso, quando i veneziani decapitano un toro di fronte ai senatori al gran completo», assicura il probo Misson. Il suo connazionale Mirabal mostra più interesse per le feste e i rituali, dei quali è testimone nei salotti delle élite e per le strade della città. Rimane debitamente impressionato dalla leggendaria cerimonia dello «Sposalizio del mare», celebrata dal doge di Venezia a bordo di una colossale imbarcazione dorata, ma non manca di descrivere anche i divertimenti della gente comune:

A Venezia ho spesso assistito a combattimenti di tori contro cani, ma è uno spettacolo meno comune e universale degli incontri di pugilato, che pure si organizzano ogni anno. La città è divisa in due quartieri: quello dei *Castellani* e quello dei *Nicolotti.* I gondolieri e gli scaricatori di questi due quartieri tra loro avversari si raccolgono in un certo giorno designato per combattere a duello su un ponte senza parapetto. Lottano a mani nude, ma con un furore degno degli Orazi e dei Curiazi, come se fosse in gioco un impero. Alla fine, laceri, feriti e contusi, si cingono l'un l'altro per la vita e finiscono spesso per rovesciarsi in mare. Con tanto di araldi che li chiamano alla lotta e arbitri che decretano un vincitore. Si sarà capito che lo spettacolo non è granché edificante per la gente di buon senso, ma il volgo si diverte un mondo, e la Repubblica lo autorizza, anzi, lo vuole. Così facendo si fomenta una sorta di scissione interna al popolino, tenendo occupati gli animi e impedendo alle persone di fare comunella nei momenti d'ozio, casomai uno spirito di sedizione suggerisse loro di rovesciare il governo dello Stato.

Non era una città tenera, Venezia, anche se spesso mostrava ai turisti un volto avvenente. Era un luogo di forti contrasti. C'erano grandi virtuosi, ma anche mestieranti che faticavano a tenere in mano lo strumento; i sofisticati piaceri dei lord più danarosi convivevano con i combattimenti a sangue a base di animali e cazzotti; la munificenza e l'edonismo di facciata, che non di rado si spingeva all'eccesso, nascondevano un governo che operava per affermare la propria autorità e sventare con il pugno di ferro o punire a cose fatte qualunque tentativo di sovvertire l'ordine pubblico e il proprio potere.

Casanova avrebbe sperimentato sulla propria pelle la severità del governo di Venezia una volta rinchiuso ai Piombi pur senza avere commesso alcun crimine propriamente detto (perché di solito nessuno finiva a processo per avere abusato sessualmente di una prostituta). Se non era un delinquente, però, Casanova restava un poco di buono, un uomo dalla lingua troppo sciolta, dalle maniere troppo poco rispettose, prodigo di denaro e apostrofi sfacciate rivolte alle signore. Per cui viene gettato senza troppi complimenti in una delle tristemente celebri celle foderate di piombo situate nel sottotetto del carcere, dove il sole battente creava un calore infernale. Per il giovane avventuriero, in ogni caso, l'esperienza del carcere si trasforma in un trampolino verso la gloria internazionale, perché il resoconto della sua fuga dai Piombi sarà uno dei grandi bestseller dell'epoca. Da un capo all'altro dell'Europa il suo nome è sulla bocca di tutti. Eppure anche Casanova ha avuto i suoi protettori, e in fondo aveva peccato contro i dogmi della società, non quelli della religione. Chi sfidava a viso aperto la Chiesa e la fede cattolica, invece, pagava un prezzo molto più alto. Già solo il caso di Abramo Tieffenbrucker, costretto a trascorrere il resto della sua vita sotto mentite spoglie a debita distanza dalla città lagunare, mostra che venire accusati di eresia, specialmente per un tedesco, comportava rischi seri. A Venezia il tribunale dell'Inquisizione era rappresentato dal Consiglio dei Dieci. Intorno al 1718 i Dieci erano scesi a tre, e più tardi sarebbe rimasto un solo uomo, eppure la Chiesa era disposta a tutto pur di conservare la propria forza.

L'operato dei custodi della religione e della moralità riscuoteva il plauso di molti visitatori. In un resoconto di viaggio, per esempio, si legge, descritto con compiacenza, che cosa era successo a due giovani uomini che una sera, girovagando ubriachi, erano capitati di fronte alla casa del nunzio pontificio e qui avevano intonato con particolare gusto canzoni indecenti e blasfeme.

Nel giro di breve tempo vengono arrestati e rinviati a giudizio. L'Inquisizione li obbliga a tornare sui luoghi della loro scampagnata etilica. Sennonché, questa volta, a ciascuna stazione delle loro bravate notturne subiscono una nuova tortura. A una delle tappe vengono mozzate loro le mani, mentre di fronte alla casa del nunzio viene strappata loro la lingua. Finché entrambi non vengono messi a morte.

Venezia tollerava gli eccessi solo in spazi precisi e ben codificati, o in certi giorni specifici nei quali al popolo veniva concesso di abbandonarsi alla follia. Chi si opponeva alle autorità, invece, scopriva ben presto a proprie spese che dietro la facciata tollerante di una città che le aveva viste tutte batteva un cuore duro e impietoso.

17.
La clava di Ercole

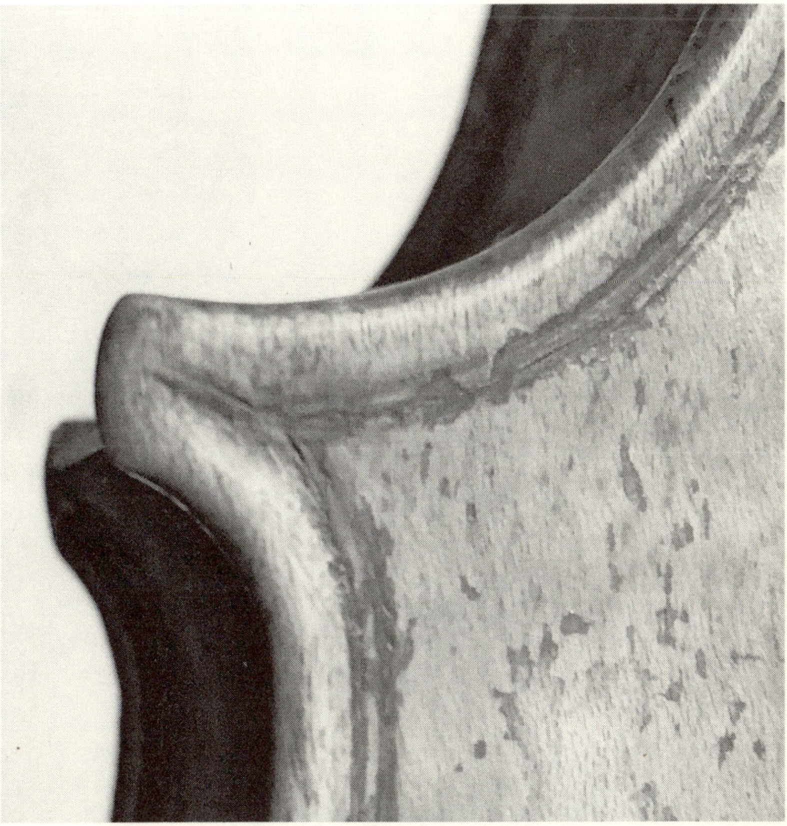

Venezia, insomma! Per qualche giorno sono rimasto in fibrillazione. L'idea che le mie indagini potessero approdare a una risposta, se non altro plausibile, mi elettrizzava. Non c'era altro da fare: dovevo incontrare SP di persona. Nel frattempo avevo commissionato la nuova perizia dendrocronologica, pur dubitando che avrebbe dato risultati più affidabili della precedente, che risaliva a due anni prima.

Eppure solo precisando le coordinate delle mie ricerche avrei potuto avvicinarmi ancora a Hanns, al mondo in cui viveva e agli archivi locali, dove forse c'erano dei documenti. Per l'uomo che aveva fabbricato il mio violino, la città nella quale sarebbe giunto (o sarebbe stato condotto) al suo arrivo in Italia era un dettaglio di quelli che decidono un'intera vita. Cremona, la prima città alla quale si pensa nel tentativo di figurarsi una piccola, esclusiva roccaforte dell'alta liuteria, le cui porte si aprivano solo di rado, una cittadina sonnacchiosa senza una vita sociale e musicale degna di memoria, senza una corte di rango, senza un vescovo, un principe ambizioso, un grande marchese o un monastero di fama. Qui gli artigiani si specializzavano nel mercato extralusso.

La situazione a Roma era molto diversa. La corte papale, innumerevoli delegazioni diplomatiche, palazzi opulenti abitati da cardinali, duchi e principi, e poi chiese, processioni, rituali e messe, concerti spirituali, serate di musica da camera, musici girovaghi e ciarlatani, taverne e artisti di strada.

In Italia la musica era ovunque. Nascevano in continuazione nuove orchestre, teatri d'opera e di prosa, accademie e conservatori. A Napoli la cultura musicale era particolarmente vivace e la liuteria vantava una solida tradizione. Bologna e Padova presentavano un paesaggio musicale proprio, di intonazione laica e borghese, e perfino a Milano, città frugale e nota per il suo brutale pragmatismo politico, la vita musicale dava il pane a più di un grande maestro.

Nessuno di quei centri, però, poteva reggere il confronto con Venezia, che pure aveva smarrito da tempo il suo primato di potenza commerciale. Nei primi anni del XVIII secolo, a fronte di 160 mila abitanti, erano attivi in città sette grandi teatri d'opera, affiancati da decine e decine di scene più piccole. La concentrazione di teatri, sale da concerto, messe accompagnate da un'orchestra al gran completo, ridotti, osterie, ristoranti, camere discrete e bordelli notori non aveva paragoni in Europa, senza contare il numero di musicisti di professione e l'andirivieni di musicofili stranieri. In nessun'altra città c'erano tanti strumenti da fabbricare, da vendere, da riparare, da scoprire, da confrontare, da imitare o da migliorare.

Tutto questo ha un'attinenza immediata con la vita del mio liutaio, un ragazzo di campagna, un uomo del popolo, un semplice artigiano. Se avesse lavorato all'Arsenale oppure al mercato settimanale del pesce il mondo delle sue relazioni sociali sarebbe risultato molto angusto. Come liutaio, invece, aveva la possibilità di venire in contatto con persone di ogni genere. Forse la vita quotidiana al bancone della bottega era monotona, lo spazio era sempre quello, come del resto i soliti quattro o cinque colleghi, ai quali si affiancavano, di quando in quando, un nuovo lavorante o un nuovo apprendista. Gli strumenti, però, attiravano in bottega musicisti e amatori di ogni paese; gli apprendisti venivano mandati per commissioni da un capo all'altro della città, in teatri, conservatori e palazzi, nei luoghi dove pulsava la vita musicale e sociale.

Anche gli orafi, i sarti e i parrucchieri entravano spesso in contatto con gli esponenti di circoli sociali abbienti e non di rado colti – era parte del loro mestiere –, ma chi fabbricava strumenti musicali condivideva ogni giorno la vita dei musicisti e del pubblico, perché gli strumenti esigevano attenzioni e cure costanti. Poteva sempre capitare che qualcuno calpestasse un violoncello, o che uno strumento scivolasse da una gondola sul fondo di qualche canale, o che un ubriaco facesse cadere o rovinasse un violino in una taverna. Senza il contributo dei *liutari*, che a volte venivano svegliati nel cuore della notte per rabberciare al volo uno strumento in questo o quel teatro cittadino, o per metterne a disposizione uno nuovo, la vita musicale di Venezia sarebbe stata meno intensa.

Era quella la differenza tra Venezia e una città come Füssen o Cremona. Nei centri più piccoli ciascun maestro poteva dedicarsi anima e corpo alla fabbricazione di strumenti. Su una piazza come Venezia, per contro, la quotidianità degli artigiani era molto diversa, così come le sfide che si presentavano e che si potevano affrontare solo lavorando come gruppo, bottega, officina, ossia distribuendo e scambiandosi mansioni.

La vita musicale cittadina non era solo brillante, come la descrive Burney, ma per un ragazzino come Hanns, che in patria aveva conosciuto unicamente il coro della chiesa e forse un'orchestra da camera, e, nel migliore dei casi, aveva preso qualche lezione, doveva risultare eccitante, inebriante, sconvolgente, a volte perfino ripugnante, a seconda delle sue disposizioni personali. Eppure le acrobazie strumentali dei virtuosi erano solo una pietruzza in quel grande caleidoscopio musicale.

Un'altra importante differenza tra la vita musicale veneziana e quella di altri centri europei dipendeva da due specifiche tradizioni locali. Molti degli strumentisti per i quali Goffriller e i suoi hanno lavorato erano in realtà delle musiciste, perché molte giovani donne di consumata professionalità suonavano come orchestrali o addirittura come soliste, specialmente nei famosi *conservatori*, per i quali Venezia era celebre in tutta Europa, ma non di rado anche nei teatri d'opera.

Una seconda peculiarità locale risultava forse meno facile da digerire per Hanns, come del resto per molti altri visitatori stranieri: si trattava di una stranezza che tanti condannavano, mentre altri celebravano come un vertice assoluto dell'arte musicale e un'ambiguità erotica che molti descrivono come sublime.

Le stelle di prima grandezza della scena operistica veneziana, venerate con un fanatismo quasi isterico, appartenevano a un curioso mondo intermedio: non erano né uomini, né donne, né bambini. Il francese Misson, scrivendo per i connazionali, si sente in dovere di accennare con discrezione ma senza mezzi termini a quel bizzarro costume:

c'è poi un'altra cosa che li manda in visibilio, ma che a voi, temo, non piacerebbe affatto; mi riferisco a quegli sventurati che si lasciano vigliaccamente mutilare per avere una voce più bella. Non riesco a capire come si possa non provare disgusto per l'aspetto ridicolo di quei poveri amputati che ora fanno gli spaccamontagne, ora i vagheggini con la loro voce da ragazzetta e il loro mento glabro.

I castrati sono gli astri più fulgidi nel firmamento operistico veneziano del XVIII secolo. Il loro timbro riusciva a fondere la dolcezza delle voci bianche con la potenza e la tecnica di un organo vocale adulto, e i prodigi di coloratura di un virtuoso dell'ugola procuravano delizie tali che alcuni spettatori perdevano i sensi. Al tempo stesso Misson aveva ragione: spesso quei *divi* offrivano alla vista uno spettacolo grottesco. Nella maggior parte dei casi venivano castrati già all'età di dieci anni, ma continuavano a crescere, seppure talvolta a rilento, conservando un viso infantile abbinato a una corporatura da uomo fatto. Il pittore Marco Ricci, che aveva occhio per l'assurdo, ha lasciato vari schizzi di celebrità canore dell'epoca. I suoi disegni mostrano giganti adiposi intrappolati in costumi troppo stretti che dovevano esaltare il loro talento. Magari svettavano sui comprimari di tutta una testa, ma il loro aspetto non aveva nulla di eroico.

La clamorosa voga dei castrati e le produzioni operistiche in genere ruotavano spesso e volentieri intorno a una sorta di gioco erotico ritualizzato con l'ambivalenza di genere. Gli uomini che cantavano da soprano di coloratura, come il «divino» Carlo Broschi, detto Farinelli, la cui fama rifulge perfino sui palchi londi-

Carlo Broschi, detto Farinelli, in un disegno di Marco Ricci

nesi, impersonavano eroi e amanti. Quando rovesciavano sulle platee la tempesta di fulmini di un lungo passaggio virtuosistico o quando davano un saggio del loro fiato sovrumano prolungando all'infinito una melodia o una nota senza mai fermarsi a respirare, i loro ammiratori li sommergevano di applausi scroscianti. Anche il pubblico, ascoltando quelle prodezze, tratteneva il fiato, lasciandosi trascinare, finché il passaggio di bravura non si rarefaceva in un'eterea mezza voce, un'ultima nota tenuta alla quale prontamente rispondeva un altro fuoco d'artificio orchestrale o vocale. Che suono avevano davvero quelle voci? Oggi ci restano alcune rare e vecchissime registrazioni lasciate da un certo Alessandro Moreschi, uno degli ultimi castrati della storia, che cantava alla Cappella Sistina e nel 1904, già anziano, viene documentato da un'incisione. Il suo timbro, appoggiato e potente, ma

Cantante
nei panni di Ercole
in un disegno
di Marco Ricci

dolce come un improbabile tenore capace di trasporre una o due ottave sopra il registro vocale standard, ha qualcosa di irreale: un ibrido vocale folle ed esotico, quasi stridulo, la voce di un uomo-bambino dal più consumato virtuosismo canoro.

Né i castrati erano i soli a parlare la lingua dell'erotismo sui palchi. Un altro schizzo del pittore Marco Ricci, risalente al 1710 circa, mostra un cantante in scena nei panni di Ercole. Il principale attributo scenico che lo identifica come eroe dell'antichità è una sorta di elmo alla greca sormontato da un colossale pennacchio di piume che gli ricade lungo la schiena, giù fino ai piedi. Il torace e le gambe sono nudi. Ha indosso solo un gonnellino. Il secondo attributo mitologico: una clava colossale che sembra spuntargli direttamente dalle reni e puntare verso il cielo, la mano destra stretta intorno al manico.

In un clima così torrido e ammiccante non era indispensabile cantare troppo bene. A Venezia, come altrove, non tutti gli spettacoli d'opera erano vertici dell'arte canora. Eppure la cultura operistica della città era fortemente concorrenziale. Il pubblico esigeva di essere intrattenuto, per cui gli impresari dovevano inventare di continuo soluzioni nuove, specialmente per gli spettatori internazionali, che dalle scene veneziane si aspettavano fuochi d'artificio. Uno di loro, assetato di nuove esperienze, è il già citato John Evelyn, i cui gusti musicali non brillavano per raffinatezza.

In serata [...] siamo stati all'opera, dove eccellenti musicisti, sia cantanti che orchestrali, portano in scena commedie e altri spettacoli sotto forma di recitativo, in una grande varietà di scenografie dipinte ed escogitate con arte non meno squisita nella prospettiva, e macchine per volare a mezz'aria e altre evoluzioni spettacolari. Il risultato, preso nel suo insieme, è uno degli intrattenimenti più magnifici e costosi che l'ingegno umano possa partorire. La storia era quella di Ercole e Lidia, con non meno di tredici cambi di scena.

Il virtuosismo del soprano, almeno secondo Evelyn, era messo in ombra da quello di un «eunuco». Quando la recita si conclude, intorno alle due del mattino, il gruppo di amici si sposta verso il casinò «per vedere [...] i nobiluomini e le loro dame; ma alle carte giocano solo in privato e chi lo desidera può indossare una maschera e non pronunciare una sola parola, per cui entrano, giocano, perdono o vincono e poi se ne vanno a piacer loro».

L'opera veneziana offriva una miscela *sui generis* di decadenza e virtuosismo. Faceva sfumare i confini convenzionali tra i sessi e confondeva i dettami della morale corrente, oppure li aggirava con scaltrezza fino a farli scomparire.

L'altra grande attrazione musicale cittadina, della quale si legge in tutti i resoconti di viaggio, faceva l'esatto opposto. Nella loro incarnazione originaria, i conservatori erano quello che il nome suggerisce oggi, solo che all'epoca non si trattava di proteggere venerabili tradizioni musicali, ma ragazzine. Venezia era particolarmente ricca di quel genere di istituzioni che consentivano alle orfanelle e alle figlie della miseria di reinserirsi in società accedendo a un buon matrimonio e imparando un mestiere adatto a mani femminili. Gli ordini religiosi veneziani che gestivano quegli orfanotrofi riservati a giovani donne sole avevano inventato un *business model* del tutto particolare: le più dotate tra le piccole ospiti diventavano musiciste che un domani si sarebbero potute esibire nei conventi o sui palcoscenici in cambio di denaro, in modo tale da riuscire a mettere da parte il necessario per la dote. Quei concerti di orfanelle, talmente gremiti che spesso il pubblico non riusciva neppure a vederle, erano una delle grandi attrazioni turistiche della città.

Molti conservatori si contendevano il primato, e in quell'aspra competizione non esitavano a investire ingenti somme di denaro per esibire le orchestre più brillanti e le soliste più straordinarie. Per esempio, Matteo Goffriller ha venduto vari strumenti di eccellente fattura all'Ospedale della Pietà, dove il committente, cioè l'insegnante di musica delle ragazze, altri non era che Antonio Vivaldi.

Appena giunto a Venezia, il critico musicale Charles Burney si mostra impaziente di ascoltare le celebri musiciste della Pietà, e provvede quanto prima. Burney era un *connoisseur* esperto e un giudice di estrema franchezza:

> 11 agosto – Nel pomeriggio sono tornato alla Pietà; non v'era gran gente, e le giovani collegiali, cantando, hanno fatto mille virtuosità, soprattutto nei duetti, mentre c'era di che dar prova di scienza e di grandi mezzi naturali: chi metteva tutta la voce possibile nelle note più alte o più basse, chi sosteneva una nota il più lungo tempo che potesse, chi percorreva una scala con più rapidità... Si finì, al solito, con una sinfonia, e venerdì passato se ne suonò una di *Sarti* che io già avevo udita in Inghilterra nell'opera *Olimpiade*. L'orchestra di questo Conservatorio è numerosissima, poiché nell'ospizio sono circa mille giovanette, fra le quali settanta musiciste, tra cantanti e suonatrici.

Burney assiste a concerti di qualità molto variabile. In un caso gli strumenti erano addirittura male accordati e non andavano a tempo; «la composizione, poi, era tale che un fanciullo stesso, dopo due o tre lezioni di contrappunto, ne avrebbe scritta una migliore». Più tardi, al Conservatorio delle Mendicanti, assiste a un'esibizione che costringe perfino lui, musicista scafato, a farsi domande sui ruoli di genere. Esterrefatto, constata che le «giovanette» non se la cavano affatto peggio dei loro colleghi di sesso maschile:

> In realtà ero curioso di vedere e sentire ogni parte di questo eccellente concerto, con violini, controbassi, clavicembali e trombe, eseguito esclusivamente da donne. Dirigeva il concerto una donna anziana. Il primo violino, bravissimo, era suonato da *Antonia Cubli*, oriunda Greca; il clavicembalo qualche volta da *Francesca Rossi*, maestra dei cori, e qualche volta da altre, poiché queste ragazze sanno suonare tutti gli strumenti. Il canto era davvero, nei diversi generi, eccellente. *Laura Bifegari* e *Giacoma Frari* avevano entrambe voci fortissime, capaci di riempire un gran teatro. Esse hanno cantato delle arie di forza, e grandi scene scelte dal teatro Italiano. *Francesca Torni* sorella dell'Abate dello stesso cognome, e *Antonia Lucuvich*, con voci più delicate, si fermarono principalmente alle arie patetiche, di grazia e d'espressione.

Con le sue stelle del canto e i suoi mirabolanti effetti scenici, la Venezia musicale faceva sempre parlare di sé. In città, però, non erano attivi grandi compositori. Lo stesso Vivaldi era perennemente oberato dalle esigenze del suo incarico: non solo dava lezioni di violino e canto alle migliori tra le allieve del conservatorio, non solo dirigeva l'orchestra, ma era tenuto a scrivere opere per coro destinate alle funzioni religiose, musica da camera e soprattutto concerti per strumento solista destinati alle giovani virtuose. Già solo per quegli anni nel suo catalogo figurano non meno di 45 opere e 241 concerti per violino, tutti grossomodo identici, fabbricati con lo stesso materiale, con le stesse frasi, le stesse figure ricorrenti, sempre quelle: musica per un teatro di marionette meccaniche. Le sue *Quattro stagioni*, tanto celebri quanto non sempre viste di buon occhio dal pubblico, eppure tanto migliori sul piano qualitativo di quei pezzi prodotti in serie per la Pietà, avrebbero visto la luce solo in un periodo successivo, dopo gli anni veneziani, quando Vivaldi trova finalmente il tempo di tirare il fiato, riordinare le idee e fissarle con cura sul pentagramma.

Eppure Venezia chiedeva cose sempre nuove, effetti inediti. Chi lavorava come compositore, cantante o solista era chiamato a scrivere in modo sempre più frenetico, a imparare in tempi sempre più compressi, e per giunta sulla base di partiture manoscritte il cui inchiostro era spesso ancora umido, per poi prodursi immediatamente di fronte al pubblico per anticipare la concorrenza con ritmi mozzafiato, fermate sentimentali e antiche divinità sospese a mezz'aria, perché i rivali non dormivano mai. Quel clima fortemente competitivo ha espresso una quantità prodigiosa di musica, anche se lo stesso non si può dire della qualità.

Nel primo Settecento, quando lo stile della corte di Versailles risultava ormai irrimediabilmente fuori moda, ma al tempo stesso mancava ancora una generazione all'ascesa del classicismo viennese, Venezia è stata la capitale indiscussa dell'Europa che faceva musica: un modello venerato, studiato e spesso imitato. Bach ha iniziato a scrivere per violino solo dopo avere studiato la musica di Vivaldi e lo stile violinistico lagunare, ma anche nelle sue pagine per orchestra, come in quelle di tanti suoi contemporanei, si ritrovano echi della brillante scrittura concertistica e del virtuosismo strumentale alla veneziana. Ma quella Venezia non era più la Venezia di Monteverdi, che aveva inventato interi generi musicali e fatto risuonare San Marco come nessuno prima né dopo di lui. Era la Venezia di Vivaldi e Galuppi, di Hasse e Caldara – mere seconde parti nel grande coro celeste.

Un apprendista animato da un minimo di curiosità giovanile non avrebbe tardato a sentirsi a proprio agio in un mondo a prima vista così estraneo. Molte delle realtà che lo aspettavano a Venezia dovevano essere del tutto impensabili nella sua terra d'origine. Ora però una catena di montagne lo separava da quel mondo ancora rurale e quasi certamente molto povero, mentre il suo universo era ormai quello delle strade, dei teatri, delle botteghe e delle nuove frequentazioni cittadine.

18.
La ricerca di un padre

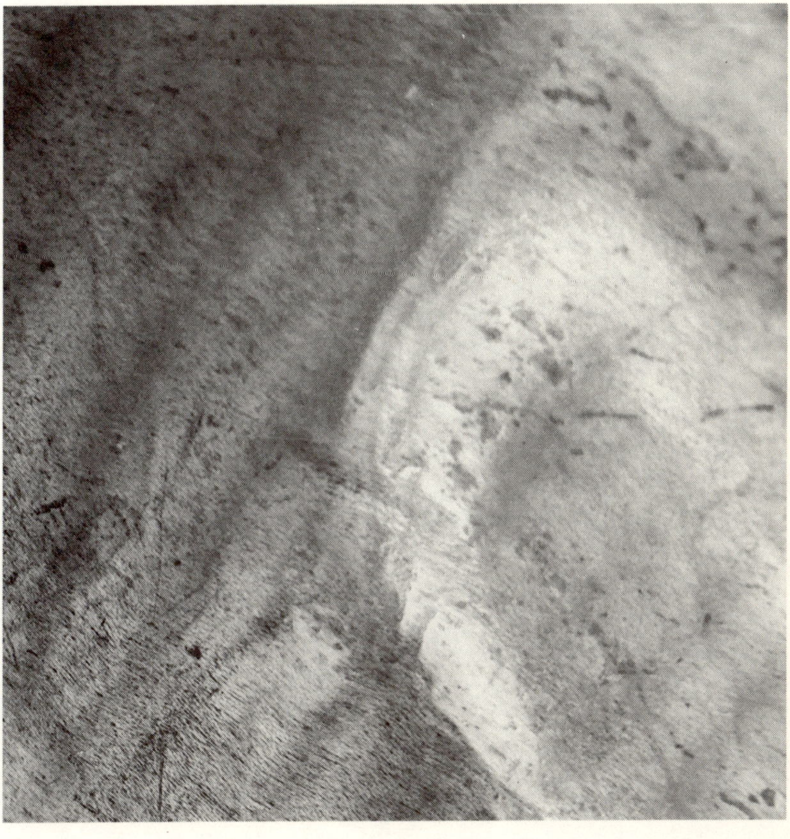

«Questa cosa in cui ti sei imbarcato è la ricerca di un padre, si capisce subito», ha commentato un amico viennese al tavolo di un bar, lanciandomi un mezzo sorrisetto divertito. Io mi sono schermito con foga. Poi ho cambiato discorso.

Più tardi, rincasando, mi sono chiesto se non avesse ragione. Mio padre, cioè l'uomo che da bambino ho amato come tale, era venuto a mancare pochi mesi prima che avviassi le mie indagini. Aveva studiato direzione d'orchestra, poi aveva trovato lavoro alla televisione. Il suono del pianoforte, Bach e Mozart, sempre e solo Bach e Mozart, lo stesso repertorio all'infinito, la *Sonata in La maggiore* e i preludi del *Clavicembalo ben temperato* sono uno dei miei primi ricordi d'infanzia. Mio padre leggeva allo strumento, senza studiare i pezzi. Esitava sempre sulle stesse battute difficili. Più tardi i miei genitori hanno divorziato e ho iniziato a vederlo solo durante le vacanze. Poi, quando ho compiuto dieci anni, mia madre ha stabilito che non era più il caso di fargli visita ogni estate, per cui è passato un bel pezzo prima che tornassi a incontrarlo, intorno ai quattordici anni (una lunga storia sulla quale non vale la pena soffermarsi).

Tutte quelle associazioni di idee mi frullavano per la testa, perché un nesso simbolico con le mie ricerche esisteva davvero. Quella volta, quando sono tornato a fargli visita dopo anni che non ci vedevamo, ho portato con me il mio violino, perché subito dopo avrei dovuto partecipare a un campo scuola per giovani musicisti: ero uno degli orchestrali. Portavamo in scena le *Nozze di Figaro*, e io non ero soltanto la spalla dei secondi violini, ma interpretavo l'insaziabile conte d'Almaviva, dal momento che, neppure a farlo apposta, la mia voce era appena cambiata, trasformandosi in un traballante baritono. Andavo e venivo dalla buca dell'orchestra secondo le scene.

Ora che avevo ritrovato mio padre, però, ci tenevo a fare un po' di musica anche con lui: in quei quattro anni ero molto progredito, avevo scoperto il violino, mi ero esercitato e avevo perfino portato con me degli spartiti per fare colpo su di lui, il musicista: volevo che fosse fiero del modo in cui suonavo.

E così eccoci nella sua grande casa in provincia di Amburgo. Mio padre siede al pianoforte, io tiro fuori il violino dalla custodia, lo imbraccio, me lo infilo sotto il mento e all'improvviso lui me lo strappa di mano e si mette ad accordarlo al posto mio.

Per suonare correttamente occorre intonare nel modo giusto le corde di uno strumento, e girare i cavicchi per aumentare o ridurre la tensione non è una cosa che riesce a tutti i principianti, per non parlare della necessità di giudicare gli intervalli a orecchio. Quando un musicista esperto si offre di provvedere a quest'operazione al posto di un bambino si tratta di un gesto di premura, ma anche di un favore che instaura all'istante una ben precisa gerarchia.

Mio padre prende il violino, lo accorda. Lo ha fatto per essere gentile, sebbene con una punta d'impazienza; eppure in quel momento, invece di sentirmi motivato a mostrargli quello di cui ero capace, ho perso ogni fiducia in me stesso. Ho suonato male e a un certo punto ho smesso. È stata l'ultima volta che abbiamo fatto musica insieme, un momento che ha lasciato il segno, perché ha influenzato i nostri rapporti per anni e decenni a venire.

All'epoca avevo appena iniziato a scoprire la musica come un piccolo mondo a parte nel quale potevo cercare rifugio, un'ebbrezza fatta di suoni e di virtuosi, un mondo che per me contava sempre di più, un mondo infinitamente vasto, infinitamente solitario, pieno di legami intensi, un mondo sempre più grande, sempre più ricco di promesse, sempre più esigente.

È stato allora che ho iniziato a provare sentimenti ambivalenti al momento di suonare per altri, perché il giudizio degli adulti incombeva su di me anche quando nessuno mi giudicava o, peggio ancora, mi liquidava, anche se il copione kafkiano della necessità di esibirsi e dell'inevitabile naufragio che l'avrebbe accompagnata andava in scena soltanto nella mia testa. All'epoca ero talmente ossessionato da quella paura che mai e poi mai sarei sopravvissuto a una carriera nel professionismo. Vivere di musica significa venire valutati, gareggiare, esibirsi, incassare disfatte, rifiuti, stroncature. Chi prende le cose troppo sul personale ha vita breve in quel mondo.

Però no, ho concluso, non ero partito alla ricerca di un padre, anche se può darsi che i miei rapporti con una persona che ormai non c'era più avessero contribuito a motivarmi, e anche se mi restavano mille domande in sospeso che avrei sempre voluto fargli finché era in questo mondo, ma che da un pezzo erano condannate a rimanere senza una risposta, perché negli ultimi anni di vita era sprofondato in una demenza senile via via irrimediabile.

E se davvero quello strano progetto e tutto quello che comportava non fossero stati che la ricerca di una figura paterna, il bisogno di trovarmi delle origini? In quel caso stavo cercando a bella posta nella direzione sbagliata, per mantenere le distanze. Quando si sono vissuti tanti anni in comunione con uno strumento o con una passione, è inevitabile che quella consuetudine si intrecci a situazioni biografiche di ogni sorta, anche se non esiste alcun nesso causale, e allora certi ricordi diventano emblematici, e finiscono per articolare sentimenti e situazioni che in altre circostanze avrebbero trovato altri canali di espressione. Se avessi sognato di fare il calciatore, l'ornitologo o il maratoneta, quel momento in compagnia di mio padre avrebbe avuto luogo su un campo da gioco, durante un pomeriggio solitario o lungo un tratto difficile della pista. Il caso ha voluto che a farlo emergere sia stato proprio il violino.

È curiosa l'intensità con la quale un'esperienza di vita personale può intrecciarsi in maniera intima e vivificante con una passione, tanto che all'epoca il violino era diventato una sorta di interprete tra me e il mondo. Quando la mia famiglia o altre situazioni difficili sopravanzavano le mie forze suonavo Bach, lo studiavo per ore, sempre le stesse figure, le stesse progressioni armoniche, perché c'era sempre qualche inghippo, perché la musica si rifiutava di fluire in modo del tutto naturale sotto le mie dita, perché lo spartito rappresentava una sfida che esigeva tutta la mia concentrazione: era un esercizio, una pratica di disciplina, un flusso temporale, un punto sul quale concentrarsi, un momento di forma e bellezza che rappresentava al tempo stesso, immancabilmente, anche un fallimento delle mie ambizioni (dai, domani andrà meglio!), e tutto questo, a sua volta, era un modo per non dover fare i conti con altri problemi.

Di lì a poco il violino sarebbe diventato invece una liberazione, una chiave magica che dava accesso al mondo. Questo però soltanto dopo essere entrato nell'organico di un'orchestra giovanile e, per la prima volta in vita mia, essermi sentito circondato da coetanei appassionati delle stesse cose, impazienti di discutere gli stessi argomenti, e in compagnia dei quali, per una volta, non occorreva fare finta di interessarsi al calcio. E la cosa meravigliosa era che molti di quei coetanei erano ragazze: le compagne di leggio sedevano accanto a me, così vicine che le sentivo respirare e a mia volta respiravo il loro profumo nella comune concentrazione su quello che stavamo facendo insieme: la musica, il direttore d'orchestra, le mille note di un passaggio di bravura. A quel punto non c'era più alcun dubbio: il violino sapeva fare magie.

Solo una cosa mi era preclusa: lo status di vero e proprio studente di musica, la qualifica di membro a tutti gli effetti di quella grande famiglia selezionata da giudici draconiani. A volte mi presentavo all'Accademia con la custodia del violino in spalla per recitare la parte dello studente. Non perdevo occasione per intrufolarmi: volevo sentirmi parte di quell'atmosfera di concentrazione e lieve nervosismo, di quella vita alle prese con un compito colossale. Mi univo agli studenti con i quali facevo amicizia in mensa mentre aspettavo mia madre, assistevo alle lezioni di celebri professori e sedevo in fondo alla sala durante le prove d'orchestra. (Sono proprio quelli i momenti in cui la musica diventa magia: quando si prova e si riprova, quando si sente nascere qualcosa e lo si vede prendere forma, precisarsi, acuirsi; il respiro all'unisono e lo strano senso di appartenenza che si instaura fra tante persone impegnate in uno sforzo condiviso, finché non si innesca un effetto che può scaturire soltanto quando ciascuno degli orchestrali inizia a suonare meglio di come farebbe da solo: sono gli istanti inestimabili dei quali il concerto è solo una pallida eco). La custodia del violino, che mi portavo appresso in quelle sale ma che lasciavo sempre chiusa, mi teneva compagnia e mi apriva tante porte. Quante cose ho imparato in quegli anni di puro ascolto.

Quando ero in vena e anch'io, come sanno fare i buoni musicisti, riuscivo ad attingere a quella forma di concentrazione così insolita per un adolescente, spoglia di ogni frivolezza, una sorta di perfetta sintonia nell'abbandono, la mia pratica del violino si sganciava dall'eterna attesa di un giudizio altrui. Finché riuscivo a permanere in quello stato, finché le dita si muovevano da sole, esistevo soltanto io, totalmente sprofondato in me stesso, eppure in uno stato di perfetta lucidità, capace di danzare su quattro corde tese allo spasimo, trascinato da un risucchio che nasceva sotto i polpastrelli, da un dinamismo che potevo cavalcare come si cavalca un'onda su una tavola da surf; ero al tempo stesso l'unico ad agire e l'unico osservatore: uno spettatore sotto i cui occhi, i miei, le dita si animavano di un'esistenza autonoma e iniziavano a produrre suoni senza alcun concorso da parte della mia volontà e della mia coscienza, suoni che a loro volta rimandavano a pensieri ed emozioni.

Erano gli anni in cui avrei dato qualunque cosa per diventare violinista e arrivavo a studiare quattro, cinque o sei ore al giorno, tutti i giorni, per recuperare il tempo perduto da bambino, cosa che non mi sarebbe mai riuscita. B, la mia insegnante, mi ha fatto capire con la necessaria discrezione che non vedeva molte prospettive di successo.

Io, si capisce, non le davo retta. Mi esercitavo senza risparmio, cimentandomi con le vette più impervie del repertorio. Volevo diventare qualcuno, ero stanco di recitare la commedia, di girovagare con la custodia in spalla come un ciarlatano: volevo essere rispettato per la mia musica ed ero convinto che lavorare sodo, con un pizzico di fortuna, sarebbe bastato, come fino a quel momento era bastato per realizzare tutti gli obiettivi che mi ero prefisso.

Ricordo ancora il momento in cui ho abbandonato il progetto, perché non ho avuto il coraggio di spingermi fino alla prova suprema. Non mi sono mai esibito davanti a una giuria di professori, non ho mai partecipato a un esame di ammissione: almeno quell'umiliazione me la sono risparmiata.

In quel momento la verità mi si è rovesciata addosso con tutto il peso dei fatti incontrovertibili. Sedevo tra il pubblico di un recital, un programma di alto virtuosismo, e la giovane star dell'archetto era un mio coetaneo. Non ricordo più chi fosse di preciso (ne avrò rimosso il nome? O forse non è un dettaglio rilevante? Dopotutto conta la lezione che ne ho ricavato). Sedevo nel buio, ascoltavo, e all'improvviso ho capito: puoi esercitarti quanto vuoi, puoi praticare per anni, puoi sceglierti il maestro che preferisci, *ma non riuscirai mai a suonare così*. Non è una questione di esercizio: questa persona ha un talento che tu non possiedi. Non ha soltanto una tecnica migliore e più esperienza, ma con lo strumento in mano riesce a penetrare in una sfera che ti è preclusa, perfino nel più audace dei tuoi sogni. Riesce ad aprire porte di cui non sospettavi neppure l'esistenza. La tecnica c'è, ma poco importa: è la musica ad essere di tutt'altra qualità, e quella nasce da un livello di comprensione del tutto superiore al tuo. Non riuscirai mai a fare quello che riesce a questa persona.

In quel momento avevo preso la mia decisione.

19.
Segni di riconoscimento

Egregio professor Blom,

Come lei prevedeva, datare il legno non è stato facile: i calcoli mostrano che è stato ricavato da una pianta cresciuta in modo insolito. Tuttavia risulta sincrono rispetto a 35 diversi fattori di riferimento, e questo vuol ben dire qualcosa.

La datazione è confermata da undici «impronte» chiaramente riscontrabili sulla tavola armonica. A mio modo di vedere, insomma, la data 1717 (1722) si può assegnare senza esitazione.

Distinti saluti,
Prof. PG

20.
Una bottega

Purtroppo non era facile riuscire a parlare con SP, sempre in viaggio per un motivo o per l'altro. Ma se c'è qualcuno che conosce gli archivi di Venezia, è lui: ha lavorato per decenni su quei documenti, riuscendo a ricreare un panorama straordinariamente dettagliato della liuteria locale. Sebbene le sue conclusioni, come ha mostrato il caso Deconet, non incontrino sempre il plauso degli altri storici ed esperti. Alcuni colleghi mormorano alle sue spalle, lo hanno fatto addirittura in mia presenza, sconsigliandomi di dare troppo credito a uno storico dilettante dai modi eccentrici, specialmente quando c'era di mezzo l'esame *de visu* di uno strumento. SP, mi assicuravano, non aveva occhio per queste cose.

Quando è in gioco un'arte così vaga e sfuggente come l'esame di oggetti storici rifiutare credito all'«occhio» di un esperto equivale ad annientarlo senza appello. Io invece mi stavo appassionando al lavoro di quell'uomo, autore di volumi dalla solida metodologia e la cui documentazione, le cui descrizioni e attribuzioni di strumenti a questa o quella mano mi sembravano obiettive, dettagliate e argomentate con competenza.

SP sembrava non curarsi più di tanto del giudizio dei colleghi e di quel discredito professionale. Tanto più che non era mai stato attivo sul mercato: non fabbricava strumenti e non commerciava in esemplari d'epoca. La sua parola, però, aveva un certo peso tra i colleghi che lo stimavano e il suo giudizio poteva influire sulle quotazioni di certi specifici strumenti: anche per questo la sua decostruzione dell'enigmatica figura del signor Deconet ha scontentato molti.

In quegli ambienti, però, SP è sempre rimasto un *outsider*. Ha studiato viola e giurisprudenza e per molto tempo ha lavorato come musicista. Ha ereditato una rendita mensile dai diritti d'autore di certe canzoni ancora in voga che suo padre, violinista, aveva scritto nella veste di autore occasionale ma di buon successo. Grazie a quegli introiti ha potuto dedicarsi a tempo pieno alle sue ricerche. Il suo interesse per il mondo della liuteria è soprattutto quello di uno storico: gli strumenti gli appaiono innanzitutto come testimonianze del passato, e solo in seconda battuta come degli oggetti dotati di un prezzo, suscettibili di venire acquistati o venduti.

L'esistenza degli artigiani di Venezia, per quanto la si può ricostruire dalle fonti di archivio, si riduce a una manciata di dettagli molto concreti dai quali si ricavano, almeno per due o tre aspetti, informazioni incredibilmente accurate, mentre intere regioni biografiche rimangono avvolte dal mistero. Ogni volta che la vita di un uomo in carne e ossa ha incontrato una forma di potere amministrativo, quando è stata ghermita dagli ingranaggi burocratici dello Stato, e quindi citata, quantificata, tassata, multata, balena come un fuggevole sprazzo di quella persona, simile alla scia di una stella cadente. Una nascita, un matrimonio, una lettera di referenze, un contratto, gli atti di un processo, l'albo di un'associazione professionale sono i cocci di memoria dai quali ricaviamo la nostra immagine frammentaria di quel mondo.

E ora anch'io, finalmente, potevo aggiungere al mio mosaico una tessera importante. Avevo seguito il consiglio di SP e commissionato una perizia al professor PG, svizzero, di professione archeologo ed esperto di legni. Alla fine PG mi aveva risposto e bingo!, ecco la data che aspettavo da tanto tempo, quella che finalmente faceva chiarezza: un *terminus post quem* autenticato dalla scienza.

L'ultimo degli anelli sulla tavola armonica dello strumento, mi scriveva PG, risaliva al 1717. In questi casi si aggiungono cinque anni, perché al momento di piallare la tavola grezza si rimuovono sempre le parti più esterne del materiale. Si arrivava così al 1722, l'anno putativo in cui l'abete rosso di cui è fatto il piano armonico del mio violino era stato abbattuto. Seguiva un lungo resoconto a base di metodi statistici, grafici sugli anelli prelevati da questa o quella banca dati, indici di probabilità e correlazioni.

PG parlava di un'identificazione di «categoria B»: vuol dire che l'esito deriva da un tasso di corrispondenza non superiore al 73%; non l'ideale, ma pur sempre certo. Lasciando la parola alla prosa scientifica del professor PG: «Nonostante gli esiti poco soddisfacenti dei calcoli statistici (vedi sotto), la sincronizzazione e la datazione della sequenza media nech-475-m risultano confermate dalla presenza di undici impronte».

Nei primi anni del XVIII secolo il legno destinato alla fabbricazione di strumenti musicali veniva lasciato stagionare. In passato gli storici hanno creduto che asciugasse per vari decenni, che venisse fatto maturare e sottoposto a trattamenti speciali, ma oggi l'esame dendrocronologico di strumenti dalla datazione certa ha consentito di mostrare che, nel caso di molti esemplari documentati, tra l'abbattimento del fusto e la lavorazione del legno sono passati solo pochi anni. La materia prima era costosa e poche botteghe potevano permettersi di mantenere a proprie spese un deposito di legname.

Nel caso del mio violino, insomma, se davvero la pianta è stata abbattuta nel 1722, si può ipotizzare che lo strumento sia stato fabbricato all'incirca tra il 1727 e il 1732. La data è forse leggermente posteriore, ma non anteriore, quantomeno se si accetta di dare credito alla perizia, seppure di categoria B. Datazione risolta. *Habemus dendro.*

Al tempo stesso non potevo fare a meno di chiedermi perché proprio l'esperto svizzero consigliatomi da SP fosse riuscito dove due colleghi e insigni specialisti avevano fallito. Ho ricontattato uno di loro, gli ho spedito l'analisi che avevo ricevuto e gli ho domandato un parere professionale. Il suo giudizio è stato devastante, senza appello. Mi spiegava di avere ricostruito il ragionamento alla base di quelle conclusioni e di trovarle del tutto ingiustificate. I metodi erano vecchi, i parametri mal calibrati, le valutazioni incomprensibili e l'esito, di conseguenza, del tutto privo di credibilità.

Come sempre in questi casi, il fatto che PG fosse riuscito a datare il mio violino poteva spiegarsi anche altrimenti. Il professore svizzero era archeologo di formazione, uno specialista dell'età del bronzo, in particolare dei siti palafitticoli di area alpina. Il suo interesse per la datazione del legno nasceva da quelle ricerche. Ben presto, però, la visuale si era ampliata e PG aveva iniziato a collezionare le «impronte» dei fusti utilizzati per la costruzione di edifici nel corso degli ultimi due millenni nella regione alpina. A quelle informazioni si erano poi aggiunte banche dati sui legni utilizzati per fabbricare mobili e infine anche strumenti musicali. PG aveva attinto a fonti variegate, per questo anche i confronti, nella sua perizia, si basavano su dati diversi da quelli dei colleghi.

Il risultato non garantiva la certezza adamantina che speravo: perfino il più ottimista parlava, nel migliore dei casi, di un risultato di categoria B. Se non altro, però, avevo un punto di riferimento che rimandava a una fase storica di particolare interesse. La Venezia del 1730 si profilava ormai come il luogo di origine del mio strumento.

Intorno a quell'anno, cioè verso il 1730, la città di Venezia, per altri versi eternamente identica a se stessa, conosce una rivoluzione nel campo della liuteria. La vita e la politica di alto bordo stagnavano come l'acqua dei suoi canali. Venezia non era più da tempo una grande potenza marittima, non era più alla testa di un impero che arrivava fino alle isole greche, non era più la principale nazione mercantile del Mediterraneo. Lo storico inglese John Julius Norwich riassume la situazione in poche, spietate righe: «Un popolo che per secoli si era gloriato di dare i marinai più abili, i mercanti più scafati e gli avventurieri più indomiti doveva ora tutta la sua fama agli spilorci, agli intriganti, ai biscazzieri e ai ruffiani».

Un dato marginale, ma dalla forte pregnanza simbolica: il 1722, l'anno in cui, presumibilmente, è stato abbattuto l'albero dal quale è stato ricavato il piano armonico del mio violino, è

Tavola dell'*Encyclopédie* raffigurante degli artigiani al lavoro in una liuteria

anche l'anno in cui muore il doge Giovanni II Corner. Il 3 maggio, accingendosi a celebrare lo Sposalizio del mare, una cerimonia annuale che da secoli costituiva uno degli impegni più solenni legati alla sua carica, era inciampato mentre saliva a bordo dell'imbarcazione dogale, il Bucintoro, e il suo copricapo rituale era caduto in acqua. Il doge aveva letto quell'incidente come un monito celeste e aveva ben presto iniziato a deperire, finché il 12 agosto, a soli tre mesi dall'accaduto, era spirato.

Naturalmente non c'è modo di sapere che cosa uno straniero come Matteo Goffriller pensasse della sua patria adottiva. Nel 1685, al momento del suo arrivo, Venezia era ancora una grande potenza, mentre a distanza di mezzo secolo non rimaneva quasi più nulla di quella gloria: anzi, una città un tempo così fiera era decaduta sul piano morale ed economico. Nessuno dei documenti giunti fino a noi parla del modo in cui l'enclave tedesca viveva quel declino, ma le comunità di emigranti sono spesso conservatrici nei costumi. È un modo per rinsaldare i vincoli, per creare un senso di appartenenza, magari proprio prendendo le distanze dagli altri e dicendo: noi siamo gente di un'altra pasta, certe cose non le facciamo; noi non mangiamo così, noi non crediamo a certe assurdità. I processi che stavano paralizzando la vita economica di Venezia offrivano ai tedeschi più di un pretesto per chiamarsi fuori.

La comunità germanofona di Venezia, alla quale facevano capo anche altri cittadini di origine nordeuropea, tendeva di preferenza a vivere come un'enclave: ci si frequentava e si facevano affari soprattutto all'interno della cerchia. Ci si conosceva tutti, ci si serviva dai connazionali, si andava a messa nella stessa chiesa. I figli si sposavano tra loro, ma nel caso peggiore si potevano sempre far venire donne e apprendisti da casa, cioè dal versante germanofono delle Alpi. I tedeschi di Venezia si chiamavano a vicenda come padrini per tenere a battesimo i figli della comunità, si affittavano l'un l'altro abitazioni e botteghe e parlavano tra loro in tedesco.

Se da un lato è molto probabile che guardassero con sospetto alle maniere decadenti di Venezia, dall'altro chiamarsi fuori non era per nulla facile: la bellezza degenerata della città del carnevale e dei peccati a tempo di musica, nota in tutta Europa per i suoi eccessi e assurta anche per quel motivo ad autentica calamita per i turisti più danarosi, dava il pane a liutai, doratori, sarti e musicisti, artigiani del cuoio, ebanisti d'arte e scultori in avorio, cantanti, impresari, pittori di teatro e costumisti, per non parlare del nugolo di fattorini, maestranze di scena e coristi.

Intorno al 1730, però, Matteo Goffriller aveva ben altro a cui pensare che al degrado morale di Venezia. Lottava per il proprio futuro professionale e per la propria salute. Fin dagli esordi, o quasi, era stato uno dei massimi liutai in città, un pioniere sul piano dello stile, un designer brillante e insieme un abile artigiano, che aveva saputo ispirare, e in parte anche formare, un'intera generazione.

Nel frattempo i giovani talenti cresciuti alla sua ombra erano diventati maestri, avevano aperto bottega in proprio o avevano rilevato attività già avviate. Domenico Montagnana, che di professione era calzolaio, Pietro Guarneri, Carlo Tononi, Carlo Ferdinando Landolfi, Francesco Gobetti e Santo Serafin erano, ciascuno a modo proprio, degli artigiani di eccezione, autori di strumenti spettacolari, soprattutto di violoncelli, tanto che ancora oggi le loro creazioni sono tra le più ricercate dai violoncellisti.

Fino a quel momento Goffriller era sempre riuscito, nonostante la concorrenza, a mantenere a galla il suo esercizio e a proteggere le proprie finanze da una corporazione che aveva occhi dappertutto, restando ai vertici della professione. Ormai, però, il maestro andava per i settanta e la salute iniziava a scricchiolare. Gli strumenti fabbricati in questa fase sono visibilmente meno raffinati e meno artisticamente ricercati dei precedenti, tradiscono qua e là dei momenti di incertezza; sono e rimangono esemplari importanti, ma in qualche modo, per questo o quel dettaglio quasi imponderabile, documentano il declino di un artista.

La sua ascesa era stata folgorante. Il tirolese Matthias Friller si era trasferito da Bressanone a Venezia nel 1685. Della sua giovinezza sappiamo pochissimo: ignoriamo, per esempio, con chi si sia formato e in quali luoghi abbia vissuto prima di arrivare in Italia. Qualcosa si può indovinare da una lettera di referenze che scrive per l'amico Zuanne Ries, scultore in avorio:

> Ho conosciuto Zuanne e sono diventato suo amico ancora in giovanissima età, a Lienz [in Tirolo], dove lui è nato, mentre io ci vivevo e lavoravo. Quattro anni fa siamo partiti insieme da quella città e ci siamo trasferiti a Venezia, dove abbiamo continuato a vederci e a coltivare la nostra amicizia. Zuanne non è mai stato sposato né fidanzato, né a Lienz né a Venezia. Ha tentato di farsi spedire dai genitori alcuni documenti, ma è stato durante la guerra, per cui non sono mai giunti a destinazione.

Sembra che prima di quell'incontro, e prima che i due giovani artigiani decidessero di trasferirsi a Venezia, Goffriller abbia lavorato anche a Bolzano e forse a Innsbruck.

In altre parole, quando abbandona la patria tirolese, Goffriller non è già più un bambino ed è probabile che sia entrato non come apprendista nella bottega di Martin Kaiser, un maestro liutaio di Füssen fattosi conoscere con buon successo nella città lagunare: uno dei primi che smettono di fabbricare principalmente liuti.

La sorella maggiore di Matteo, Caterina Friller, viveva e lavorava fin dall'età di quattordici anni in casa di Matteo Kaiser, zio di Martin, che risiedeva nella stessa abitazione. È quindi verosimile che il giovane liutaio sia venuto a sapere proprio dalla sorella che a Venezia c'era un'opportunità di lavoro e che si sia stabilito in città grazie alla rete di contatti dell'emigrazione tedesca. Sapeva leggere e scrivere, o quantomeno ha firmato vari documenti con una grafia che dimostra un certo esercizio.

Matteo Goffriller ha circa venticinque anni quando inizia a lavorare sotto Martin Kaiser ed è ipotizzabile che avesse preso accordi privati con il suo datore di lavoro, perché nel 1686 sposava la figlia di Kaiser, Maddalena, e nel 1690 rilevava la bottega, affermandosi nel giro di poco tempo, e in maniera incontestabile, come uno dei maggiori fabbricanti di strumenti musicali della città. Prima di diventare maestro, però, occorreva iscriversi a una corporazione, e quindi versare una *benintrada*, una sorta di quota di adesione. Nella sua corposa monografia sui liutai di Venezia, SP osserva che Goffriller si era iscritto alla corporazione dei *Marzeri*, una galassia di piccoli artigiani che praticavano i più disparati mestieri: si occupavano di cuoio e stoffe, veli e nastri, tinture a base vegetale, camicie, guanti, lavori all'uncinetto, rame, profumi, pignatte, ornamenti, trine di Fiandra, articoli da cucina, occhiali, orologi e violini.

Gli altri liutai veneziani di prima grandezza erano membri di una corporazione molto più prestigiosa, quella delle *Arti maggiori*, riservata ad artisti e artigiani di solida reputazione, alla testa di botteghe ben avviate. Anche le quote e le imposte erano in proporzione, e sembra che Goffriller, facendosi registrare altrove, abbia tentato di sottrarsi proprio a quegli oneri maggiorati. Se quella era la sua intenzione, il trucco riesce: per quasi tutta la sua carriera avrebbe pagato molte meno tasse dei suoi colleghi. Goffriller, peraltro, pagava molto malvolentieri, come dimostra una serie di solleciti della corporazione. Anzi, il frugale tirolese dava fondo a un variegato repertorio di trucchetti per dribblare il carico fiscale. Nel 1695, per esempio, fa figurare suo figlio Francesco come garzone, sostenendo che avesse quindici anni, mentre in realtà a quell'epoca ne aveva tutt'al più quattro: è chiaro che il maestro spacciava per sangue del proprio sangue un garzone quindicenne che aveva preso a lavorare sotto di sé (forse addirittura l'uomo che stiamo cercando!), perché per il titolare di una bottega era molto più economico impiegare la propria discendenza piuttosto che assumere apprendisti, che per legge toccava mantenere e per i quali si dovevano versare delle tasse.

Un'altra tecnica impiegata dal Nostro (come da tutti gli artigiani in ogni tempo e luogo) consisteva nello smerciare prodotti sottobanco per sfuggire ai balzelli di una corporazione occhiuta. Transazioni ufficiose che non lasciavano tracce, strumenti che passavano di mano alla buona, tra amici, con un po' di sconto e rigorosamente in contanti. A quanto sembra c'erano più classi di prezzo. Tra lavoranti e garzoni, in bottega il cliente trovava sempre qualcuno, per cui poteva chiedere informazioni e stabilire in loco quale strumento, quale modello, quale colorazione e quali legni poteva o intendeva permettersi.

Sembra che gli strumenti di prima categoria venissero fabbricati perlopiù dal maestro. Gli esemplari attribuiti a Goffriller confermano quell'ipotesi, in quanto un sottogruppo di strumenti particolarmente eleganti e caratteristici, tutti muniti di etichette originali, porta i segni incontrovertibili della sua mano e del suo stile, mentre altre produzioni della bottega si discostano in modo netto da quella maniera per alcuni dettagli essenziali, pur continuando a presentare nell'insieme un'inconfondibile aria di famiglia.

Chi non era disposto ad allentare i cordoni della borsa poteva sempre comprare uno strumento con l'etichetta Goffriller, ma fabbricato essenzialmente dai lavoranti sotto la supervisione del maestro. Sennonché la bottega era tenuta a versare una percentuale per ciascuno strumento venduto e, quando gli affari oltrepassavano una certa soglia, il maestro aveva l'obbligo di cambiare corporazione, passando sotto l'egida delle più esose Arti maggiori, e quindi versando contributi sostanziosi. Per questo, a quanto pare, Goffriller smerciava una parte dei suoi strumenti sottobanco e senza etichetta, stemperando un po' gli elementi caratteristici che rendevano inconfondibile il suo stile (questa è in ogni caso l'accusa rivoltagli a più riprese dalla corporazione).

Nel corso dei secoli quegli strumenti di altissima qualità, ma privi di etichetta e difficilmente ascrivibili a un nome certo, sono spesso stati attribuiti in modo più o meno proditorio ai grandi maestri cremonesi. Solo da qualche decennio alcuni violini e violoncelli comprati e venduti per decenni come Amati o Guarneri sono stati riconosciuti come opere di Goffriller e della sua bottega.

Anche per questo nel mondo dei violini che contano Goffriller è stato per molto tempo una sorta di fantasma. Pochissimi ricordavano il suo nome. Il mercato esigeva degli Amati e dei Guarneri (al limite dei Testore), per cui si è procurato di farne saltar fuori, a volte con l'aiuto di venditori zelanti che non esitavano a incollare etichette con quei blasonati cognomi per far salire le quotazioni dei loro strumenti. A riportare in auge il nome di Goffriller è stato il leggendario violoncellista Pablo Casals, che suonava uno dei suoi strumenti. Anche così, però, ci sono voluti decenni per riconoscere come tali molte delle sue creazioni, che solo di recente hanno iniziato a venire ricercate e quindi ad acquistare valore.

Matteo Goffriller ha fatto di tutto per aiutare l'oblio calato sul suo nome. È stato un liutaio di grande successo, ma è riuscito a vivere nell'ombra, evitando di esporsi e di dare nell'occhio, quantomeno in ambito fiscale. Sembra però che anche nel privato si desse da fare per spendere il meno possibile.

Da sua moglie Maddalena, nata Kaiser, ha avuto ben dodici figli. Molti sono morti in giovane età e sono stati seppelliti nella chiesa dei Santi Apostoli nelle vicinanze dell'altare, presso il cosiddetto «arco degli anzoletti». Tra i superstiti, però, c'erano molte ragazze, alle quali occorreva procurare una dote. Barbara Goffriller ha sposato Felice de Palatijs, un gioielliere fiammingo specializzato nella compravendita di diamanti; Regina ha sposato Emanuel Marilich, libraio, di probabili origini tedesche, ma che in vista delle nozze abiura la fede luterana per convertirsi al cattolicesimo.

Le professioni e le origini geografiche dei generi di Goffriller sono come una mappa dell'ambiente sociale in cui si muoveva la famiglia, un profilo che viene ulteriormente precisato dai padrini di battesimo dei figli. Tra questi il sellaio Valentin Duenez, presumibilmente di origini tedesche, il medico tedesco Giovani Gaspar Fez e il gioielliere Cornelio von Hoiern (anche lui fiammingo). Erano tutti immigrati, tutti uomini rispettabili, gente che i Goffriller frequentavano, artigiani e commercianti, pressoché tutti venuti da paesi a nord delle Alpi.

Anche nella sua bottega Goffriller impiegava spesso manodopera tirolese o tedesca, sia tra gli apprendisti che tra i lavoranti. Di questi ultimi conosciamo Andrea Comel, nato a Gorizia, al confine dell'odierna Slovenia, ingaggiato insieme a suo fratello Francesco; Martin Lazinger di Bressanone, citato da SP, che a dodici anni lavorava già per la bottega; Zuanne Ongaro (di origini ignote) e vari garzoni il cui nome non figura nei documenti.

All'epoca era sempre più difficile, per un liutaio veneziano, farsi mandare apprendisti da Füssen. Non restava più molto della consuetudine che per quattro secoli aveva legato la cittadina sulle Alpi e la Serenissima. I giovani talenti dell'Algovia preferivano trasferirsi in altri centri settentrionali, né peraltro la tradizione locale dell'alta liuteria si era mai risollevata del tutto dai disastri della Guerra dei trent'anni. Dopo il 1700 il numero di mastri liutai attivi nel piccolo comune bavarese risulta quasi trascurabile, e la maggior parte dei loro strumenti è di fattura molto semplice. Gli apprendisti dotati non erano più molti e i maestri tedeschi stabilitisi in Italia avevano iniziato a ingaggiare garzoni del posto. Di anno in anno Füssen si faceva sempre più lontana.

Ad accelerare quegli sviluppi era stato proprio un liutaio di origini bavaresi, un emigrante di terza generazione, l'astuto Matteo Sellas, un facoltoso commerciante di strumenti musicali il cui nonno, Mang Seelos, era giunto a Venezia proprio da Füssen. Sellas era un grossista, specializzato in una produzione semi-industriale di doghe per liuti, teste di violino e altre componenti semilavorate che poi smerciava ai colleghi o faceva assemblare nei suoi laboratori.

Sellas aveva lungamente studiato il mercato degli strumenti ad arco, finché nel 1720 si era finalmente deciso a occupare una parte di quel settore sempre più lucrativo. Così aveva ingaggiato due talentuosi liutai italiani, assicurandosi i loro servigi: il giovane Pietro Guarneri, che a Cremona stentava ad affermarsi per via della concorrenza dei suoi fratelli e dei colleghi, e Santo Serafin, le cui stravaganti creazioni avrebbero definito un nuovo stile.

Matteo Goffriller era già anziano quando quei giovani talenti sbarcavano a Venezia. Per quarant'anni aveva mandato avanti una bottega capace di imporre nuovi standard di qualità in liuteria. I suoi strumenti non avevano mai spuntato i prezzi folli dei violini cremonesi, ma erano tutt'altro che a buon mercato. Uno degli strumenti che vende all'Ospedale della Pietà per conto di Antonio Vivaldi, per esempio, costava 31 ducati, pari a sei mensilità del compenso percepito da Vivaldi, in una città nella quale con 200 ducati l'anno si poteva campare da signori.

I tempi d'oro, però, erano finiti. Intorno al 1730 la concorrenza dei colleghi più giovani e dinamici si fa schiacciante: nel giro di cinque anni Goffriller, che a quanto pare non godeva più di buona salute, si ritira dagli affari. Questa l'ultima voce che lo riguarda negli archivi della città di Venezia: «Il 23 febbraio 1742, all'età di 82 anni, invalido da sette, è morto Mattio Goffriller».

Alla luce delle pratiche commerciali e della carriera di Goffriller non è facile riconciliare la sua figura con l'immagine della corporazione dei liutai che il mondo continua a propagare. Per molto tempo il mercato dell'arte ha lucrato sul mito romantico del genio solitario impegnato in una lotta titanica di fronte alla tela per creare capolavori immortali a prezzo di sofferenze inenarrabili. Quando in realtà, per restare all'esempio dei pittori, molti di quei quadri sono opera di intere botteghe organizzate secondo i principi della divisione del lavoro, specialmente quando non esistevano ancora i colori in tubetto.

Le ragioni erano innanzitutto di natura pratica. Prima che i colori iniziassero a venire prodotti industrialmente e commercializzati in tubetti che un artista poteva portare in tasca e utilizzare all'aperto, come avrebbero fatto gli impressionisti, i pigmenti andavano miscelati al momento, alla bisogna, e rimanevano utilizzabili solo per breve tempo. Per lavorare in quelle condizioni occorreva poter contare su una bottega con apprendisti e lavoranti che allestivano la tela e preparavano i colori, pestando, cuocendo, filtrando e rimestando i pigmenti, cioè sobbarcandosi una grossa fetta del lavoro manuale per consentire al maestro di concentrarsi sull'essenziale: applicare quei colori sulla tela con il pennello.

Anche in quel caso, però, le cose non andavano come molti se le immaginano. I pittori erano artigiani, avevano un esercizio da mandare avanti, pagavano stipendi, acquistavano materie prime, affittavano locali ecc. Per finanziare quelle attività occorreva garantire un certo volume di vendite, e quindi anche produrre di conseguenza. In condizioni del genere un maestro come Rubens o, per restare in ambito veneziano, Tiziano o Canaletto, non potevano permettersi di eseguire da soli un intero dipinto: non c'era abbastanza tempo. I maestri realizzavano bozzetti in base ai quali gli allievi preparavano le tele, trasferendo le figure alla scala appropriata, occupandosi degli sfondi, dei panneggi, degli animali, dei fiori. Spesso le botteghe impiegavano collaboratori specializzati, appunto, in vegetali, animali o armi. Soltanto allora interveniva il maestro, che si occupava dei visi, delle mani e dei dettagli più sofisticati.

Per il mercato dell'arte, però, la versione romantica risulta più redditizia. È più facile ammirare un genio solitario che una manifattura: un martire dalle sofferenze edificanti si vende sempre meglio.

La realtà storica non è meno complessa nel campo della liuteria. Neppure un Antonio Stradivari, pur così longevo, può avere avuto il tempo di fabbricare senza alcun aiuto tutti gli strumenti che gli vengono attribuiti con buoni argomenti. Nel suo caso, va detto, abbiamo a che fare con un *corpus* molto compatto e altamente caratteristico, con una mano sempre riconoscibile e con uno sviluppo stilistico chiaro: sembra insomma che il maestro esercitasse sui lavoranti una sorveglianza addirittura maniacale, verificando i minimi dettagli. Gli esemplari che portano il suo nome sono stati studiati da tutti gli esperti, documentati, descritti, analizzati e controanalizzati con tale acribia che oggi sappiamo perfino quali strumenti sono stati ricavati da uno stesso fusto: il sogno proibito del mercato dell'arte e della liuteria d'epoca.

Alcuni liutai, rari, lavoravano davvero in botteghe minuscole: spesso si trattava dei maestri attivi in piccole città relativamente isolate come Cremona, dove il ritmo di produzione era ben diverso da quello di una metropoli dinamica con teatri, musicisti, collezionisti e quindi una richiesta costante di riparazione ad alto livello. Nella maggior parte dei casi le botteghe di liuteria erano invece organizzate secondo modalità complesse, obbedivano alla stessa divisione del lavoro che strutturava le botteghe dei pittori, degli ebanisti, degli architetti e dei sarti. La produttività di Matteo Goffriller è un'eccellente dimostrazione. Solo per l'anno 1700 conosciamo come suoi circa trenta strumenti. Forse alcuni gli sono stati attribuiti a torto, ma il numero rende comunque l'idea della media della sua produzione, soprattutto se si considera che non tutti i suoi strumenti sono giunti fino a noi. Un artigiano esperto impiega tra le ottanta e le duecento ore per portare a termine un violino; gli strumenti più grandi, in proporzione, richiedono più tempo.

In una bottega media al pianoterra di un'abitazione veneziana che apriva su una calle angusta, tra le alte facciate degli edifici vicini, che spesso aggettavano sulla via, un artigiano poteva contare – anche nel caso migliore – su non più di sei ore di buona luce solare; poi il lavoro proseguiva con una lampada da calzolaio, cioè una candela munita di riflettore, talvolta collocata dietro un recipiente sferico pieno d'acqua che aiutava a concentrare la luce, ma era un surrogato di scarsa qualità. Questo significa che per fabbricare da zero uno strumento musicale occorrevano almeno venti giornate piene, pari a un mese di lavoro, e questo senza contare le riparazioni, le trattative con i clienti e tutte le distrazioni più o meno cronofaghe di cui è fatta la quotidianità di un professionista della liuteria. Soltanto un'intera bottega, lavorando di concerto, può avere prodotto trenta strumenti in un anno. Ed è per pura praticità che oggi riassumiamo quel complesso stato di cose nel nome del solo Goffriller.

Lo storico SP ha suggerito che proprio a Venezia, fra tutte le città, fosse attivo un influente settore artigianale che può avere fatto da prototipo per quel tipo di organizzazione delle attività. L'Arsenale costituiva da secoli il cuore pulsante della potenza militare e della rete commerciale della Repubblica veneziana. Era il cantiere dove si assemblavano le navi sulle quali poggiava quella potenza, e le imbarcazioni erano il frutto di una solida cooperazione, organizzata secondo principi industriali, che funzionava con spaventosa efficienza. Alla base di tutto vi era la divisione del lavoro. Gli operai e gli artigiani dell'Arsenale avevano elevato la produzione in serie alla dignità di un'arte vera e propria. Perché altri settori non dovevano prendere esempio da un precedente così glorioso? In fondo, anche la liuteria era organizzata su simili premesse: le componenti semilavorate venivano prodotte in serie a nord delle Alpi e poi assemblate nelle botteghe italiane.

Sembra che la bottega di Goffriller funzionasse come una macchina ben oliata: lo si capisce anche prendendo in mano i suoi strumenti. «La produzione di Goffriller, nel suo complesso, si contraddistingue per alcuni caratteri che rispecchiano in modo chiarissimo il suo stile», riassume SP. Quando a occuparsi della fabbricazione di un solo strumento era l'intera bottega, con lavoranti che andavano e venivano, e che a volte provvedevano per un tempo dato ad alcune specifiche fasi della lavorazione, il maestro poteva garantire in molti casi tutt'al più un certo standard, uno stile, un modello e alcuni dettagli caratteristici, forse anche certi accorgimenti e segreti di bottega che davano allo strumento un determinato suono, regalandogli una voce. L'esecuzione dei singoli dettagli, però, era affidata di norma ai suoi collaboratori, che spesso, peraltro, erano a loro volta grandissimi maestri ai quali erano solo mancati il denaro, la fortuna o l'ambizione che occorrevano per mettersi in proprio.

Mi sembrava ormai probabile che il mio violino fosse uscito proprio da quella bottega: risultava abbastanza simile a un Goffriller da corrispondere in molti dettagli all'opera del celebre maestro, ma era anche sufficientemente diverso e stilisticamente ibrido da mascherare quella provenienza, perché la mano principale era quella di un anonimo mastro liutaio che non era autorizzato a vendere strumenti a proprio nome, e che quindi era costretto a lavorare per conto terzi, ma pur sempre un artigiano capace di esprimersi ai massimi livelli, e la cui mano sfiorava la mia ogni volta che imbracciavo lo strumento.

Il mio amico Hanns restava un'ombra, ma sapendo ormai in quale città aveva lavorato, Venezia, e addirittura che era stato nell'*entourage* di Matteo Goffriller, quell'ombra prendeva contorni più netti. Questo significava inoltre che al suo arrivo non si sarebbe più chiamato Hanns, ma Zuanne, la variante veneziana di Giovanni. Un nome non particolarmente elegante, anzi, legato agli emigranti poveri che scendevano dalla regione alpina. Nella commedia dell'arte le figure comico-grottesche dei servitori poveri d'ingegno ma ricchi di appetiti erano detti «Zanni», il plurale di Zuanne, perché, quantomeno nella Venezia di allora, buona parte dei migranti di origini alpine che venivano assunti come personale domestico si chiamava Hanns.

Gli Zanni sono figure ambigue: non sempre di specchiata moralità, né molto intelligenti, né molto coscienziosi. Però volevano vivere, amavano i piaceri ed erano costantemente alla ricerca di falle nel sistema, di punti nei quali le alte muraglie che circondavano la loro esistenza rischiavano di cedere, per quanto minima fosse la pressione esercitata. I meno simpatici sono ladri e intriganti; i più simpatici sono dei rivoluzionari *in nuce*, portatori di un messaggio di dignità universale. Soprattutto, incarnano il tipo dell'uomo comune che tiene testa al suo capo e ai signori.

L'ultima espressione di tale genia è il Figaro di Mozart che dichiara guerra al conte d'Almaviva, ma sarebbe perduto senza la furbizia e la determinazione della sua promessa sposa. (E dire che a quattordici anni ho interpretato proprio il ruolo del conte, senza capire neppure le parole che cantavo!). L'azione è ambientata in Spagna, ma i personaggi dell'opera discendono in linea diretta dalle figure della commedia dell'arte. In realtà il barbiere Figaro è un veneziano, anzi, forse è addirittura un figlio della miseria venuto dalle Alpi, magari dal Tirolo o dall'Algovia, spedito in Italia dai suoi, venduto o messo a bottega, o scappato di casa, in ogni caso un uomo alla ricerca di una vita migliore. E così Hanns diventa Zuanne, si trasforma nel proverbiale bifolco senza ingegno, ma anche nel prototipo di un personaggio destinato a grandi fortune. Eppure esistevano davvero, gli Zanni, e molti dei liutai di cui rimangono tracce documentarie negli archivi portavano proprio quel nome. Neanche a farlo apposta, nelle sue decennali ricerche SP aveva spigolato dagli archivi veneziani alcuni frammenti della vita di un mastro liutaio di nome Zuanne che mi sembrava quasi di conoscere.

Tra gli artigiani attivi a Venezia all'epoca di Matteo Goffriller c'era anche un certo Zuanne Curci, che risulta iscritto per vari decenni alla prestigiosa corporazione delle Arti maggiori. Stando alla parola di alcuni testimoni, era nato a Füssen nel 1651 ed era giunto nella città lagunare all'età di dodici anni. Nulla consente di collegare il mio violino al suo nome, ma la vita di Zuanne Curci, per il poco che ne sappiamo, coincide pressoché alla perfezione con il profilo biografico emerso dalle mie ipotesi di ricerca.

Il nome di Zuanne Curci è citato una prima volta da Domenico Sellas, un compatriota, che nel 1684 dichiara sotto giuramento: «lo conosco da 17 anni, perché per sei anni, da ragazzino, ha vissuto in casa mia, e ci siamo tenuti in contatto anche poi [...]. È nato a Fiess [Füssen], vicino a Innsbruck [...]. Ed è venuto a Venezia all'età di 12 anni».

A un certo punto Hanns Kurz era diventato Zuanne Curci, si era messo in proprio e aveva aperto una bottega *al Todesco*, cioè all'insegna *del Tedesco*. Era iscritto alle Arti maggiori, la stessa che Goffriller ha sempre cercato di evitare per ragioni di economia. Curci è stato un pilastro della sua categoria professionale e, dalle tasse che ha versato, si deduce che gli affari nella sua bottega andavano a gonfie vele. Ha lavorato per cinquant'anni come liutaio a Venezia. Era noto come Zuanne il Todesco.

Di Curci, per il resto, sappiamo solo che a un certo punto rimase coinvolto in una causa. Nel 1704 il barbiere Giacomo Sasso fu accusato di smerciare violini sottobanco nella sua bottega, senza essere autorizzato e senza pagare le tasse. Nella sua deposizione dichiarò:

Stamane l'amministratore di questa spettabile Scuola mi ha intimato di consegnare tutti gli strumenti che ho in bottega e di farmi registrare dalla corporazione. Io ho risposto umilmente che faccio il barbiere, ma che nella mia bottega si suona musica ogni giorno. E quando mi occorrono degli strumenti vado a comprarne da un liutaio, in special modo Zuanne (il Todesco) e Sellas.

Gli era capitato di proporre strumenti per le strade, ma solo in una fase di difficoltà economiche.

Vale a dire che Zuanne il Todesco produceva strumenti per barbieri, musici ambulanti e ridotti mentre Goffriller serviva una clientela più scelta? Forse qualcosa era andato storto e la sua bottega era caduta in disgrazia. A distanza di un solo anno si ritrova un'altra voce nei registri della corporazione:

6 luglio 1705. Zuanne Curz, Calle dei Stagneri, si presenta in loco e descrive alla banca la sua situazione di miseria e il poco lavoro che ha la sua bottega di liutaio. Sostiene di non sapere come provvedere alla sua famiglia in futuro, perché è povero, ed è stato iscritto alle Arti maggiori in altri tempi, quando guadagnava molto, mentre ora la situazione è ben diversa. Non può più permettersi di restare con le Arti maggiori e prega la banca di modificare il suo status.

All'epoca Curci aveva compiuto cinquantaquattro anni e ne aveva ancora venti davanti a sé. Dopo la sua morte la vedova avrebbe brigato per ottenere una riduzione dei debiti, insistendo sul fatto che la sua lunga malattia aveva comportato spese ingenti. Non è dato sapere quale fosse di preciso il problema.

Zuanne Curci è morto tra il 1725 e il 1727. Non sappiamo altro. Anche come artigiano è sprofondato nell'oblio: non ci rimane un solo strumento attribuibile a lui con certezza, e diventa quindi impossibile fare raffronti. Il legame tra il presente e il passato è stato reciso. Una vita e una carriera che combaciano con quanto emerso dalle mie ricerche sopravvivono soltanto in poche annotazioni sparse nei documenti ufficiali della sua corporazione: carte che parlano di quote, di tasse e più tardi di una petizione con la quale un uomo già anziano, caduto in disgrazia, chiede di pagare di meno. Per il resto Hanns Kurz è scomparso senza lasciare traccia.

Neppure a Füssen, il punto di partenza del suo viaggio, rimangono tracce della sua esistenza, neanche un accenno. Anzi, no: qualcosa ho trovato e lì per lì ho creduto di avere in pugno una prova, rivelatasi poi una falsa pista. I registri parrocchiali di Breitenwang, una località vicina a Füssen, documentano la nascita di quattro figli della coppia formata da Hannß e Magdalena Kurz: Catarina (nata nel 1644), Mattheus (1646) e Mathias (1648), seguiti da Barbara (1655). Nessun Hanns nato nel 1651.

Sennonché c'è qualcosa di strano in quella successione: davvero la coppia non aveva avuto figli tra il 1648 il 1655? O i bambini erano morti prima del battesimo? Magari avevano davvero solo quattro figli, un totale di gran lunga inferiore alla media dell'epoca, oppure in quel lasso di tempo erano vissuti in un'altra parrocchia: forse erano emigrati altrove ed erano poi tornati conducendo per mano un bambino di quattro anni, un piccolo Hanns nato nel 1651 e battezzato con il nome di suo padre. Forse il padre o la madre si erano ingaggiati da qualche parte e quindi erano vissuti separati per qualche anno? O forse quel Johannes Kurz che, dopo uno iato di sette anni, figura nel 1655 come genitore dell'ultimo figlio di Catarina non è lo stesso Hannß Kurz che fino al 1648 è indicato per tre volte con quella grafia?

Sarebbe bastato un capriccio del destino per regalarmi il tassello di cui avevo tanto bisogno: la prova che Zuanne Curci era davvero nato a Füssen. Per quanto riguardava l'attribuzione del mio violino, in ogni caso, tutti i legami con la storia erano stati recisi: nulla era in grado di condurmi alla mano che un tempo aveva saputo creare forme dallo slancio e dalla curvatura così caratteristici, uno slancio che aveva lasciato una traccia materiale nel legno e continuava a parlare anche a distanza di secoli, disegnando la silhouette di un uomo. Anche se il mio violino fosse stato davvero l'unico Zuanne Curci al mondo, nulla mi avrebbe consentito di provarlo. È il triste destino degli ultimi superstiti: non hanno più nessuno con cui parlare.

21.
Una fessura

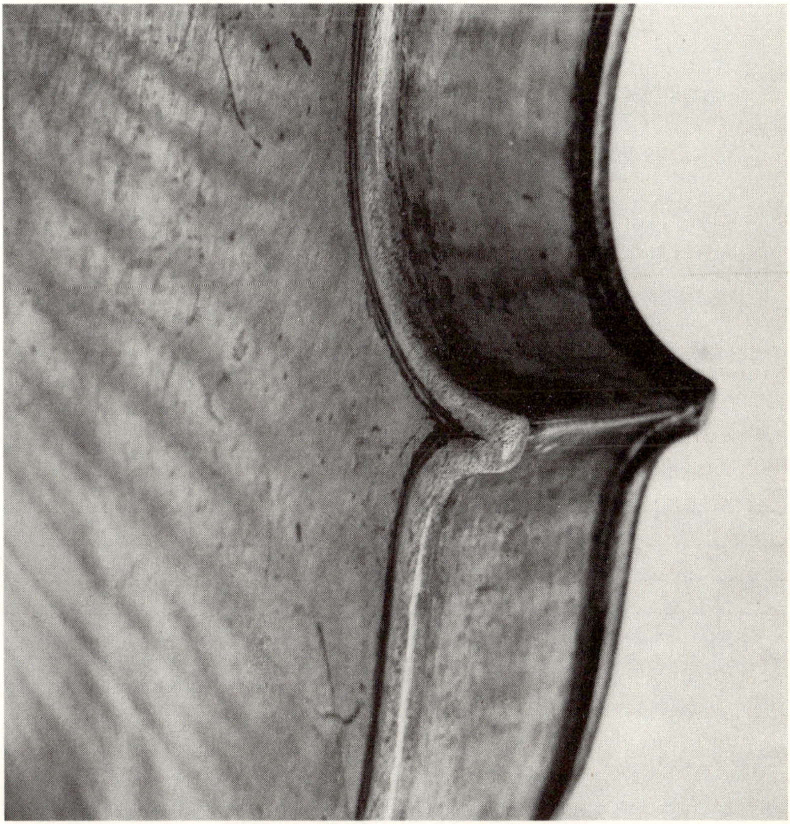

Il mio violino ha un difetto: la tavola armonica si è fessurata in corrispondenza dell'anima. Un danno grave, potenzialmente fatale. L'anima è un bastoncino di legno lungo due dita che viene incollato nella cassa del violino tra la tavola armonica e il fondo per trasmettere alla parte inferiore dello strumento la vibrazione del ponticello, montato immediatamente sopra. In tedesco si chiama *Stimme*, voce. La sua presenza consente allo strumento di sviluppare tutte le risonanze di cui è capace. Quando però il legno della tavola o del fondo, non più spesso di qualche millimetro, si fessura o si rompe in corrispondenza dell'anima, per via di un incidente, un urto o un montaggio maldestro che ha creato troppe tensioni, o forse perché il materiale era difettoso, la risonanza può andare perduta per sempre.

A volte una crepa può mandare in pensione anche un buono strumento, specialmente quando viene riparata male, perché un'operazione del genere esige una destrezza quasi sovrumana e spesso finisce per fare più danni che altro. Nel migliore dei casi la zona fessurata viene lavorata dall'interno con una minuscola pialla che, strato dopo strato, asporta il legno danneggiato fino all'ultima, sottilissima lamella; a quel punto si procede a foderare la zona lesa con un inserto dell'esatta dimensione dell'ammanco, quasi come un trapianto di epidermide all'interno dello strumento.

Con un pizzico di fortuna e molto talento, una riparazione riuscita – un capolavoro di liuteria invisibile – può arrivare a cancellare il danno, sia sul piano ottico che su quello acustico. A me è andata bene: uno dei restauratori che lavorano per MR ha provveduto a stabilizzare la fessura, facendo un lavoro egregio, tanto che il danno non si vedeva e si sentiva più. Al tempo stesso quel difetto, per quanto riparato con maestria, aveva talmente compromesso il prezzo di mercato dello strumento che perfino uno come me aveva potuto mettersi in testa di comprarlo.

Si dice che il tempo curi tutte le ferite, ma ne infligge anche di nuove. Il mio strumento era convalescente, guarito da un male insidioso che soffoca la voce e toglie al suono ogni brillantezza. Quasi tutti gli strumenti d'epoca presentano delle cicatrici: graffi, crepe, abrasioni, restauri maldestri, vernice consumata dall'uso, scheggiata o compromessa da agenti chimici, oppure incrostata di polvere e sporcizia, modifiche e modernizzazioni, chiazze lasciate dal sudore dei musicisti nella buca dell'orchestra di un teatro afoso, tracce di piccoli incidenti, di abitudini personali o di grossi disastri. Possono succedere molte cose in trecento anni. Il destino si traduce in suono, la loro storia diviene parte della risonanza, e a volte capita perfino che la voce di uno strumento migliori dopo la riparazione di un grave danno. E perché no? I violini sono esseri viventi.

Pochissimi strumenti sono giunti fino a noi *virgo intacta*, illibati ed esattamente come il loro creatore li aveva concepiti. All'Ashmolean Museum di Oxford, per esempio, è esposto un Antonio Stradivari soprannominato «Messiah»: un esemplare senza il minimo graffio, privo di qualunque traccia di usura, mai suonato. Con quel suo generico colore rosso aranciato sembra quasi uno strumento qualunque. Il destino non ha avuto occasione di conferirgli una personalità adulta. È sempre uno spreco non fare i conti con la vita.

Era un immenso sollievo sapere che la crepa del mio violino era stata riparata a dovere. Significava che il peggio era passato, per lui così come per me. Quella volta avevo retto a malapena al tracollo, metaforico e letterale; dopo un'embolia polmonare e un'altra operazione rischiosa sentivo di essere guarito anch'io da una sorta di fessurazione, di essere ancora vivo nonostante i pronostici, di avere ancora una voce, di essermela cavata per l'ennesima volta. Più tardi, ripensandoci, il catastrofico epilogo dei miei anni parigini mi sarebbe apparso stranamente confuso, un'epoca nebulosa, percorsa da ricordi dolorosissimi. Per molti anni ho creduto che il furto del mio violino fosse stato un segno, un messaggio: gli dei avevano smesso di proteggermi. Perdere quello strumento era stato come perdere la voce; per oltre un anno ero rimasto muto.

Solo nel 2010 il destino sembrava essersi deciso a liberarmi da quel silenzio insopportabile. Nel corso di un soggiorno di ricerca a Napoli, mentre lavoravo alla Biblioteca nazionale, uscivo spesso a passeggio per le vie della città che mi ha sempre stregato con il suo fascino ruvido e dove le vestigia dei secoli sembrano più vicine alla superficie che altrove. Non mi riferisco soltanto all'architettura, in cui convivono e si fondono stili incompatibili di millenni diversi, alle facciate gigantesche che si potrebbero ammirare e comprendere solo da cinquanta metri di distanza, ma che invece svettano su una stradicciola angusta dove non giunge neppure la luce del sole, perché i tetti degli edifici quasi si toccano. No, mi riferisco alle persone, ai gesti, all'odore di spazzatura, di urina, di caffè forte e di fiori appassiti in un'edicola.

Vagavo per strade e piazze, per vicoli e cortili sul retro di palazzi, dove l'aria era ferma e la vita sembrava farsi indolente; finché, senza preavviso, in uno di quei cortili mi sono ritrovato di fronte alla bottega di un liutaio che fabbricava violini e mandolini. Sei tra donne e uomini sedevano insieme sotto una volta spaziosa e fresca in un grande locale affacciato sul cortile. All'interno, lungo le pareti, si vedevano banconi da lavoro sormontati da file e file di utensili, e dappertutto, stesi a terra, appoggiati ai muri o appesi in verticale, violini e mandolini a vari stadi di lavorazione.

Al centro della stanza c'era un grande tavolo circondato da sedie, dove i liutai mangiavano insieme. Quei giovani lavoravano come i loro colleghi di quattrocento anni prima. Ciascuno si occupava di un aspetto specifico, e gli strumenti, a seconda dei casi, venivano assemblati quasi interamente da una sola persona, oppure prendevano forma in una sorta di catena di montaggio.

In quest'ultimo caso il prezzo era di molto inferiore a quello di altri strumenti moderni.

Era da quando avevo diciassette anni che non sentivo in modo così intenso l'atmosfera di un laboratorio di liuteria. Ho attaccato bottone con i ragazzi e quel breve scambio si è protratto a lungo, finché, dapprima con esitazione, poi in modo sempre più convinto, ho accettato di provare gli strumenti. Un gesto naturale, come se non avessi mai smesso di esercitarmi. Ho provato uno dopo l'altro diversi violini tra quelli che avevano in bottega, finché non ne ho trovato uno che sembrava andarmi a pennello. In piedi, al centro del cortile, ho suonato Bach a memoria. A un certo punto non sono più riuscito a ricordare come proseguisse il pezzo, ma il suono che sentivo uscire dalla mia persona e da quello strumento mi aveva sbigottito, soprattutto al pensiero di essere vissuto così a lungo senza provare quella sensazione. E ancora una volta mi sono lasciato alle spalle una bottega di liutaio con una custodia sulla spalla: un amico italofono dall'aria rispettabile aveva garantito per me, assicurando al maestro che mi conosceva e che avrei pagato al più presto. Al mondo esiste ancora un po' di fiducia tra le persone.

Nelle settimane successive, provando il mio nuovo strumento, anzi, prendendo in mano per la prima volta un violino dai tempi del furto di Parigi, ho constatato con mio grande stupore che in quei mesi ero migliorato. L'esercizio non si era mai interrotto, anche se io personalmente non mi ero esercitato.

Succedeva sempre anche quando cercavo di studiare un brano. Il duro lavoro e l'applicazione analitica e paziente mi conducevano solo fino a un certo punto, non oltre. I passaggi problematici, le difficoltà e i vuoti di memoria non volevano saperne di sparire da sé. Quando però ripescavo uno di quei pezzi dopo mesi che non lo provavo, anzi, che non lo guardavo neppure, le parti difficili non mi sembravano più insormontabili e mi imbattevo in nuovi problemi e difficoltà, ma di livello superiore, quindi più interessanti.

È un ritmo interiore che esige di venire rispettato. Non esistono scorciatoie. Senza l'esercizio il processo non si innesca, ma l'esercizio, da solo, non basta. È come nella storiella: due uomini si ritrovano ogni giorno per bere insieme una tazza di tè con molto zucchero. A un certo punto uno dei due sostiene che non sia lo zucchero in sé ad addolcire la bevanda. «E che cos'è allora?», vuole sapere l'altro. «È il fatto di mescolare», risponde il primo. «Ma se basta mescolare, che cosa ce lo metti a fare lo zucchero?», incalza l'amico, malizioso. «Per sapere quanto a lungo devo girare il cucchiaino».

Il violino che ho comprato in quel cortile a Napoli aveva un suono scuro e vellutato, come una consolazione. Non era un capolavoro di liuteria, anzi, la persona che lo aveva fabbricato si vantava di avere lavorato a occhio, come da tradizione: già nel Settecento la scuola napoletana lasciava l'ossessione per i dettagli e le rifiniture ai colleghi di Cremona. La vernice color vinaccia aveva riflessi verdi, tanto che più tardi MR, caustico, mi ha assicurato che a un suo allievo l'avrebbe fatta levare su due piedi. In quel momento, però, quel violino ha rappresentato per me una redenzione, un'occasione per ritrovare la voce che nel mio intimo non cantava più da tempo, da quando ero rimasto «fessurato».

E tutto questo, per vie misteriose, entrava a far parte della storia del mio nuovo strumento, il violino sul quale stavo facendo ricerche, perché senza quell'ennesimo incontro fortuito, senza il mio viaggio a Napoli, anche il resto non sarebbe accaduto, o sarebbe accaduto in forme diverse: quel giorno non mi sarei trovato nel laboratorio di MR e non avrei prelevato il mio futuro violino dall'armadio per provarlo. Questa però è un'altra storia, una storia che qualunque romanziere o sceneggiatore scarterebbe in partenza, tanto appare forzata, piena di cliché, banale. Ma che fare, se la realtà funziona così?

22.
Strade che si intersecano

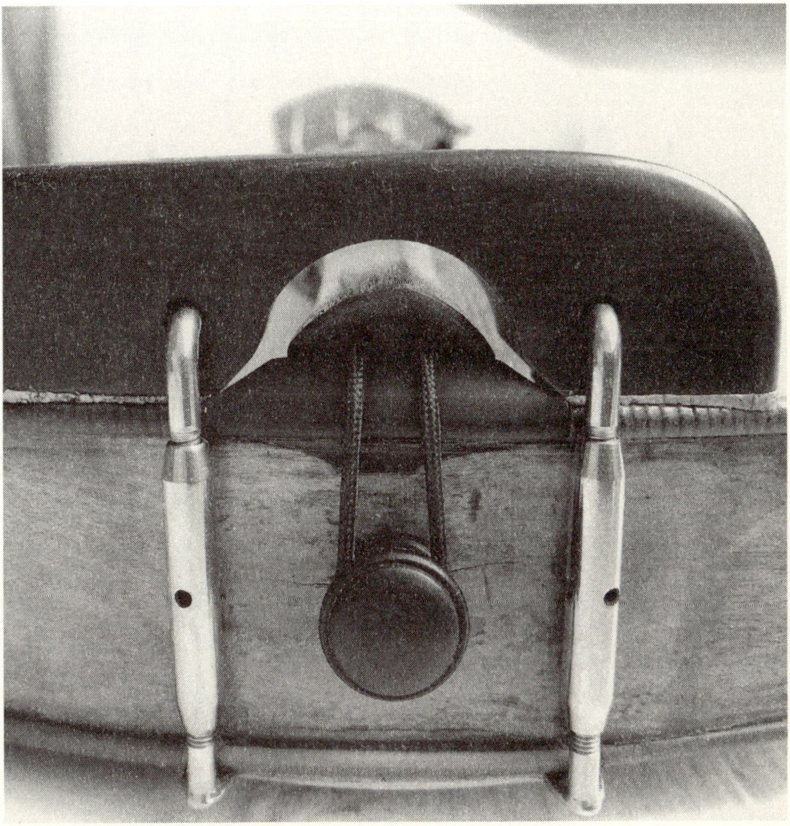

Avevo incontrato MR, senza il quale non mi sarei mai imbarcato in questo viaggio ricco di svolte impreviste, in circostanze curiose che vale la pena ricordare.

Una lontana conoscente di mia moglie lavorava come violinista negli Stati Uniti. Si erano perse di vista da un pezzo, ma un bel giorno quella si fa viva e annuncia un'imminente visita a Vienna. Nel giro di poche settimane era alla soglia di casa nostra.

Ci spiega che cosa la porta in Austria. Era stata sposata fino a poco tempo prima con un noto violinista, ma il matrimonio era andato a rotoli. In sede di divorzio, a titolo di indennizzo, aveva ricevuto il violino del marito, uno Stradivari. Aveva mostrato lo strumento a molti specialisti per essere sicura di spuntare il prezzo migliore e alla fine si era decisa ad affidare il suo tesoro a un commerciante viennese, quello che le aveva proposto le condizioni più vantaggiose: un certo DHM.

Ora però lo strumento era scomparso nel nulla, il commerciante non si era più fatto sentire, non rispondeva al telefono e risultava irreperibile. Sapevamo a chi convenisse rivolgersi per un problema del genere? In fondo abitavamo a Vienna e di sicuro conoscevamo l'ambiente dei musicisti.

Era una vicenda troppo colorita per suonare verosimile, ma per coincidenza avevo da poco ricominciato a prendere lezioni dal maestro concertatore di una delle orchestre cittadine, per cui, alla prima occasione, ho chiesto consiglio al mio insegnante, che di storie del genere ne aveva già sentite. Mi ha reso noto che DHM, nel frattempo, era finito in custodia cautelare, perché di affari poco limpidi, a quanto pare, ne aveva in ballo molti. Altro però non sapeva. Forse un certo MR poteva dirmi qualcosa di più: da qualche tempo si era messo in proprio, ma fino a pochi anni prima aveva diretto il laboratorio di DHM.

Così ho preso il telefono e ho parlato per la prima volta con MR, che lì per lì, prevedibilmente, ha evitato di sbottonarsi. Il mondo violinistico poggia sulla discrezione. Sono tornato più volte alla carica, finché non ha iniziato a lasciarsi andare. «Io glielo avevo detto di non rivolgersi a DHM», ha sospirato: «L'avevo messa in guardia. Le avevo detto che avrebbe proposto il prezzo migliore di tutti, che avrebbe cercato di persuaderla e circuirla, e che poi sarebbero iniziati i problemi. Ma non serve zufolare se il cavallo non vuol bere. Era un bello strumento, quello della signora. Lo avrei venduto senza problemi, anche se non al prezzo che le ha proposto quell'altro».

Nel giro di pochi giorni è dilagato lo scandalo, e la vicenda è finita in pasto ai media: una fiaba perfetta, a base di avidità e megalomania. DHM aveva studiato giurisprudenza, ma suo padre era stato liutaio e commerciante di violini a Brema, e il figlio, a un certo punto, aveva ereditato la bottega. E aveva piani grandiosi per l'esercizio paterno e per il cognome che portava. Come avrebbe confessato più tardi, il fatto di giocare in serie B non gli lasciava pace: non sopportava che gli specialisti più seri e blasonati facessero spallucce quando pronunciavano il suo nome, come per dire che si trattava di gente dappoco, parenti poveri.

DHM era deciso a cambiare le cose, era pronto a tutto pur di farla vedere ai colleghi. Nessun commerciante di violini sarebbe mai stato più grande o più importante di lui, nessuno avrebbe più citato il suo nome se non in tono reverenziale e con invidia. Grazie ai suoi modi carismatici e signorili, l'ambizioso erede di una bottega di famiglia aveva dato inizio a una folgorante ascesa. Il piano era semplice: comprare e vendere soprattutto Stradivari e Guarneri del Gesù, i due nomi più celebri e costosi della storia. Gli strumenti che costavano meno di una limousine erano tutti violini della mutua, o «violini di Topolino», come li chiamava lui. Quelli non li toccava neppure.

Erano gli anni del boom delle banche, i brutali e volgari anni ottanta e novanta. Molta gente si era ritrovata all'improvviso per le mani più soldi di quelli che riusciva a spendere. Ben presto i più esclusivi strumenti ad arco hanno iniziato a figurare insieme ai dipinti d'epoca o all'arte contemporanea nel portfolio di ogni banca e fondazione degne di rispetto, mentre i collezionisti privati si scoprivano appassionati di strumenti d'epoca: sempre e solo i grandi nomi, che di conseguenza iniziavano a farsi ancora più rari e costosi. Di lì a poco i musicisti che aspiravano a fare carriera da solisti si sono visti costretti a ricercare la protezione di un mecenate o di una fondazione per poter mettere le mani su uno strumento di prim'ordine. Una situazione che conveniva a tutti, almeno sulla carta, perché se un giovane virtuoso suonava un certo Stradivari ne conseguiva automaticamente che quello strumento valeva molti soldi, era evidente.

DHM è riuscito a cavalcare alla grande quell'onda montante. Era un uomo di mondo, conosceva tutti, si faceva vedere in giro, esigeva sempre il meglio. Nel giro di breve tempo aveva aperto succursali a Zurigo, Parigi, Tokyo e Vienna. All'epoca MR dirigeva il suo laboratorio di Brema: restaurava strumenti antichi, li riparava ecc. A volte, come altri dipendenti, stentava a capire come il suo datore di lavoro fosse riuscito a diventare un *global player*, ma della contabilità si occupava una segretaria dell'ufficio di Zurigo, e MR aveva già abbastanza da fare con gli strumenti.

Intanto la fulminea ascesa di DHM non accennava ad arrestarsi. Ormai aveva una galleria a New York, a Broadway, proprio davanti al Lincoln Center, dove esibiva violini all'interno di scrigni foderati di velluto con il suo marchio. Nel frattempo aveva spostato una parte delle sue attività a Vienna, stabilendosi nel Primo distretto, il quartiere nobile. E dove se no? La sua dimora privata era in campagna, un castello con tanto di parco che aveva comprato per sé e per la sua giovane moglie, oltre che per ospitare la sua collezione di automobili, nella quale figuravano quattordici Bentley, dieci Rolls-Royce e due Maserati. Viveva come un autentico *gentleman*, e ben presto riuscì anche a inventarsi un dettaglio biografico *ad hoc*: raccontava in giro di essere un lontano discendente di Guillaume de Machaut, il celebre compositore del XIV secolo.

La scalata ai vertici della buona società proseguiva inesorabile. DHM aveva ormai realizzato l'obiettivo che si era prefisso: era diventato il numero uno al mondo, il riferimento per eccellenza di chi cercava strumenti di assoluto pregio, una persona con la quale non si poteva non fare i conti: nel suo castello riceveva musicisti, commercianti di strumenti, collezionisti e uomini politici, sfoggiando la sua collezione di auto. C'erano voluti tanto lavoro, coraggio e un pizzico di scaltrezza. Dal vivo dava l'impressione di un uomo talmente carismatico, serio, degno di ogni riguardo che veniva da prenderlo sempre in parola, e non erano solo i gonzi a cascarci.

Per finanziare i suoi affari colossali non esitava a indebitarsi con tutta una serie di banche, alle quali forniva come collaterale strumenti di grandi maestri italiani, ottenendo in cambio crediti per milioni e milioni. Le banche non mettevano in dubbio le stime da lui stesso fornite sul valore dei violini che venivano proposti a garanzia: non per nulla molti di quegli strumenti erano Stradivari, e l'uomo che si era presentato nei loro uffici, aprendo sotto i loro occhi una custodia foderata di velluto tigrato e mostrando con la solennità di un consumato teatrante lo strumento che nel giro di poche ore sarebbe scomparso in cassaforte, era il massimo esperto nel settore. Solo più tardi sarebbe emerso che molti di quei presunti capolavori erano in realtà delle copie a buon mercato realizzate in Sassonia nel XIX secolo: il genere di strumento che si può trovare ancora oggi al mercatino delle pulci. Il segreto era tutto nella messinscena.

Nei primi anni dieci del XXI secolo, ormai, le compravendite del principale mercante di violini al mondo tendevano a finire nelle aule di tribunale, tra avvocati, conflitti e problemi giuridici di ogni sorta. Vari clienti non avevano più rivisto gli strumenti che gli avevano affidato, oppure non avevano mai ricevuto il corrispettivo in denaro o, ancora, la somma era solo una parte di quella pattuita, quando addirittura si erano visti restituire delle contraffazioni, oppure avevano comprato da lui a prezzi del tutto ingiustificabili strumenti accompagnati da false perizie di esperti prezzolati, o per i quali suoi agenti avevano rilanciato di concerto a un'asta. Certi strumenti erano stati venduti due volte a persone diverse, oppure dei soldi erano passati di mano per violini che non esistevano neppure. Lui mentiva, smentiva e trovava sempre il modo di abbindolare nuovi polli, ma con il tempo la situazione iniziava a incrinarsi.

All'epoca MR si era già chiamato fuori da un pezzo: viveva male quella situazione ansiogena. Così si era messo in proprio. E ora, dalla sua abitazione nei sobborghi di Vienna, contemplava a debita distanza la titanica caduta del suo ex datore di lavoro, ai primi successi del quale aveva contribuito lui stesso, ponendo al servizio di quello il suo occhio, la sua mano paziente e la pacatezza dei suoi modi. Da quando lui e altri colleghi avevano abbandonato la nave, sulla società e sull'aristocratico castello in Bassa Austria erano iniziati a piovere guai.

Le domande di rimborso e i reclami a carico di DHM si aggiravano in totale sui cento milioni di euro. Da qualche parte in quella massa di strumenti svaniti, fatti sparire o occultati c'era anche lo Stradivari della nostra conoscente americana, che però, come non pochi di quei pezzi di valore, non sarebbe mai saltato fuori. Nel frattempo DHM, l'uomo dalla bocca di miele, taceva. Si trovava in custodia cautelare, mentre la sua ex segretaria zurighese si era tolta la vita tagliandosi i polsi con un coltello per il pane nei locali registrati come sede della succursale a Zurigo, che in realtà era un appartamento.

Colpi di scena così drammatici e sanguinosi non capitano spesso nel mondo dei violini d'epoca, che pure conta un'intera pleiade di virtuosi benedetti dal cielo, di posseduti dal demonio e perfino di emeriti farabutti. Un mondo che ruota intorno alle origini, alla magia dell'autentico, animato da un fremito quasi religioso che spesso è fin troppo facile manipolare.

Ogni mondo produce le sue leggende, e alcune sono vere, come la storia del mitico Stradivari del 1713 appartenuto al grande violinista polacco Bronisław Huberman, trafugato nel 1936 dal guardaroba della Carnegie Hall mentre l'artista si esibiva con un altro strumento, un Guarneri. Per vari decenni dopo il colpo non si hanno più notizie della refurtiva. Poi, nel 1985, si fa viva la moglie di un orchestrale sconosciuto e si dice pronta a restituire lo strumento. L'uomo le aveva confessato sul letto di morte di averlo trafugato da giovane. Aveva studiato il furto insieme a sua madre, che aveva sempre sognato di fare di lui un illustre virtuoso ed era pronta a qualunque bassezza pur di procurare al figlio uno strumento di caratura mondiale, tanto da affittare per sé e per i figli un appartamento a due passi dal teatro newyorkese dove si esibivano i più grandi solisti.

In attesa della gloria, il futuro virtuoso aveva trovato lavoro al Bear Bar, un locale attiguo alla sala da concerto. Qui si esibiva la sera in costume da cosacco con tanto di berrettone di pelliccia, camicia bianca, pantaloni con lo sbuffo e stivali. Nelle pause aveva stretto amicizia con i portieri della Carnegie Hall. A volte portava loro da fumare, come in quella sera fatidica. Il simpatico giovanotto, ancora travestito da cosacco, un grosso mantello drappeggiato sul costume di scena, propone ai custodi di prendere il loro posto per cinque minuti mentre vanno a fumarsi in pace uno dei sigari che aveva portato. Quando il custode ritorna, il giovane è ancora dove lo aveva lasciato, avvolto nel suo tabarro. Si trattiene ancora qualche minuto a fare due chiacchiere. Cerco di immaginare che cosa provasse in quei momenti, mentre sedeva con il violino già nascosto tra le pieghe del mantello, conversando del più e del meno.

Per tutta la carriera avrebbe suonato lo Stradivari di Huberman, anche se l'agognata gloria di solista non si sarebbe presentata all'appuntamento: dapprima aveva trovato lavoro come orchestrale presso la National Symphony Orchestra di Washington, per poi scivolare in una serie di ingaggi via via sempre meno gloriosi e più precari. Solo al termine della sua esistenza, i cui ultimi anni aveva trascorso dietro le sbarre dopo aver tentato di abusare della nipote della seconda moglie, avrebbe finito per vuotare il sacco. Dopo la sua morte il violino viene autenticato e la vedova lo propone alla società di assicurazione Lloyd contro una ricompensa di 263 mila dollari.

Esistono varianti più o meno fantasiose di questa storia: un autentico folklore, come nella mitologia greca. Secondo una delle versioni, fasulla ma senz'altro più accattivante, il ladro era un morto di fame che tirava a campare come musicista jazz in qualche bettola non lontano dalla sala da concerto e aveva camuffato lo strumento con del lucido da scarpe nero per renderlo irriconoscibile. Un capolavoro della scuola cremonese del XVIII secolo in *blackface* a New York: come resistere a un'idea del genere? Sono immagini che tendono a sovrapporsi al ricordo. A quanto pare, la fortuna musicale non ha arriso al ladro, nonostante il suo Stradivari, perché negli ultimi anni, prima di finire al fresco per avere allungato le mani sulla nipote, era tornato alle occupazioni di gioventù, suonando nei ristoranti in cambio del salario minimo.

Lo Stradivari di Huberman è stato portato a Londra, restaurato con ogni cura e poi acquistato da uno dei più brillanti violinisti della sua generazione, che se ne è servito per un piccolo esperimento sociale: si è appostato in una stazione della metropolitana di New York e si è messo a suonare Bach. La sera prima aveva dato un concerto alla Carnegie Hall e aveva ricevuto una *standing ovation*, mentre ora nessuno sembrava avere tempo per la sua musica: andavano tutti di fretta, solo di quando in quando un viaggiatore si soffermava ad ascoltarlo prima di tirare dritto.

23.
La possibilità di un volto

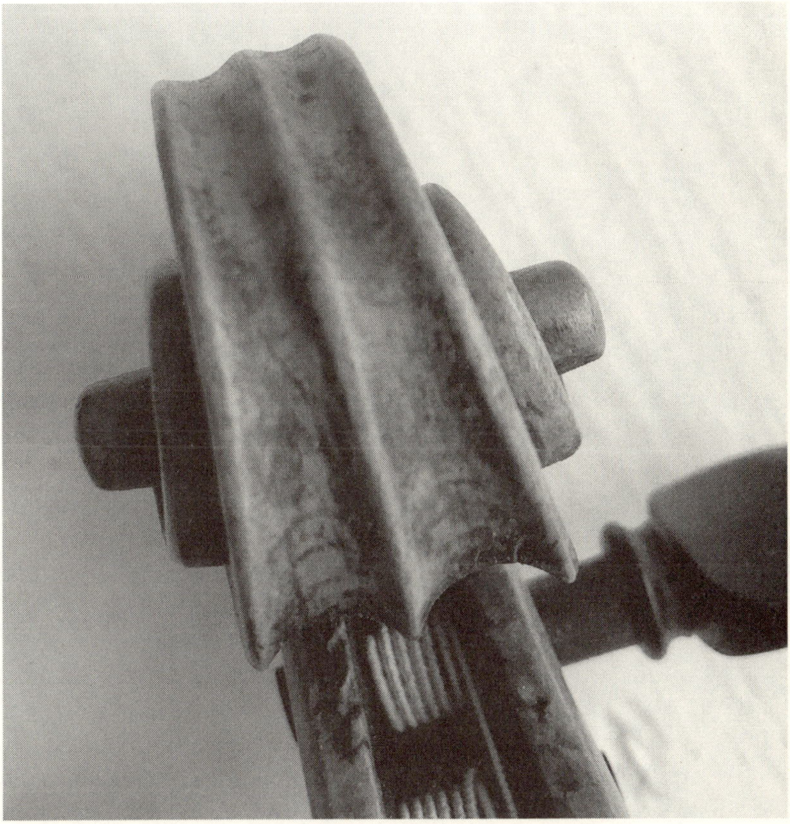

È molto probabile – anzi, è praticamente certo – che non esista alcuna immagine di Hanns *alias* Zuanne: nessun ritratto a olio, nessun disegno, nulla che sia mai stato stampato in un libro, nessuno schizzo fissato in pochi tratti, neppure una descrizione a parole. Anzi, per tutto il XVIII secolo non ci rimane un solo ritratto di liutaio: né dei maestri veneziani, né degli Amati o dei Guarneri, né degli Stradivari, né di Jacob Stainer, né di altri.

Quell'assenza parla di un prestigio sociale tutto sommato piuttosto modesto, ma anche di un certo atteggiamento esistenziale. Gli artigiani non erano gente da commissionare ritratti: quello era un lusso per gli altri, per i signori, per i nobili, per la borghesia più facoltosa, per le star. Nessuna effigie neppure sull'etichetta apposta all'interno della cassa armonica, perfino quando il cognome era latinizzato. Un dettaglio che tradisce una fierezza sobria e lungamente maturata negli anni.

I fabbricanti di liuti del Rinascimento erano geometri e matematici, frequentavano i compositori e gli eruditi del loro tempo, di cui leggevano le opere, come peraltro gli umanisti suonavano il liuto. L'uso di latinizzare il nome dell'artigiano sull'etichetta parla di professionisti consapevoli del proprio rango, consapevoli di provenire da una certa tradizione intellettuale e scientifica, alla quale tenevano molto. Stradivari diventa Stradivarius, Santo Serafin diventa Sanctus Seraphinus ecc. Matteo Goffriller, invece, rimane caparbiamente attaccato al suo nome vernacolare, con il quale firma. Forse gli era già bastato cambiare nome una volta. Forse agli albori del XVIII secolo l'uso di latinizzare il cognome gli sembrava fuori moda, mentre lui si sentiva un moderno. Un'ipotesi tentatrice.

Ma le idee seducenti vanno sempre assaporate con moderazione. Di fronte a uno strumento musicale dall'accento straniero viene spontaneo ricercare nelle sue forme e nelle sue peculiarità la personalità del suo costruttore. Spesso e volentieri, però, le mani non erano solo due. Nelle botteghe più grandi potevano trovare impiego anche una mezza dozzina di lavoranti esperti, se non di più, e non di rado erano loro a sbrigare buona parte della produzione, lasciando al maestro un ruolo non dissimile da quello che oggi compete allo chef di una cucina stellata, che definisce uno stile, ma di certo non sbuccia le patate.

Se davvero lo strumento si può leggere come un ritratto, insomma, è più che altro una foto di gruppo nella quale si stagliano con chiarezza certi visi e certi tratti somatici: un'immagine alla quale ciascun autore ha apportato certi specifici dettagli, la traccia di una mano, un certo senso delle proporzioni, certi gesti tramandati in bottega e certi altri dovuti all'estro personale; un certo tipo di manualità, un certo lustro nella vernice che magari riusciva a questo ma non a quello, una certa bombatura che soltanto un altro dei lavoranti riusciva a rendere così fluida e naturale.

Il soggetto di quel ritratto plurale è un uomo che vive all'estero, in un piccolo mondo, in un piccolo segmento della popolazione che parla una lingua a parte, va a messa nella stessa chiesa, un piccolo gruppo nel quale tutti si conoscono e si danno una mano a vicenda, una rete invisibile di rapporti umani raccolta intorno a un centro: l'idea di una patria che molte di quelle persone non avevano mai visto, o avevano visto per l'ultima volta solo da bambini, una lontana terra promessa, la scaturigine della solidarietà che univa tra loro i figli e le figlie di quella terra natale; la tipica nostalgia dell'emigrante.

Se le creazioni di queste persone e la loro inconfondibile calligrafia sono davvero il prodotto di un lavoro di squadra, questo accade perché tutte quelle mani sapevano lavorare soltanto in

Pietro Longhi,
Uomo che suona il violino

quel modo, cooperando; l'unica vita che quelle persone conoscevano non perdeva occasione per ricordare loro che ciascuno era parte di un gruppo dalla forte coesione interna, ma spesso spaventosamente debole nei rapporti con l'esterno – vedi il caso di Abramo Tieffenbrucker.

***

Che aspetto aveva l'uomo del quale non è rimasto alcun ritratto? A volte, all'improvviso, avevo come l'impressione di vederlo svoltare un angolo di strada, laggiù, per una frazione di secondo – un'impressione visiva – una macchia di luce e colore che già dileguava; per poco non lo vedevo in viso, nel secolo sbagliato, nella città sbagliata. Hanns era un fantasma, la semplice metafora di un uomo, un liutaio con quattro, sei, otto mani il cui lavoro aveva conservato un'eco a trecento anni di distanza, anche se la biografia di quello strumento può emergere ormai solo da rare e lacunose tracce documentarie sopravvissute per coincidenza.

Eppure esistono anche appigli meno effimeri per tentare di farsi un'idea del possibile aspetto di Zuanne. Un disegno dell'artista veneziano Pietro Longhi (circa 1750) mostra un giovane uomo intento a suonare il violino. Con le sue forme ben marcate e la sua vernice rossastra, è ben possibile che si trattasse di uno strumento di fabbricazione veneziana. Il giovane uomo tiene il piano del violino quasi verticale, ruotando lo strumento contro la spalla, come per accompagnare una danza, magari suonando la seconda parte di un pezzo a più voci. La posa è colta dal vero con molta finezza. Forse sta suonando a una festa, dato che indossa una redingote e una camicia con le gale ai polsini. I capelli sono raccolti sulla nuca da un fiocco nero. Il ciarlatano Michele Deconet non era l'unico musicista sulla piazza.

Non pochi liutai dell'epoca arrotondavano gli introiti esibendosi in concerto, da soli o con un'orchestra, ed è senz'altro possibile che in quella veste il giovane Zuanne abbia potuto prendere parte alla strabordante ricchezza musicale della sua nuova patria. Se questo libro fosse un film, terminato il lavoro lo vedremmo indossare una maschera e confondersi nella folla festante, osservare l'agitazione ai tavoli da gioco, forse conversare con una dama, poi magari accompagnarla a casa, fare bisboccia con i compagni di orchestra come Casanova e far passare i bordelli cittadini. Questo libro, però, non è un film. Nulla di tutto questo emerge dai documenti, ed è più probabile che Zuanne, in quanto membro di una piccola comunità nella quale tutto si veniva a sapere, abbia condotto una vita più ritirata e sobria di così, anche se in una città come Venezia è difficile proibirsi di immaginare certe scene – un'istantanea dalla vita di uno sconosciuto.

Un'altra polaroid dell'epoca, cioè un altro schizzo fermato su carta intorno alla metà del Settecento, mostra un uomo maturo, evidentemente un artigiano, con tanto di grembiule e pipa in terracotta, vestito di una semplice casacca e con un berretto in testa. Il foglio è dovuto alla mano di Antonio Canal, più noto come Canaletto, celebre soprattutto per le sue vedute, che andavano a ruba tra i ricchi viaggiatori stranieri. Anche lui era un buon osservatore. Il cosiddetto *Uomo con la pipa* mostra un artigiano in un momento di relax: un uomo ben piantato con un principio di adipe, la linea del mento non più così nettamente disegnata, chiaro segno della mezza età incipiente. Nulla impedisce di immaginarlo liutaio, un artigiano che ha fatto strada nella vita, magari senza arricchirsi, ma conquistandosi una

Canaletto,
Uomo con la pipa

posizione solida nella comunità e nel quartiere, e una buona reputazione tra i colleghi e i clienti. Sembra un uomo soddisfatto del suo destino.

La figura è ripassata a china, ma sotto l'inchiostro si indovina ancora uno schizzo dettagliato a matita. Particolare curioso, l'uomo a matita ha gli occhi più vicini alla radice del naso e sembra quasi guardare il mondo con un'espressione di timore panico. Nella versione definitiva, invece, lo sguardo è placido e più che altro divertito. Questo è un uomo che ne ha viste ben altre, un uomo che ha saputo cavarsela, un uomo che ha dovuto affrontare delle avversità, ma che ora si è lasciato il peggio alle spalle. Chissà se Hanns/Zuanne poteva dire altrettanto. Chissà se è riuscito a ricavarsi un posto nella vita o se ha condotto fino all'ultimo un'esistenza precaria.

Campo Santi Giovanni e Paolo a Venezia, in una tela di Canaletto del 1738

Particolare del dipinto di Canaletto raffigurante una coppia di uomini a passeggio, in procinto di attraversare un ponte

Le opere di Canaletto non sono sempre state il frutto di un grande afflato artistico, anzi: spesso erano opere di bottega, come i violini di Goffriller. Eppure basta gettare uno sguardo alla sua veduta di *Campo Santi Giovanni e Paolo* per sentire che è riuscito a evocare con pochi mezzi un'intera società. Una gondola attraccata alla sponda, forse per accompagnare a messa qualche personaggio importante; a prua un signore in una cappa rossa si prepara a scendere. Sullo sfondo passeggiano persone non meno eleganti, dirette verso il portone della chiesa.

A rendere interessante il quadro, però, non è quell'abbozzo di un'azione scenica: è il fatto che quella chiesa dista meno di mezzo chilometro dal quartiere dove abitavano gli artigiani tedeschi, dal quale la separano solo tre ponti. In quella zona il paesaggio umano doveva essere grossomodo simile a quello che si vede nel quadro: dai mercanti dei Balcani con il loro fez scarlatto fino al gondoliere dagli abiti sgargianti, passando per il giovane uomo in semplici abiti marroni che siede sulla scalinata e per l'uomo con la cappa grigia che sembra esitare per un istante sulla destra della composizione, dalla donna uscita per commissioni con il bambino e il cane fino alla strana coppia sul ponte all'estrema sinistra.

Un signore in abiti elegantissimi con una redingote azzurra e false maniche gialle all'ultima moda, i capelli incipriati e uno splendido tricorno sotto il braccio sinistro sembra voler passare dall'altra parte. Accanto a lui, o meglio dietro di lui, si intravede un'altra figura. Avanza leggermente curva con una giacca beige e un panciotto color senape, un cappello nero in testa. È una persona semplice e si vede subito, non è né nobile né ricco: è un uomo che si guadagna da vivere con le proprie mani.

Forse è il servitore dell'uomo elegante, o forse i due stanno solo camminando nella stessa direzione. Forse invece quella figura con il viso coperto dall'ombra del cappello, ridotto a qualche tocco di colore, è un'altra opportunità per sorprendere Zuanne poco prima che svolti di nuovo l'angolo, mentre attraversa un ponte: un breve istante in cui pare di averlo riconosciuto per poi vederlo scomparire di nuovo.

24.
Del feticismo

È come se un contatto assiduo di tipo tattile, specialmente nella quotidianità del lavoro o della creazione, conferisse agli oggetti una sorta di «virtù» personale, un potere di feticcio nel senso antropologico del termine, singolarmente invulnerabile al passare del tempo. In un racconto Gautier scrive che in assoluto le immagini più evocative del passato vivente di Pompei sono le mezzelune brunastre lasciate dai bicchieri degli avventori sulle lastre di marmo di una taverna del I secolo.

RICHARD HOLMES, *Footsteps*

Le dita del passato si protendevano verso di me. Mi sembrava quasi inconcepibile che le mie mani, quando suonavo il violino, sfiorassero quelle di un contemporaneo di Bach e Luigi XIV, e che da allora tutta una serie di miei predecessori avessero posseduto quello strumento, ciascuno non meno reale di come ero io, eppure tutti, nessuno escluso, caduti vittima dell'oblio e del disfacimento, tanto che sul loro conto non avrei mai saputo nulla.

Nonostante quelle morti, il mio strumento era stato testimone della Rivoluzione francese e degli anni Biedermeier, dell'Impero austroungarico e del suo tracollo. Chissà, forse il violino che oggi era il mio aveva riposato in un appartamento viennese mentre la polizia e la Gestapo cacciavano di casa uomini e donne muniti di una piccola valigia per farli salire a bordo di treni diretti a est; mani diverse lo avevano stretto, e per secoli ne avevano ricavato suoni nuovi e inattesi.

L'unica mia certezza: lo strumento era stato riparato e modernizzato a Vienna nel 1882, all'epoca dei Brahms e dei Mahler. Sapevo poi che il mio amico MR lo aveva comprato da una famiglia viennese alla quale era appartenuto per decenni, però non sono mai venuto a conoscenza del cognome, perché MR è un amico, ma la discrezione viene innanzitutto. Se non altro, nel 1882 lo strumento deve essere sembrato talmente malconcio a causa del lungo utilizzo che qualcuno ha deciso di investire del denaro per rimetterlo a nuovo, e per giunta rivolgendosi a Voigt, all'epoca uno dei grandi indirizzi viennesi. Se a servirsene era un violinista di professione, però, non si poteva escludere che il mio strumento avesse preso parte alle prime esecuzioni di sinfonie e opere da camera di compositori che mi erano carissimi. Forse si trovava a Vienna già dall'epoca di Mozart e di Beethoven. Chissà, forse a portarlo in Austria era stato proprio il povero Antonio Vivaldi, che nel 1740, pieno di speranze, fa le valigie per la capitale imperialregia, per ritrovarsi nel giro di breve tempo senza un protettore, solo, non più moderno a sufficienza, al crepuscolo di una carriera. Lo stesso Vivaldi che in gioventù aveva commissionato a Goffriller vari violini per l'Ospedale della Pietà era morto l'anno seguente a Vienna, in miseria. Quante risonanze storiche poteva mettere in vibrazione uno strumento del genere! Fantasie suggestive, ma niente di più. Tutte quelle cose erano scomparse per sempre nelle tenebre del tempo, e la realtà, per nostra sfortuna, è sempre più melodrammatica e insieme più banale della più sperticata fantasia.

Mi sentivo animato da una fede quasi animista nella storia degli oggetti, da una sorta di totemismo: un culto laico degli antenati che si faceva beffe di tutti i principi che professavo sul piano razionale e analitico. Contro ogni evidenza, tutte le mani che nel corso delle varie epoche, in circostanze diversissime tra loro, avevano toccato quel violino, i brani che lo avevano fatto cantare, dovevano essere in qualche modo ancora presenti nello strumento, come se avessero lasciato delle tracce invisibili.

Poi, si capisce, c'erano anche delle tracce *visibili*: i graffi, i restauri, il manico nuovo e le parti consumate che qualcuno aveva rimpiazzato con grande perizia. Però le mani, tutte quelle mani, quelle note, quelle biografie che si erano intrecciate all'oggetto, come se i legami che lo ancoravano a esistenze svanite nei secoli, simili a imponderabili fili di ragnatela, fossero rimasti aggrappati al legno e mi guidassero nel buio profondo verso innumerevoli snodi dimenticati – le mani, insomma, per me contavano molto di più.

In termini razionali quelle mie fantasie mi facevano inorridire, perché assomigliavano in modo inquietante a certe sciocchezze esoteriche nelle quali non credo affatto, anzi, che trovo estremamente noiose. Forse quelle immagini erano soltanto una metafora poetica per significare il nesso che mi legava a quelle persone nel nome di una pratica condivisa che ci accomunava tutti oltre i secoli: esercitarsi, suonare, imparare, sbagliare, provare frustrazione o un senso di profondo appagamento, come capita a chiunque abbia mai preso in mano un violino. Il mio speciale interesse per gli oggetti d'epoca scaturiva proprio da considerazioni di quel genere: il fatto che fossero passati di mano per tante generazioni, che fossero stati arricchiti da tante biografie individuali.

Avevo ottime ragioni per diffidare di simili sentimenti. Una ventina di anni prima io stesso avevo scritto un libro sulla passione del collezionismo, uno studio sulle forze oscure che muovono le persone cadute vittima dell'incantesimo degli oggetti, ed ero sempre stato fiero di non essere a mia volta un collezionista, di non provare alcun bisogno di quelle stampelle esistenziali, mentre ora ero costretto a riconoscere di essermi sbagliato sul mio conto.

L'amore per gli strumenti d'epoca, fra tutti, è di un feticismo addirittura clamoroso. Decine e decine di test alla cieca con celebri violinisti e grandi musicisti che si esibiscono davanti a un pubblico hanno dimostrato che sia gli strumentisti che gli spettatori, quando non sanno di che violino si tratta, tendono spesso a preferire il suono degli strumenti nuovi.

I risultati di quei test non sono mai del tutto univoci e inappellabili, perché anche in fatto di suono gli ideali evolvono nel tempo, perché esistono strumenti più facili da «domare» e altri che perfino i musicisti esperti devono imparare a conoscere e scoprire con il tempo, e perché non tutti i vecchi violini che costano una fortuna hanno anche un suono che giustifica il loro prezzo in termini musicali (un prezzo che deriva da fattori come la rarità, il nome, la provenienza, le condizioni, la documentazione).

Al tempo stesso, è indubbio che alcuni degli strumenti fabbricati dai maestri di oggi (acquistabili per una frazione di quel prezzo) possono tranquillamente misurarsi con i capolavori del passato: strumenti che un musicista si può permettere senza ipotecare la casa e senza dover dipendere dalle buone grazie di un mecenate o di una fondazione per avere a disposizione un buon violino. Io stesso ho suonato per anni un violino moderno, comprato a Napoli per una cifra modesta, eppure il suo suono non ha mai smesso di stupirmi.

Devo ammettere che anche in quel caso c'erano di mezzo le dita del passato, cioè il ricordo di quel colorito episodio. Indubbiamente una parte di quell'esperienza aveva a che fare con l'incantevole cortile sul retro di un palazzo e con la piccola bottega popolata di persone simpatiche, autentiche e paghe della loro esistenza di artigiani (quantomeno ai miei occhi di sognatore); e con il fatto che Napoli poteva vantare una lunga e ininterrotta tradizione nel campo della liuteria, una tradizione che il mio violino rispecchiava appieno; e con il fatto che Napoli era sempre Napoli, con la sua inconfondibile energia oscura e dinamica, con il suo profumo di cose in disfacimento. Se devo essere sincero, c'erano di mezzo tutte queste cose, non poteva essere altrimenti. Suonare quel violino, per me, voleva dire ricordarmi del giorno in cui avevo ritrovato la voce in un cortile dove il tempo non passava da almeno trecento anni o, se passava, lo faceva a un ritmo più indolente che altrove.

E ora, di fronte a quel violino fabbricato a Venezia nei primi anni del Settecento (quantomeno stando alla mia ipotesi), sentivo di avere ricevuto un dono e insieme di avere contratto un obbligo, mi sentivo al cospetto di una serie di mani invisibili che avevano portato fino al sottoscritto quello strumento dalle profondità del tempo, facendo di me un ennesimo anello di una catena che, me lo auguro, durerà ancora per molti, molti decenni a venire. Forse fra trecento anni qualcuno poserà le mani esattamente dove le ho posate io – dico forse perché di qui a trecento anni, temo, le persone avranno altro cui pensare che la musica, anche se proprio la musica è sempre stata per molti una sorta di rifugio nei tempi difficili e nei momenti di crisi esistenziale.

Osservavo affascinato le mie stesse emozioni un po' come un entomologo studia un coleottero che in teoria non dovrebbe andare a zonzo in una certa stagione o a certe latitudini. Grazie a esperti, analisi e confronti sono riuscito a strappare al mio violino alcune informazioni, e in parallelo, in una chiave del tutto non scientifica, ma proprio per questo tanto più irresistibile, ho proiettato ogni sorta di realtà e situazioni, idee e sentimenti su questo piccolo scrigno di legno. Un riflesso che in fin dei conti aveva qualcosa di religioso.

Il mio istintivo feticismo mi lega a tutta una serie di mani, ovvero di persone unite da preoccupazioni comuni, da sforzi comuni e da una lingua condivisa, anche se non si sono mai conosciute, spesso neppure di fama. È una sensazione che tranquillizza, comunicando l'impressione di un senso, di uno scopo, di una struttura. Sotto le mie dita si sono incontrate due persone vissute tre secoli fa: Johann Sebastian Bach e Zuanne il Todesco, che forse non è mai esistito. Le nostre mani, le nostre dita, il nostro comune impegno hanno disegnato un terzetto che trascende i secoli. Senza l'aiuto degli altri due nessuno di noi tre avrebbe potuto realizzare il suo obiettivo di sfiorare altre persone con il lavoro delle proprie mani.

Questo bisogno di assoggettare a un controllo razionale i torbidi sentimenti che si agitavano nel mio intimo è stato il salutare riflesso che nonostante la forza e il carattere subdolo di quelle emozioni mi ha preservato dall'errore di confondere forme e contenuti. Il contenuto era un profondo bisogno soggettivo di continuità, senso, struttura, una mia costante personale, forse un tratto innato del mio carattere, una nostalgia senza oggetto reale. Quell'anelito sempre assetato di senso si aggrappava a forme diverse, a tutto ciò che, per l'appunto, poteva essere venerato, ritualizzato, portato in processione. Chi va in cerca di senso e struttura ha molte possibilità: collezionare francobolli o diventare jihadista, farsi musicista, lettore, tifoso di calcio.

«Collezionare significa riempire il vuoto», mi ha confidato una volta un anziano che beveva. È stato più di vent'anni fa, quando lavoravo al mio libro sui collezionisti. Una frase che riassume una situazione complessa con un virtuosismo di concisione che fa pensare alla poesia. Il vuoto è un certo sentimento della vita, la voragine esistenziale che si spalanca da qualche parte e si inabissa nelle profondità del buio che abita in noi. Nessun oggetto ha il potere di riempire quel vuoto, eppure non smettiamo mai di scaraventare oggetti nel baratro, nell'inesausta speranza di riuscire a colmarlo. Nessun collezionista c'è mai riuscito, eppure, così facendo, si crea pur sempre uno spazio carico di senso – la collezione, la memoria comune – nel quale le storie hanno un inizio, un punto di mezzo e una fine, e gli oggetti hanno un valore, una chiara gerarchia. Un piccolo mondo ordinato che non ha il potere di cancellare il vuoto, ma che di quando in quando riesce se non altro a farcelo dimenticare.

Giocare con il proprio feticismo, con il proprio bisogno, anzi, con la propria disperata sete di storia e di senso, senza reprimerli e senza dissimularli, è un esercizio difficile, ma indispensabile alla sopravvivenza dell'individuo. Già prima di Sigmund Freud, autori come Diderot o Montaigne hanno compreso e descritto che cosa succede quando uno cerca di sopprimere quell'anelito, e quello invece continua a crescere. Non è facile spazzare via nel giro di poche generazioni millenni di animismo e culto degli antenati. I vecchi miti sono crollati sotto il peso dei fatti, ma gli uomini continuano a fabbricarsene di nuovi, mossi da un bisogno irreprimibile.

Io stesso non potevo fare a meno di riconoscere che tutte quelle mie ricerche servivano a fabbricare e abbellire un mito personale, allestire uno studiolo privato, un teatro del ricordo nel quale certi fatti storici improvvisavano grandi arie e recitativi comici alla luce tremolante delle candele, accompagnati dall'orchestra al gran completo e con tanto di divinità sospese a mezz'aria: un diorama a mio uso e consumo.

E a lungo andare il pubblico di un teatro del ricordo – che peraltro coincide con il drammaturgo, con gli attori, con gli arredi, le scene e le storie – rischia di sprofondare nella follia se le forme del proprio desiderio non vengono continuamente messe a confronto con i nudi fatti. Le mie ambizioni musicali di gioventù erano naufragate, la mia vita aveva imboccato un'altra direzione, ed era cambiato anche il modo in cui guardavo al mondo della musica, che da fuori pare tanto piccolo, ma dall'interno è immenso e totalizzante. Il fatto di essermi confrontato con i miei limiti, con la mia mancanza di talento puro, mi aveva indotto a vedere quel mondo in una prospettiva nuova e con una comprensione che prima mi mancava, anche se quella comprensione ha impiegato anni per mettere una certa compostezza al posto dell'originaria delusione.

La necessità di imporre al mio desiderio dei parametri oggettivi era una sfida quotidiana. Una sfida che si perde sempre, credo, ma che si può perdere in modo consapevole. Nessuno può venire in chiaro dei propri moventi senza lasciare almeno un po' d'ombra ai margini, nessuno può entrare e uscire dalla propria pelle. Eppure vale comunque la pena di tentare ogni giorno di capire almeno qualcosa, di scrutare con il pensiero nelle profondità e negli abissi del passato, restando vigili, alla ricerca dei mille collegamenti, intrecci e spostamenti che la vita intesse senza posa nella sua rete, una rete che non possiamo mai capire del tutto, ma dalla quale non ci è dato evadere. Questo costante protendersi verso la comprensione non risolve tutti i problemi, ma rende la vita più ricca e le decisioni più facili, almeno talvolta, soprattutto avvicina le persone.

Un oggetto è come un amo dai minuscoli barbigli affilati che ancora al presente la vita e il mondo dai quali proviene. L'estremità della lenza si perde nel buio, più in là di quanto possiamo mai ambire a penetrare. Eppure c'è una voce, anzi, un coro di voci che grazie a quell'oggetto materiale ripete per l'ultima volta: «Remember me!», sono esistito anch'io, un tempo non sono stato meno reale di te, le mie paure, i miei piaceri, le mie gioie e i miei dolori non erano meno incontenibili dei tuoi, ciascun essere umano è stato il centro di gravità di un mondo fatto di desideri e ricordi, e di tutti quei mondi non rimane più un atomo, come se non fossero mai esistiti; soltanto *questa cosa qui* attesta che abbiamo vissuto, che abbiamo respirato. Prendila in mano. Ascolta la risonanza delle nostre voci.

Accanto a questa dimensione, che potremmo chiamare un'eco vivente del ricordo, nel mondo della musica esiste un'altra forma di feticismo: un feticismo ufficiale, del tutto privo di interesse, fatto di meri nomi, e che spesso degenera in pomposa leggenda. La sua logica è trasparente e ha una struttura e una gerarchia proprie, con i suoi record all'asta, i suoi aneddoti, i suoi timori reverenziali, il brivido sacro dell'autenticità, mediato dai suoi alti sacerdoti in completo gessato.

Quelle sono tutte sciocchezze, pura e semplice logica di mercato, che oggi dice una cosa e domani ne dirà un'altra, capace di vedere solo il bianco e il nero, la rarità e il ciarpame, mortalmente noiosa e non di rado sostenuta da affermazioni che nessuno è in grado di provare. Nel corso delle mie ricerche, con mia grande sorpresa, avevo constatato che perfino la verità delle analisi scientifiche, in molti casi, è una questione di punti di vista, di interpretazioni, di letture possibili, di metodologia, di banche dati, della storia che a uno va di raccontare.

La danza filosofica con il proprio personale feticismo mi sembrava molto più stimolante. Preferivo giocare con i miti e con le emozioni, a patto che il gioco rimanesse sempre tale, senza iniziare a confondersi con la realtà, l'unica realtà; una proiezione dietro la quale si intravedeva ancora la tela dello schermo cinematografico. Solo per brevi istanti di fantasia sfrenata la proiezione poteva prendere il sopravvento, facendomi dimenticare tutto il resto, la tela, il proiettore, gli altri esseri umani, facendo anche di me un coprotagonista del film, ma solo per poi lasciarmi tornare a riva sulle sponde della vita reale. La tela dello schermo tornava visibile, io riemergevo e il mio spirito si dava una bella scrollata, come un cane fradicio.

25.
Calle dei Stagneri

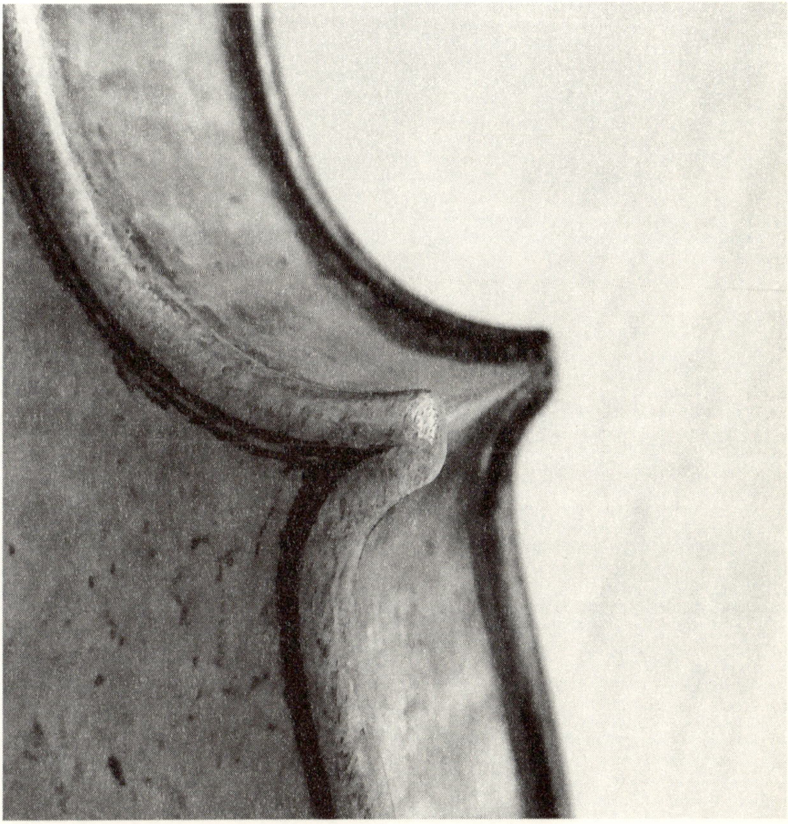

SP ci aveva dato appuntamento al mercato del pesce. «Ci», al plurale, comprensivo di mia moglie, un amico italiano che vive a Vienna e il sottoscritto. Con la sua loggia colonnata, il mercato del pesce di Rialto è un punto di incontro ideale – quando appunto non c'è mercato.

Quella mattina, invece, le bancarelle c'erano eccome, e gli occhi umidi dei pesci fissavano scandalizzati un punto in lontananza. Alcuni pescivendoli avevano imbastito vere e proprie nature morte sul ghiaccio. Lanciavano richiami incrociati, squamavano, tranciavano, sfilettavano e scambiavano chiacchiere con i clienti.

Non lo abbiamo riconosciuto subito, SP. Solo in quel momento mi sono reso conto di averlo visto soltanto in fotografia, una sola, e a quanto pare non molto recente. Invece del robusto signore barbuto che in quella foto studiava attentamente un violino, infatti, ci si è fatto incontro un sessantenne snello con i capelli argentati e radi che portava gli occhiali. Si è avvicinato, ci ha augurato il buongiorno e si è subito scusato. Ci aveva dato appuntamento sotto quelle volte per la bellezza architettonica della loggia, ma si era confuso; quello era giorno di mercato, per cui sarebbe stato meglio proporre un luogo più tranquillo. Girovagando fra teste e carcasse di pesci di ogni taglia e dribblando gabbiani dall'aria piuttosto aggressiva, lo abbiamo rassicurato: non c'era nessun problema.

Quell'appuntamento mi aveva richiesto mesi di organizzazione, ma ora, finalmente, mi trovavo in compagnia dell'autore della principale monografia sui liutai veneziani, in attesa del vaporetto che doveva accompagnarci sull'altra sponda del Canal Grande. Avevo in spalla la custodia con il mio violino.

Eravamo scesi in Italia via Innsbruck, passando le Alpi, seguendo in autostrada l'itinerario degli emigranti di un tempo, sulle tracce di un'epoca nella quale il Brennero si valicava a piedi, a cavallo, a dorso di mulo, o al massimo in slitta o in portantina, perché non c'erano neppure sentieri larghi a sufficienza per una vettura. Un tragitto che in quegli anni, secondo il tempo che faceva, poteva richiedere anche dieci giorni. E noi eravamo arrivati in poche ore. In compenso avevamo visto il paesaggio cambiare, gli scenari avvicendarsi come in un *fast forward*: dalle grandi vallate che salgono in quota fino al valico ai vigneti che sembrano abbarbicati alla pietra, alle rocche e alle fortificazioni costruite sulla cima di alture, e poi di nuovo alpeggi e grandi distese di boschi, fino alle Dolomiti, che sembrano sbucare dalla nuda terra con un effetto drammatico, «nothing but craggy stones», come le aveva descritte un viaggiatore inglese, uno spettacolo dalla potenza arcaica che non può lasciare indifferenti: pareti di roccia che svettavano verso il cielo grigio come custodi di un tempio o di un palazzo degli orrori, e poi, da lassù, la discesa verso la pianura italiana, con alberi in fiore e campi ubertosi, sotto un sole primaverile. Quasi una redenzione. E infine la città che emerge dalle acque della laguna, con lo stesso effetto di allora, descritto da tanti viaggiatori, lo stesso spettacolo che deve avere accolto Zuanne quando ancora si chiamava Hanns.

Ora rimaneva solo l'ultima tappa: attraversare il canale per andare al ristorante. Il conducente ci ha fatti accomodare a bordo e ci ha trasportati dall'altra parte. Di lì a poco sedevamo a un tavolo nel cortile interno del ristorante, una sorta di locanda come a Venezia e in altre città dell'Italia ne sono esistite per secoli. In quel cortile mangiavano già nel Settecento: uomini costretti a convivere in uno spazio ridotto, forse addirittura in una camerata condivisa con altri, in un angolo della bottega, e che magari non avevano una cucina. I lavoranti venivano a sfamarsi qui quando il loro contratto non prevedeva il vitto alla tavola del maestro, e ancora oggi in quella cantina si sente parlare soprattutto italiano. Accanto a noi sedeva una tavolata di ragazzine fra i tredici e i quattordici anni. Festeggiavano un compleanno, cantando «Tanti auguri a te».

«Se ora volesse farmi vedere il suo violino», mi si è rivolto a bruciapelo SP dopo che il cameriere ha portato il vino in una grande caraffa di vetro.

«Qui al ristorante?», ho domandato, leggermente incredulo.

«Perché no? La luce è ottima. Venga con me, ci mettiamo un attimo in quell'angolo laggiù».

Così ho preso la custodia del mio violino e l'ho seguito in una parte più tranquilla del cortile, un angolo che il sole di mezzogiorno divideva nettamente in una zona di luce e in una d'ombra. SP ha preso lo strumento e, senza dire una parola, si è messo a studiarlo da ogni punto di vista.

Io sedevo accanto a lui, divorando ogni suo gesto con lo sguardo, sforzandomi di interpretare mentalmente la sua mimica. Ho iniziato a provare un senso di nausea, di vertigine, la testa mi si è fatta leggera, ho sentito il mio viso sbiancare e svuotarsi di sangue, mi è toccato appoggiarmi discretamente allo schienale della sedia. Era una giornata molto calda e avrei dovuto mangiare qualcosa prima.

«Bellissimo strumento», ha ripreso l'esperto dopo quella che mi era sembrata un'eternità. Parlava in inglese, un inglese non impeccabile ma molto eloquente. «Opera di un maestro, di un uomo maturo, non di un artigiano alle prime armi. Le punte hanno qualcosa di un po' idiosincratico, ma sono intagliate con gesto preciso, la bombatura è straordinaria e la vernice di primissima qualità. Vede il disegno dei raggi midollari qui sul fondo? Una fiammatura bellissima, un legno di eccellenza, scelto con gran cura».

Ho ribattuto lì per lì che PR, lo specialista di dendrocronologia, non aveva escluso che il violino fosse stato ricavato da una tavola di legno di cantiere, dal ripiano di un tavolo o da una porta.

«Parliamo dello stesso violino? Ma per favore!», ha commentato SP, esterrefatto, bocciando senza appello quell'ipotesi. «Questo è legno di prima qualità. Magari la fiammatura dell'acero non è sensazionale come negli strumenti di alcuni colleghi veneziani, Santo Serafin e compagnia, però andiamo, no, questo violino è opera di un maestro, uno che sapeva benissimo che cosa faceva, e che teneva a procurarsi i legni migliori. Guardi la preparazione sulla quale è stesa la vernice, un lavoro eccellente, un fondo giallo di quelli che all'epoca usavano soltanto in Italia, una tecnica di origine cremonese, e sopra uno strato di colore che però è quasi del tutto venuto via. Vede com'è scura la vernice qui, in questa zona sotto la tastiera e sotto le corde? Quello è il colore originale dello strumento, un bruno rossastro dal tono più cupo, steso sopra una mano color ambra che adesso è diventata il colore dominante.

Vede l'effetto cangiante della fiammatura alla luce solare? Non le pare quasi occhio di tigre? Merito della vernice di qualità eccellente, che perlopiù sembra ancora quella originale. Si capisce che anche la testa, per quanto insolita, è quella di origine: stesso tono, stessa verniciatura. Il riccio è davvero strano, bizzarramente sottile, insolito, davvero quasi gotico: un richiamo indiscutibile al Sud della Germania, Algovia o Tirolo, come del resto le punte e il rientro relativamente pronunciato delle curvature sui fianchi. Però la bombatura, come vede, non inizia direttamente dal bordo, secondo la maniera messa di moda da Jacob Stainer, quella che si imparava in terra tedesca. Qui la bombatura è magistrale, sottile, ricca di tensioni, ma non comincia subito e non è così alta. All'epoca soltanto in Italia si lavorava così.

Lei naturalmente vorrebbe capire chi lo ha fatto. È venuto per questo. Però non è tanto facile da stabilire. Mi ripete la data che PG ha ottenuto dall'esame del piano armonico?».

«1722».

«In altre parole è stato fabbricato intorno agli anni trenta e non è decisamente anteriore. E qui c'è un piccolo problema, vede. Il suo violino fa pensare davvero alle cose migliori uscite dalla bottega di Goffriller, però qui parliamo del 1700. Intorno a quella data sono attestati molti strumenti che hanno vari dettagli in comune con il suo – il disegno torna, le dimensioni anche, le proporzioni, la collocazione e il taglio delle *effe* sono identici a quelli di vari strumenti che conosco di prima mano. La stessa sicurezza stilistica nella miscela di elementi tedeschi e italiani, lo stesso metodo costruttivo che sviluppa il violino a partire dal fondo e non da una forma interna. La stessa inversione caratteristica nel legno della tavola armonica».

«Non la seguo».

«Ma no, è solo un dettaglio, però un dettaglio che ha la sua importanza. Vede, il piano armonico è ricavato da due tavole di abete rosso incollate insieme, quasi sempre ricavate da uno stesso fusto. Di solito si incollano in modo tale da rivolgere all'esterno gli anelli interni della pianta, più distanziati, mentre la parte dove gli anelli sono più stretti, quella che cresce più vicina alla corteccia, guarda verso l'asse di simmetria, dove è applicato il manico, e quindi dove le vibrazioni sono più forti. Goffriller è stato uno dei pochissimi che amavano invertire il procedimento, e anche nel suo strumento gli anelli più stretti sono rivolti dalla parte del bordo. Nel complesso, insomma, è credibile che lo strumento sia stato fabbricato nella bottega di Goffriller, sotto la sua influenza, sotto la sua supervisione o nella continuità del suo magistero. Appunto qui, però, sta il problema».

«E sarebbe?».

«La data. Il suo strumento è molto migliore della maggior parte degli ultimi Goffriller, seppure anche negli anni del declino la bottega abbia prodotto pezzi molto rassomiglianti a questo. Si sente che invecchiando il maestro ha iniziato ad avere problemi di salute agli occhi e alle mani: gotta e reumatismi erano disturbi molto diffusi all'epoca, e per giunta un concorrente aveva fatto venire a Venezia vari giovani lavoranti di talento che poi si erano messi in proprio, spingendosi ancora oltre nella cura della qualità e in un gusto talvolta stravagante per le linee sinuose e i legni dalle marezzature appariscenti.

Se per PG la datazione è di categoria "B" significa che neppure lui ha elementi del tutto certi. Per cui siamo di fronte a un dilemma. O la data è corretta, e allora il violino lo ha fabbricato qualcuno che forse da giovane è stato a bottega da Goffriller e ha lavorato per lui, ma che poi se n'è andato per la propria strada e forse all'epoca non lavorava più da un pezzo a Venezia, ma si era stabilito in un'altra città oppure viveva da artigiano itinerante, oppure la data non è corretta, e quindi lei ha davvero un Goffriller dell'epoca migliore, forse addirittura uno strumento di mano sua, però anteriore al momento in cui Goffriller riprende la bottega del suocero Martin Kaiser, forse addirittura prima della fase veneziana: uno strumento fabbricato da un giovane maestro dalla tecnica già consumata in una fase di trapasso stilistico. Però può darsi anche che lo abbia fatto qualcun altro nella sua bottega. Per esempio Martin Lazinger, che è documentato al suo fianco per molti anni, ma del quale non si conoscono strumenti attribuibili con certezza. In ogni caso ha l'aria di uno strumento fatto da una persona sola, questa forma è il prodotto di una specifica intenzione plastica.

Purtroppo in mancanza di strumenti comparabili mancano del tutto gli elementi per precisare il quadro, ma con uno strumento di questa qualità mi stupirebbe molto se saltasse fuori un gemello prima di anni o decenni. Forse da qualche parte esiste un altro violino che potrebbe aiutare a fare luce sul mistero, ma finché non si conosce posso solo limitarmi a dire che lei ha un violino di eccellente qualità e dai caratteri molto chiaramente pronunciati, molti dei quali fanno pensare alla bottega di Goffriller – troppi per essere un caso. È molto probabile che il pezzo sia di fattura veneziana, o comunque fabbricato da qualcuno che ha studiato qui».

SP mi ha restituito lo strumento. Con la mano libera mi sono asciugato il sudore gelido dalla fronte.

«Dopo pranzo le faccio vedere un'altra cosa, ma ora è meglio ordinare. La vedo pallido, con questo caldo le conviene mangiare e bere qualcosa. Anzi, vale per tutti».

***

A tavola SP ci ha raccontato una storia nella quale si era imbattuto durante le sue ricerche d'archivio sugli atti giudiziari del XVIII secolo: la storia del povero signor Medici.

«No», ha precisato, «non di *quei* Medici, la famiglia de' Medici. Un povero diavolo, uno che suonava il violino da queste parti e che per caso portava quel cognome, ma di soldi non ne aveva proprio».

Una volta, ha raccontato SP, questo Medici, incapace di trovare un ingaggio nei teatri veneziani, aveva accettato un posto a Lucca, lasciando sola la sua giovane moglie. Nel giro di breve tempo la donna attira l'attenzione di un giovane uomo elegante che inizia a farle la corte e ha tutta l'aria di una persona abbiente. I due si imbarcano in una relazione extraconiugale e il giovane elegante convince la signora Medici, ancora fresca di nozze, a fuggire con lui per rifarsi una vita insieme.

La poveretta è così sconvolta dalle attenzioni di quel corteggiatore così distinto e virile che sembra pronta a tutto. Sennonché l'altro, a quel punto, le rivela di essere indebitato fino al collo: prima di imbarcarsi alla volta di un futuro comune doveva pagare i creditori, e anche una fuga d'amore rischiava di costare cara, senza contare le spese dei primi tempi insieme. Diceva di avere un amico che ammirava molto la sua bellezza e si era detto disposto a regalarle una favolosa spilla d'oro se lei avesse accettato di passare una notte in sua compagnia.

L'amante la invita per primo a vedere le cose con occhio pragmatico: era l'unica possibilità, altrimenti gli scagnozzi dei suoi creditori lo avrebbero massacrato di botte o addirittura ucciso, mentre se fosse uscito dal territorio della Repubblica veneziana, debiti o non debiti, sarebbe stato libero come l'aria. Così la donna accetta: forse anche l'amico era un bell'uomo. L'avventura la attirava e gli affari sono affari. A poco a poco saltano fuori anche altri amici generosi e interessati ai suoi favori, finché l'amante in carica non decide che il gruzzolo è sufficiente. Finalmente potevano imbarcarsi per una vita di amore e lusso: restavano solo da vendere i mobili e le suppellettili prima di abbandonare la città.

A lungo andare certe voci erano arrivate fino a Lucca, per cui Medici prende e rientra subito a Venezia. I verbali del processo non dicono se portasse con sé il proprio strumento, ma in quel caso nella custodia del violino c'era anche un pugnale, perché era venuto con l'intenzione di uccidere. Se nelle storie sul conto di sua moglie ci fosse stata anche solo una scintilla di verità, era pronto a mandare all'altro mondo la fedifraga e il suo drudo, sorprendendoli insieme nel letto del peccato. Soltanto così avrebbe vendicato le sue nozze, anche a prezzo della propria vita.

Il violinista apre la porta della sua abitazione e la trova completamente vuota. Tutti i mobili e le suppellettili erano stati portati via, venduti al miglior offerente. Sulla porta un creditore lo intercetta ed esige il pagamento di un conto in sospeso. Di sua moglie e del seduttore non rimaneva più traccia. Solo dopo varie ricerche si imbatte in qualcuno che dice di averli visti dirigersi al porto, dove intendevano imbarcarsi per Costantinopoli. Accecato dalla gelosia, Medici si affretta in quella direzione, giusto in tempo per veder scomparire all'orizzonte la nave a bordo della quale sua moglie si era imbarcata.

Il cornificato ce la mette tutta per ricostruire l'accaduto e scopre quanto segue: l'amante di sua moglie era un ruffiano di professione, un truffatore galante la cui specialità consisteva nel costringere giovani donne ingenue a prostituirsi per poi venderle negli harem ottomani, dove le italiane erano una stuzzicante curiosità esotica. Probabilmente la signora Medici non se ne era ancora resa conto, ma il suo destino era la gabbia dorata di un serraglio turco.

Di lì a poco Medici viene a sapere che il complice del suo criminoso rivale in amore, l'amico della spilla d'oro, si trovava ancora in città, per cui il musicista parte alla sua ricerca con il coltello in pugno. Vaga per le strade con la lama snudata, fa passare le taverne, le bische, i ristoranti, i postriboli, finché la magistratura non si interessa al suo caso, forse giudicandolo un pericoloso squilibrato, se non addirittura prendendolo per un sicario. In ogni caso viene arrestato e rinchiuso nei famigerati Piombi, nel sottotetto, dove le celle erano talmente piccole che il detenuto non poteva neppure alzarsi in piedi, ma era costretto a sopportare il calore assassino e l'aria viziata in posizione orizzontale o seduto.

Quando finalmente Medici viene chiamato a comparire di fronte a un giudice e può dare la sua versione dell'accaduto – il documento rinvenuto da SP è appunto il protocollo di quella deposizione – il giudice si mostra molto poco comprensivo, perché la priorità della magistratura veneziana era l'ordine pubblico, mentre gli affari di cuore e di onore non contavano nulla. Viene sentito anche il complice del ruffiano, che però viene rilasciato per mancanza di prove. Accusato di avere turbato la pubblica quiete, Medici viene giudicato colpevole e bandito dai territori della Repubblica. Anzi, aveva ventiquattro ore per far perdere le proprie tracce, perché a quel punto nei territori sottoposti alla giurisdizione veneziana chiunque avrebbe avuto il diritto di ucciderlo e impadronirsi dei suoi averi – se non veniva arrestato prima dai gendarmi e condannato alla pena capitale.

Tornato in libertà, il marito offeso non ha alcuna intenzione di partire per l'esilio prima di avere ritrovato le tracce del complice. Prende accordi in segreto con un amico, direttore di un teatro, che lo autorizza a nascondersi nel dedalo di stanze e corridoi che si snoda dietro le quinte sotto il palco. In cambio avrebbe suonato nell'orchestra. Che cosa avrebbe fatto nel resto del tempo era affar suo. Così, la notte Medici riveste i panni dell'angelo vendicatore e dell'abitatore delle tenebre, ma le sue ricerche hanno vita breve: viene riconosciuto, arrestato di nuovo e incarcerato una seconda volta ai Piombi.

«A quel punto si perdono le sue tracce», conclude SP. «Come se la terra lo avesse inghiottito. Nessun documento che attesti il rilascio, niente. Forse non è stata la terra a inghiottirlo, ma la laguna. A volte le autorità si sbarazzavano in forme discrete dei detenuti difficili che davano filo da torcere. Venivano portati al largo in barca a remi, legati con un oggetto pesante tra le gambe, a volte una palla di cannone, a volte una grossa pietra. Poi venivano gettati in acqua e annegavano. *Finita la storia*».

***

L'indomani mattina, violino in spalla, mi sono avviato di nuovo verso il luogo dove SP ci aveva accompagnati dopo pranzo: dapprima imboccando una stradina stretta e in apparenza del tutto banale, calle dei Stagneri, dove molti dei liutai veneziani, specialmente gli stranieri, avevano la loro bottega. Dalla sua abitazione all'imboccatura della strada, al primo piano, Matteo Sellas ha diretto un piccolo impero musicale, e anche il misterioso Zuanne Curci ha lavorato qui per vari anni. In calle dei Stagneri Pietro Guarneri e Santo Serafin avevano prodotto strumenti per conto di Sellas, e per quella via era transitato un numero imprecisabile di apprendisti e lavoranti in partenza e in arrivo: qui era concentrato uno dei centri nevralgici del commercio europeo degli strumenti musicali. Eppure la calle non è granché ampia: difficilmente due passanti, venendo da direzioni opposte, riuscirebbero a non sfiorarsi. Le case sono disadorne, dalle finestre del primo e del secondo piano ci si potrebbe stringere la mano.

Ho proseguito verso un'altra direzione per parecchie centinaia di metri, fino a un ponte. Qui, mi aveva spiegato SP, sorgeva un tempo la bottega di Goffriller: in una delle due case affacciate sul canale. Una era una costruzione imponente, un piccolo palazzo, l'altra era molto più semplice e compatta. Difficile immaginare una bottega di liuteria nel palazzo. Sotto quelle arcate c'era spazio in abbondanza, ma Goffriller (come suo suocero Martin Kaiser prima di lui) aveva vissuto sopra il laboratorio, cioè, nell'ipotetico caso del palazzo, al piano nobile, con soffitti alti, colonnette di marmo tra le grandi finestre e un balcone. Impossibile, i liutai erano gente modesta. La casa di fronte mi sembrava più adatta. Un edificio leggermente più alto, ma organizzato su quattro piani e non su due, e quindi con soffitti più bassi, oltre che con meno fronzoli.

Quella, sì, poteva essere una casa nella quale un artigiano avrebbe vissuto e lavorato: una casa-bottega. Sul muro, accompagnata da una lunga freccia con la punta rivolta verso destra, c'era la scritta «per S. Marco». Oggi i locali che hanno ospitato, o potrebbero avere ospitato, la bottega di Goffriller sono occupati da una manifattura di vetro di Murano a poco prezzo: pareti imbiancate, luci forti, vetro dappertutto. Procedendo verso il canale il passaggio è sormontato da un portico con lastre di pietra e travicelli a vista.

È un luogo senza alcuno sfarzo, senza alcuna decorazione. La porta che forse un tempo apriva sull'appartamento della famiglia non è più quella originale. Alle finestre sono montate delle griglie in ferro battuto del XIX secolo, oggi sbarrate al loro interno con solide assi dipinte di verde. Uno spazio libero di forma circolare induce a credere che un tempo, in quel punto, sia stata montata l'unità esterna di un climatizzatore. Nessun dettaglio fa pensare alla liuteria, alla presenza di una bottega di artigiano, alla vita di tre secoli fa: solo le condizioni generali dell'edificio, rappezzato e riadattato mille volte per adibirlo a scopi sempre nuovi, lasciano indovinare le sue molte vite pregresse. Proprio accanto alla bottega, raggiungibile dal porticato del palazzo, c'è il campiello del Lion Bianco, dove sorgeva l'omonima taverna nella quale Goffriller conduceva i suoi affari. Il nome dell'oste del Lion Bianco compare su molti contratti come testimone legale. A quanto pare il maestro amava trattare in buona compagnia.

Sull'altra riva del canale, a pochi passi dal ponte fortemente inarcato che vi conduce, c'è il campo Santi Apostoli. Quando nel 1730 Canaletto immortala il luogo in una delle sue vedute, a giudicare dalla costruzione prospettica, deve avere situato il punto di osservazione a pochi passi dalla bottega di Goffriller, sotto il porticato che aggetta sull'ingresso, rivolgendole le spalle.

Canaletto prendeva schizzi dal vero, schizzi molto dettagliati, probabilmente si serviva addirittura di una camera oscura per trasferire sul foglio le esatte proporzioni degli elementi, aiutandosi con una griglia. Nel corso degli ultimi trecento anni non è cambiato quasi nulla. Anche oggi, come allora, sul ponte c'è una bancarella: all'epoca vendeva cesti, botticelle e altri recipienti; oggi souvenir per turisti. Le figure che popolano la piazza, a giudicare dall'abito, sono gente comune, artigiani. Soltanto due dei passanti indossano il tricorno, il copricapo delle persone di rango. Anche la chiesa è rimasta identica, con la sua torre campanaria indipendente che svetta da una sorta di casetta, che da

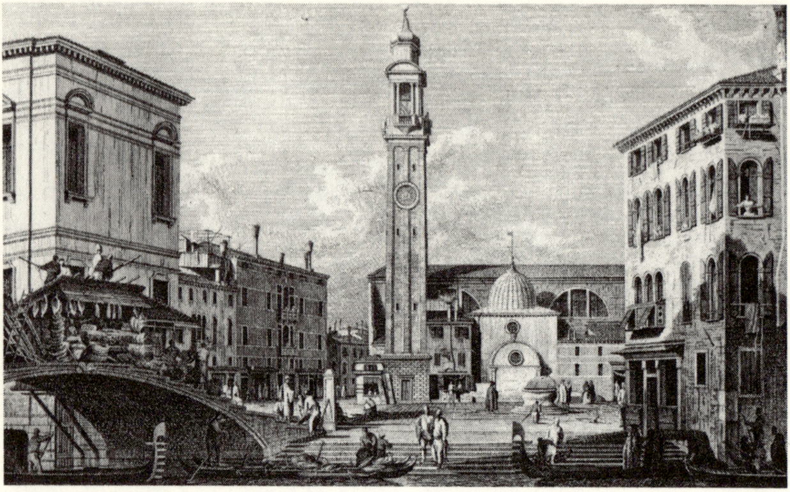

Veduta di campo Santi Apostoli a Venezia verso la metà del XVIII secolo

allora ha guadagnato un secondo e un terzo piano. Quella Venezia è la Venezia di tutti i giorni.

La chiesa è una delle più antiche: secondo certe fonti è stata fondata già nell'VIII secolo da un certo san Magno, un altro dei primi propagatori della fede, omonimo del santo patrono che in Algovia accorreva in aiuto dei fedeli tormentati dalle cimici. Ispirato da un sogno, san Magno aveva deciso di dedicare la chiesa ai santi apostoli, tutti quanti insieme, e per secoli e secoli questa è stata la chiesa della comunità tedesca di Venezia, che viveva nelle strade tutto intorno. Qui sono stati battezzati i figli di Goffriller, qui sono stati sepolti quelli morti anzitempo. Qui tutte quelle persone si sono riunite la domenica per ascoltare la predica, qui hanno celebrato i loro momenti di festa, qui si sono ritrovati settimana dopo settimana, le donne vestite con ogni ricercatezza, gli uomini in finanziera, seguiti da un codazzo di lavoranti e apprendisti: una comunità che sapeva di trucioli, di trementina e di resina.

Sono entrato nella grande chiesa. L'interno, a pianta quadrangolare, è molto spoglio, il soffitto non è voltato, ma in compenso si accede alle cappelle laterali per grandi archi sorretti da colonne di marmo rossastro. È la lingua misurata e geometrica del XVI secolo, quando la chiesa viene riedificata secondo i principi dell'architettura rinascimentale, poi corrotti da vari strati di incrostazioni barocche. Ho esitato, ho lasciato ai miei occhi tutto il tempo di assorbire con calma lo spettacolo. Poi mi sono portato verso il fondo della chiesa, ho posato la custodia del violino su uno dei banchi, l'ho aperta, ho tirato fuori lo strumento e l'archetto, ho infilato il violino sotto il mento, l'ho accordato e ho fatto una breve pausa. Più vicino di così a Hanns/Zuanne non mi sarei mai potuto ritrovare in alcun luogo al mondo: nel suo stesso spazio, con il suo strumento sotto le dita.

La musica di Bach ha riempito la grande navata, due movimenti dalla *Partita in Si bemolle maggiore*, poi la *Ciaccona*, un'opera più alta delle Alpi. Non ho suonato granché bene. Ero nervosissimo, come se mi fossi esibito di fronte a un'immane sala da concerto gremita di mille spettatori esigenti e mille professori; le dita perdevano la presa oppure rimanevano incollate al manico, l'arcata era insicura, almeno all'inizio: solo via via ho iniziato a sentirmi a mio agio e ho suonato per un pubblico di turisti che andavano e venivano, entravano, si guardavano intorno poco convinti, fotografavano l'altare e poi scivolavano fuori. Quei turisti e i piccioni sul tetto sono i soli che mi hanno sentito – insieme agli spiriti del passato.

Ho suonato così per una trentina di minuti, sforzandomi di credere che per il mio violino fosse una specie di rimpatriata, come se lo avessi riportato a casa, a rivedere un luogo caro di altri tempi. Se è stato davvero così, non si è preoccupato di farmelo sapere. Però ha cantato sotto le mie dita, producendo gli accordi e le figure che dieci generazioni prima un giovane tedesco aveva gettato sulla carta nella cittadina di Köthen, nel fondo del fondo della Germania, li ha proiettati nel riverbero caldo della chiesa, che ha accolto quel suono con tanta generosità da far quasi sparire gli errori e le incertezze, lasciando solo la musica: un richiamo, un invito, un omaggio.

26.
Bassano

SP mi aveva consigliato di rincasare passando più a est, da Cortina: un paesaggio dal quale probabilmente è stato ricavato anche molto del legname utilizzato dai liutai di Venezia.

A Bassano, giunto a metà via tra Venezia e Innsbruck, ho fatto una pausa. Mi sono trovato un piccolo ristorante, praticamente un bar affacciato sulla strada. Mi ha servito un ragazzo di quattordici anni al massimo con una testa di riccioli bruni, due occhi scuri, membra lunghe e un po' sgraziate e una punta di incertezza nei movimenti, tipica di molti adolescenti il cui corpo si è fatto all'improvviso più grande, più sbilanciato, più insolito, più inaffidabile. Era chiaramente il nipote del proprietario, o comunque un suo parente stretto: l'uomo, gioviale, gli ha lanciato una battuta da dietro il bancone, e il ragazzo era visibilmente fiero di quello scherzo. Ci ha servito caffè e vino senza mai trovare il coraggio di guardare gli avventori in faccia.

Mi è sembrato di ritrovare una persona creduta morta per sempre, una persona che mi era cara, anche se ci separavano dei secoli.

27.
As You Like It

> Il mondo intero è un palcoscenico / su cui gli uomini e le donne sono semplici attori. / Hanno le loro entrate e le loro uscite / e ognuno, nel tempo che gli è dato, interpreta molte parti.
>
> WILLIAM SHAKESPEARE, *Come vi piace*, II, 7

Ehi, torna un po' qui.

Chi, io?

Sì, tu. Voglio farti una domanda.

Non potevo restare, non c'era nulla da mangiare. E poi, ci conosciamo?

Io conosco te.

Mi sembra decisamente improbabile. Mi ha già visto prima? E dove? Su qualche palco?

No. Però tu mi hai evitato, hai cercato di scansare questa discussione.

E che cosa glielo fa pensare?

Ho una storia da raccontarti.

Ma se non so neppure chi è lei!

Questo non ti impedisce di starmi a sentire. Un amico il cui padre è venuto a stare qui dalla Romania quando era bambino mi ha raccontato che...

Ah, per cui è anche una storia di seconda mano!

Zitto e stammi a sentire! Mi ha detto così: «Prima di morire mio padre ha chiesto di rivedere un'ultima volta i luoghi della sua infanzia, la casa in cui è cresciuto. Non ci era più tornato, mancava da tanti e tanti anni. Mio padre non era mai stato un gran viaggiatore. Anzi, non si è praticamente mai mosso dal suo villaggio di adozione: gli unici posti che conosceva bene erano l'Alta Austria e l'Innviertel. Così abbiamo preso e siamo partiti in auto per la Romania, nella città dove un tempo viveva la sua famiglia, prima che toccasse loro sloggiare, perché erano della minoranza germanofona.

All'arrivo è saltato fuori che mio padre non aveva indicazioni, neppure un indirizzo. Non si ricordava più neppure il nome della strada e non aveva pensato di domandarlo ai parenti. Per cui siamo andati a un distributore e abbiamo spiegato a gesti che cosa cercavamo, perché mio padre, ormai, non spiccicava più una parola di romeno. In casa aveva sempre parlato tedesco».

Per cui è una storiella ironica?

Non è ancora finita!

Sta bene, è riuscito a incuriosirmi.

Bravo, allora ascolta. «Al distributore», ha spiegato il mio amico, «ci hanno detto che forse qualcuno poteva aiutarci, un certo signor Eduard, e ci hanno assicurato che il signor Eduard sarebbe arrivato subito. Gli hanno telefonato, ma il signor Eduard ha impiegato due ore per arrivare a bordo di un motorino scassato. Il signor Eduard parlava perfino un po' di tedesco, e ha detto di conoscere una persona che poteva ancora ricordarsi quelle cose, un'anziana vedova che viveva nei paraggi. Per farla breve, l'anziana vedova ci ha aiutati davvero. Si è fatta descrivere ogni cosa per filo e per segno, e all'improvviso mio padre si è ricordato perfino il cognome dei vicini, allora la vecchia ha capito subito di che casa parlava e ci ha dato l'indirizzo. Abbiamo ringraziato la vedova e il signor Eduard, al quale prima di salutarci abbiamo regalato un pacchetto di sigarette. Lui ne ha subito accesa una, si è issato in sella al suo motorino scoppiettante ed è ripartito a passo d'uomo, dribblando con ogni cura le buche nell'asfalto.

Noi, invece, abbiamo subito ripreso l'auto e quando ho svoltato nella via giusta ho sentito immediatamente che mio padre si faceva nervoso. I nuovi inquilini erano in casa. Dei giovani che ci hanno fatto entrare e ci hanno offerto il caffè, in buon inglese, affascinati dalla storia di mio padre, che ha descritto loro per filo e per segno come era la casa ai suoi tempi: dov'era il tavolo da pranzo, in quale stanza dormiva da bambino, dov'era appesa l'altalena in fondo al giardino. Ora che era tornato al punto di partenza i suoi ricordi si erano fatti limpidi e dettagliati.

Non avevo mai visto mio padre così agitato. Sulla via del ritorno sembrava fatto. Non che parlasse più di tanto (è sempre stato molto taciturno), ma guardava fuori dal finestrino con un'espressione rilassata e quasi felice, del tutto assente, come se il suo cuore fosse rimasto a casa. Rientrato al villaggio ha raccontato quella storia a tutti. Non parlava più di nient'altro. L'ha raccontata anche a una vecchia zia, la sorella più giovane di sua madre, che all'epoca era venuta in Austria con loro. Mio padre ha descritto la casa e il giardino, ho visto i suoi occhi mettersi a brillare. E daccapo con tutta l'avventura, e il distributore, e il signor Eduard, e la vedova che conosceva il nome della via, e come in casa aveva iniziato a ricordare...

"Come hai detto che si chiama la via?", ha interrotto la zia. Mio padre gliel'ha ripetuto.

"Allora siete stati nella via sbagliata. In quei tempi abitavamo nella via parallela, a tre isolati di distanza. Anche quella aveva il nome di un eroe della rivoluzione, un poveraccio che hanno messo al muro a soli diciotto anni. No, no", ha concluso in tono inappellabile, "siete stati nella via sbagliata"».

E io che c'entro, scusi?

Non ti sembra di sentirci un non so che di familiare?

Certo, lo vedo bene che cosa intende dire. Non sono nato ieri. Ma il paragone non regge. Io ho fatto delle ricerche, ho sottomano dei risultati certi, ho delle perizie scientifiche, delle analisi di esperti. Il mio violino è stato fabbricato a Venezia intorno al 1730 da un artigiano venuto dall'Algovia per sfuggire alla miseria. Per qualche tempo, forse per tutta la vita, ha lavorato in città, nella bottega di un altro emigrante, uno dei massimi liutai del suo tempo. È stato un maestro della sua arte, ma è sempre rimasto lontano dalle luci della ribalta, per cui oggi non resta praticamente nulla della vita di un uomo semplice che nessuno ricorda più, una vita a tutto tondo, fatta di esperienze vere, ma alla quale la memoria non può più risalire, anche se un tempo è stata fatta di carne, ossa e sangue. Ho camminato nella strada dove lui ha lavorato.

Questo lo dici tu. Forse invece è un violino fabbricato intorno al 1700, forse addirittura una primizia del giovane Goffriller, quindi verso il 1690. Forse invece lo ha fabbricato un artigiano itinerante che si è trattenuto a Venezia solo per alcuni mesi e poi ha ripreso il cammino per andare a lavorare da qualche altra parte, a Roma, a Bologna o a Milano. Oppure è opera di un liutaio che a Venezia non c'è mai stato, anzi, che non ha mai passato le Alpi: un tirolese o magari uno straniero, che so, un italiano o un croato, un francese o un ciarlatano, un falsario. E il bello è che non fa differenza: il violino suona come suona.

Non è questione di suono, ma di verità. Di verità storica.

E quindi?

Non mi ci sono avvicinato quanto speravo e, se devo essere sincero, quanto credevo di riuscire a fare. Ciascuna ipotesi aveva i suoi buoni argomenti, ciascuna controipotesi i suoi buoni controargomenti. Cercavo la storia e ho trovato delle storie, ma nel frattempo so anche che un certificato di autenticità o una perizia firmata da uno dei grandi corifei non sarebbe comunque bastata a vincere i miei dubbi, quell'ultimo, irriducibile, ineliminabile residuo della possibilità che le cose siano andate del tutto diversamente.

Insomma abbiamo perso la fede?

Se le piace dire così...

E tutto a causa di questa scatolina.

Lei non può capire...

Esatto. Io non sono un sentimentale. La verità mi dice relativamente poco. Eppure, sotto tutte le belle parole e le ipotesi affascinanti, il fatto incontestabile è uno solo: non si sa quando, non si sa dove è esistito un uomo in carne e ossa come me e te, con due mani, probabilmente callose, con la segatura sotto le unghie.

Esatto! Sento che qualcosa mi lega davvero a questo Zuanne, un personaggio che ho inventato io, ma che al tempo stesso è vissuto davvero, anche se probabilmente non saprò mai in quale anno è nato e in quale anno è morto: eppure con le dita, con il senso del tatto, conosco alla perfezione il suo senso delle proporzioni e della bombatura ideale, e il suo lavoro si trasforma ogni giorno in suono – le sue mani callose non le conosco, ma la sua «mano», nel senso dello stile, la conosco eccome. Ne deriva una strana familiarità tutta intuitiva, come quando si riconosce un amico senza vederlo, dal passo oppure dalla risata, o dal modo in cui cammina nel buio davanti a una finestra aperta, invisibile ma anche impossibile da confondere con un altro.

Lo sapevo io!

Che cosa sapeva?

Che sei un sognatore a occhi aperti.

E da quando ci diamo del tu?

Niente formalità.

Lo dice lei.

Ti conosco da un bel pezzo. Non è la prima volta che ci incontriamo.

È una custodia di violino quella che porta in spalla?

Beh, un mitra non è. Ma diciamo che me la porto sempre appresso nei miei viaggi.

Solista?

Più o meno – una specie di deejay, come si dice oggi. Una volta sarei stato un maestro di ballo.

E magari fa anche lo storico?

Lo storico no, ma mi diletto di cose vecchie. Alcune cosette le so, e per tornare a Zuanne... non lo troverai mai.

E perché no? Sentiamo.

L'oblio. È troppo forte. La voragine nera del passato. Non bastano due documenti e un po' di inchiostro per riempirla. Quello che si è perduto era fatto di esperienza vissuta, di orizzonti emotivi e intellettuali unici e irripetibili – ed è tutto sparito, disgregato in atomi.

Questo lo dice lei, ma dimostra una cosa soltanto: quanto è limitato il suo punto di vista. In realtà le risposte si nascondono nei dettagli, nei dettagli che non sappiamo ancora leggere. Sono i dettagli dello strumento a parlarmi di Zuanne ovvero Hanns, l'emigrante, l'uomo che ha vissuto e lavorato fino all'ultimo con un lieve accento straniero. Magari non conosciamo i dettagli della sua storia, ma l'uomo è esistito, era un emigrante e fabbricava strumenti musicali. E anche se non avesse operato da solo, tutte le mani coinvolte hanno lavorato in circostanze simili, e i contorni del loro mondo erano gli stessi.

Forse sì, forse no. Ma abbiamo tralasciato un capitolo importante.

E sarebbe?

È ora di seppellirlo, questo Zuanne. «Tocca ballare, vi aggradi oppure no».

E come pensa di fargliela arrivare, quest'ultima danza?

Impossibile a dirsi, perché da un pezzo non c'è più. Ai tempi suoi sull'isola di San Michele, dove oggi c'è quel grande cimitero, si seppellivano solo i protestanti, molti dei quali tedeschi. Ma è decisamente improbabile che un artigiano di Füssen vissuto in Italia non fosse cattolico.

Addirittura un professore di storia! Per cui lo hanno messo sottoterra insieme ai cattolici?

Con tutti i crismi, anche!

Cioè?

Le spoglie di Zuanne, o come si chiamava, hanno ricevuto le esequie nella chiesa dei Santi Apostoli, dove per tutta la vita aveva sentito la messa – ammesso che davvero sia rimasto a Venezia.

E allora? Una fine dignitosa, no?

Certo, ma è dopo il funerale che la morte inizia a fare economie. Anche l'ultima danza costa cara, specialmente per chi resta. A seconda dei mezzi dei superstiti, il defunto veniva ricordato in una messa di suffragio individuale oppure citato insieme a una lunga lista di poveri della comunità morti negli ultimi tempi. Il corpo è stato probabilmente inumato in uno dei cimiteri cattolici, sempre sovrappopolati. Lo spazio libero era così scarso che difficilmente la famiglia di un artigiano poteva permettersi un lotto. Di Goffriller e Curci, quantomeno, sappiamo che in tarda età non se la sono passata bene, e che per anni hanno speso grosse somme in trattamenti medici probabilmente inefficaci.

Per questo molte veneziane e molti veneziani di estrazione popolare finivano sottoterra nelle fosse comuni, il cadavere avvolto in tela di sacco e cosparso di calce viva. Le tombe individuali erano un lusso, i palazzi della morte.

Capisco.

A questo punto non so più che cosa dirti di preciso. Perché la danza continua. Quello strumento ti ha appioppato un'intera danza macabra, facendo di te l'ultimo (per ora) custode di una vita che si è spenta secoli fa. È come una staffetta che si corre una volta sola, e tu non sai ancora a chi passerai il testimone, ma presto o tardi si saprà, anche se forse non lo saprai tu. Zuanne/Hanns non esiste più da tanto tempo, eppure il prodotto del suo talento di creatore rimane nelle mani di esseri umani la cui vita non sarebbe riuscito a immaginare neppure nei suoi sogni più folli.

Eppure lo conosco. Posso tendere la mano verso di lui.

Mi meraviglio di te!

A muovere le nostre mani è una stessa passione comune, uno sforzo che ci unisce, un inarrestabile basso cifrato nella passacaglia di questa vicenda, che si snoda una variazione per volta, piroettando su una melodia latente che rimane sempre la stessa. La passacaglia è un perfetto modello in scala ridotta della vita umana, sì, un modello della vita. Nella musica classica, come nel dramma, si gioca tutto in quattro passaggi: tesi, antitesi, crisi, sintesi. In termini musicali, la forma *sonata*: primo tema (maschile), secondo tema (femminile), sviluppo, riesposizione. La forma vuota di una vita da eroe, *per aspera ad astra*, il superamento delle avversità, il trascendimento di tutte le differenze.

Davvero edificante.

Entrata degli ottoni in fortissimo, sfolgorante accordo di tonica maggiore, busto di Beethoven nella luce del crepuscolo. Purtroppo nessuna vita vera funziona mai così, neppure la sua. La «vita di eroe» è soltanto una proiezione di ideali e ambizioni sociali e personali, un modello irraggiungibile. Un oltraggio alle difficoltà e alle resistenze che plasmano e determinano qualunque esistenza umana. Nessuno ha il potere di risolvere tutti i problemi, bandire tutti i demoni, attingere una sintesi permanente e ideale.

Poveri esseri umani! Condannati a fallire.

Faccia pure dell'ironia, se vuole! La vita è una serie di improvvisazioni su figure date, sul basso cifrato delle esperienze e delle predisposizioni che definiscono un individuo, ripetute *ad libitum*. Questa immagine della vita come passacaglia è meno tirannica del modello illuminista che ci costringe a trascendere ogni avversità nel cammino verso la luce. Si limita a dire che ci è dato improvvisare in modo più o meno talentuoso e comunicativo sul tappeto di quel basso continuo, ora in questa, ora in quella costellazione o tonalità emotiva, e accompagnare con quella musica il proprio cammino per le strade, finché a un certo punto la musica finisce. Ciascuna variazione potrebbe essere l'ultima, anche quando la sua architettura interna e la volontà creatrice di chi suona ambiscono a strutturarla per grandi campate. Alla fine non viene superato né trasceso proprio niente, però strada facendo ci si imbatte in tesori: qualcosa di simile alla libertà, qualcosa di simile alla bellezza.

Niente male! Te lo sei imparato a memoria?

Lei rida pure, se vuole, signor violinista! Per conto mio può continuare a fare il sarcastico e il superiore, ma per quanto riguarda me, il gusto l'ho perso da un pezzo. Lei mi ha fatto una domanda, io le ho dato una risposta. E il mio bellissimo violino è sempre lì. Non ha rivelato il suo segreto, continua a lasciar intravedere come degli sprazzi di una risposta promettente, risveglia sempre nuove speranze, ma non vuole saperne di appagare in modo univoco e definitivo le mie curiosità. Si riserva il diritto di non essere mai fino in fondo quello che io credo. Mantiene in equilibrio precario una pluralità di storie sul proprio conto, sul proprio passato e sulle proprie origini. Non si sa quanto sia antico di preciso, non si sa da dove venga, il suo cognome rimane sconosciuto, un mistero che si lascia dissipare solo in parte grazie a piccoli manierismi e dettagli.

Fanfaluche!

Al contrario! Non mi sfugge l'aspetto ironico di questa mia storia d'amore con la storia, l'amore di tutta una vita: la distanza incolmabile e al tempo stesso l'affinità invincibile che provo nei confronti di esseri umani che non mi è possibile riportare in vita e che non ho mai conosciuto di persona. Solo quando suono sento dileguarsi quella distanza. Insieme passiamo dei bei momenti. Il violino mi aiuta a crescere e scoprire nuove possibilità, perché è migliore di me, la sa più lunga, e non solo perché è più anziano e ne ha viste di cotte e di crude. A volte occorre imparare a rispettare i segreti.

Guarda guarda. Io pensavo che volessi dissipare i malintesi, fare luce, rimpiazzare i segreti con la storia.

Quello che conta, alla fine, è sempre e solo la passione. Un oggetto come il mio violino mi lega a una passione personale, ma è anche un tramite verso la vita di un altro essere umano del tutto sconosciuto che ha vissuto in un mondo del quale conosco tutt'al più i contorni. Eppure da quell'uomo mi separano al massimo dieci paia di mani, dieci generazioni. Non è un'idea che mette i brividi?

Una danza macabra...

Diciamo una passacaglia che si snoda nei secoli. Per capire come funziona occorre pur sempre lavorare con metodo, ma la pulsazione della musica non perde un colpo. Il basso continua a scandire il ritmo, i musicisti continuano a improvvisare melodie accattivanti intrecciandole a quella cadenza solenne, la trivialità irrompe impietosa proprio nei momenti più sublimi, e quando tutti gli ormeggi sono stati tagliati l'insaziabile sete di verità gira a vuoto. Soltanto un dono del caso, un inverosimile colpo di fortuna potrebbe rovesciare la situazione. In attesa che succeda occorre accontentarsi delle storie, delle versioni alternative, degli argomenti e delle confutazioni. Oltre che del suono, il suono e basta, e poi la sfida, la disciplina quotidiana, stranamente liberatoria. E ora, se vuole scusarmi...

E dove vai?

Non posso restare. Devo ancora esercitarmi. Bach mi aspetta.

Ringraziamenti

Ringrazio di cuore, in ordine rigorosamente alfabetico, gli amici e le persone senza la cui gentilezza questo libro non sarebbe mai stato scritto: Charles Beare, Freddie Beare, Richard Bletschacher, Carlo Chiesa, Christophe Coin, Barbara e Thomas Gaehtgens, Patrick Gassmann, Paul Hayday, Tim Ingles, Philip Kass, Franz Koessler, Florian Leonhard, Lüder Machold, Peter Matzka, Elisabeth e Matthias Naske, Robert Neumüller, Cornelius Obonya, Julia Pasch, Carolin Pienkos, Stefano Pio, Janna Polyzoides, Peter Ratcliff, Marcel Richters, Thomas Riedmiller, Alexa Sekyra, Tanja Star-Busmann, Nikolaus e Stefanie Szapary.

Ricordo con particolare gratitudine il mio agente, Sebastian Ritscher, e i miei straordinari redattori: Martha Bunk, Annika Domainko, Tobias Heyl e Jo Lendle.

Come sempre devo moltissimo a Veronica, che ha sopportato con pazienza infinita questo progetto e il mio entusiasmo leggermente ossessivo per la ricerca che lo ha reso possibile.

Da ultimo un grazie, doveroso, anche a Johann Sebastian Bach.

Bibliografia

Addison, Joseph, *Remarks on Several Parts of Italy, &c. in the Years 1701, 1702, 1703*, London, Printed for J. and R. Tonson, 1767.

Apel, Willi, *Italian Violin Music of the Seventeenth Century*, Bloomington, Indiana University Press, 1990.

Azzolina, Umberto, *Liuteria italiana dell'ottocento e del novecento / Italian Violin Making in the Eighteen- and Nineteen Hundreds*, Cremona, Turris, 1989².

Black, Christopher F., *Early Modern Italy: A Social History*, London, Routledge, 2001.

—, *Italian Confraternities in the Sixteenth Century*, Cambridge, Cambridge University Press, 2003.

Bletschacher, Peter A., *Die frühe Geschichte der Stadt Füssen*, Friedberg (Bayern), Edition Atlantis, 2017.

Bletschacher, Richard, *Die Lauten- und Geigenmacher des Füssener Landes*, Hofheim am Taunus, Friedrich Hofmeister Musik, 1978.

Blunt, Wilfrid, *Sebastiano: The Adventures of an Italian Priest, Sebastiano Locatelli, During His Journey from Bologna to Paris and Back, 1664-1665*, London, James Barrie, 1956.

Braudel, Fernand, *Civiltà e imperi del Mediterraneo nell'età di Filippo* II, 3 voll., Torino, Einaudi, 1982.

Brion, Marcel, *Venezia. Serenissima Repubblica*, Novara, De Agostini, 1963.

Burke, Peter, *Venezia e Amsterdam. Una storia comparata delle élite del* XVII *secolo*, Ancona, Transeuropa, 1988.

Burney, Charles, *Viaggio musicale in Italia. 1770*, Palermo, Sandron, 1921.

Casanova, Giacomo, *Storia della mia vita*, Roma, Newton Compton, 1998.

Chiesa, Carlo, Rosengard, Duane, *The Stradivari Legacy*, London, P. Biddulph, 1998.

Cipolla, Carlo M., *Chi ruppe i rastelli a Monte Lupo?*, Bologna, il Mulino, 1977.

Claveson, Florisel de, *Voyage d'Italie (1608-1609)*, Moncalieri, Centre interuniversitaire de recherche sur le voyage en Italie, 2001.

Crisis and Change in the Venetian Economy in the Sixteenth and Seventeenth Centuries, a cura di Brian S. Pullan, London, Methuen, 1968.

Crossick, Geoffrey, *The Artisan and the European Town, 1500-1900*, London, Routledge, 2016.

Crowley, Roger, *City of Fortune: How Venice Ruled the Seas*, New York, Random House, 2011.

Davis, Robert C., *The War of the Fists: Popular Culture and Public Violence in Late Renaissance Venice*, New York-Oxford, Oxford University Press, 1994.

—, *Costruttori di navi a Venezia. Vita e lavoro nell'Arsenale di Venezia, il più grande complesso produttivo preindustriale dell'età moderna*, Venezia, Neri Pozza, 1997.

Davis, Robert C., Lindsmith, Beth, *Renaissance People: Lives that Shaped the Modern Age*, London, Thames & Hudson, 2011.
Doren, Alfred, *Deutsche Handwerker und Handwerkerbruderschaften im mittelalterlichen Italien*, Berlin, R.L. Prager, 1903.
Doring, Ernest N., *Matteo Gofriller of Venice*, Chicago, W. Lewis, 1959.
Erotic Cultures of Renaissance Italy, a cura di Sara F. Matthews-Grieco, Farnham, Ashgate, 2010.
Europäische Musiker in Venedig, Rom und Neapel (1650-1750), a cura di Anne-Madeleine Goulet e Gesa Zur Nieden, Kassel, Bärenreiter, 2015 («Analecta musicologica», vol. LII).
Evelyn, John, *The Diary of John Evelyn*, a cura di William Bray, New York-London, M.W. Dunne, s.d. [ma circa 1901].
Fenlon, Iain, *The Ceremonial City: History, Memory and Myth in Renaissance Venice*, New Haven-London, Yale University Press, 1987.
Ferraro, Joanne M., *Venice: History of the Floating City*, Cambridge, Cambridge University Press, 2016.
—, *Youth in Peril in Early Modern Venice*, in «Journal of Social History», vol. XLIX, n. 4, 2016, pp. 761-783.
Focht, Josef, Martius, Klaus, Riedmiller, Thomas, *Füssener Lauten- und Geigenbau, europaweit*, Leipzig, Friedrich Hofmeister Musik, 2017.
Glixon, Jonathan, *Honoring God and the City: Music at the Venetian Confraternities, 1260-1807*, Oxford, Oxford University Press, 2008.
Greither, Aloys, *Geigen und andere Streichinstrumente des 18. Jahrhunderts aus Venedig*, Hanau, Dausien, 1987.
Guilds, Markets and Work Regulations in Italy, 16th-19th Centuries, a cura di Alberto Guenzi, Paola Massa e Fausto Piola Caselli, London, Routledge, 2016.
Harris, P.M.G., *The History of Human Populations: Migration, Urbanization, and Structural Change*, Westport, Greenwood Publishing Group, 2003.
Holmes, Richard, *Footsteps: Adventures of a Romantic Biographer*, New York, Vintage Books, 1996.
Hormayr, Joseph von, *Die goldene Chronik von Hohenschwangau, der Burg der Welfen, der Hohenstauffen und der Scheyren*, München, Franz, 1849.
Howell, James, *Epistolæ Ho-Elianæ: Familiar Letters... Upon Emergent Occasions*, London, J. Darby, 1726.
Jacob Stainer: «... kayserlicher diener und geigenmacher zu Absom»; eine Ausstellung des Kunsthistorischen Museums Wien, catalogo della mostra (Castello di Ambras, 4 giugno-31 ottobre 2003), a cura di Rudolf Hopfner *et al.*, Milano, Skira, 2003.
Katz, Mark, *The Violin: A Research and Information Guide*, New York-London, Taylor & Francis, 2006.
Lassels, Richard [e Wilson, Simon], *The Voyage of Italy: Or: A Compleat Journey Through Italy: In Two Parts: With the Characters of the People, and the Description of the Chief Towns, Churches, Monasteries, Tombs, Libraries, Pallaces, Villa's, Gardens, Pictures, Statues, and Antiquities: As: Also of the Interest, Government, Riches, Force, &c. of All the Princes: With Instructions Concerning Travel*, Newly Printed at Paris, and are to be sold at London, by John Starkey..., 1670.
Libby, Alexandra, Stanton, Thomas, *Venice in the Age of Canaletto*, Memphis-New York, Prestel, 2009.
Lütgendorff, Willibald L., *Die Geigen- und Lautenmacher vom Mittelalter bis zur Gegenwart*, 2 voll., Frankfurt am Main, Frankfurter Verlag-Anstalt A.G., 1922.
MacKenney, Richard, *Tradesmen and Traders: The World of the Guilds in Venice and Europe, c.1250-c.1650*, Totowa (NJ), Barnes & Noble Books, 1987.
Martin, John, *Venice's Hidden Enemies: Italian Heretics in a Renaissance City*, Baltimore-London, Johns Hopkins University Press, 2003.

Martin, John, Romano, Dennis, *Venice Reconsidered: The History and Civilization of an Italian City-State, 1297-1797*, Baltimore-London, Johns Hopkins University Press, 2002.
Miller, Peter N., *Politics, Philosophy and the Arts in Venice 1600-1650*, New Haven, Yale University Press, 2016.
Mirabal, Nicholas, *Voyage d'Italie et de Grece, avec une dissertation sur la bizzarerie des opinions des hommes*, Paris, chez Jean Guigmard, 1698.
Misson, Maximilien, *A New Voyage to Italy: With Curious Observations on Several Other Countries: As, Germany; Switzerland; Savoy; Geneva; Flanders; and Holland... In Four Volumes: The Fourth Edition, with Large Additions Throughout...*, London, printed for R. Bonwicke..., 1714.
Moch, Leslie P., *Moving Europeans: Migration in Western Europe Since 1650*, Bloomington, Indiana University Press, 2003.
Norwich, John J., *Storia di Venezia, dalle origini al 1400*, Milano, Mursia, 2007.
Pio, Stefano, *Liuteri Sonadori. Venezia 1750-1870*, Venezia, Venice Research, 2002.
—, *Violin and Lute Makers of Venice. 1640-1760*, Venezia, Venice Research, 2004.
—, *Lute and Viol Makers of Venice. 1490-1630*, Venezia, Venice Research, 2011.
The Politics of Ritual Kinship: Confraternities and Social Order in Early Modern Italy, a cura di Nicholas Terpstra, Cambridge, Cambridge University Press, 2000.
Rapp, Richard T., *Industria e decadenza economica a Venezia nel XVII secolo*, Roma, Il Veltro, 1986.
Ravid, Benjamin, *Venice and Its Minorities*, in *A Companion to Venetian History, 1400-1797*, a cura di Eric Dusteler, Leyden, Brill, 2013, pp. 449-485.
Rosand, Ellen, *L'Opera a Venezia nel XVII secolo. La nascita di un genere*, Roma, Edizioni di storia e letteratura, 2013.
Salzberg, Rosa, *In the Mouths of Charlatans: Street Performers and the Dissemination of Pamphlets in Renaissance Italy*, in «Renaissance Studies», vol. XXIV, n. 5, 2010, pp. 638-653.
—, *Selling Stories and Many Other Things in and Through the City: Peddling Print in Renaissance Florence and Venice*, in «The Sixteenth Century Journal», vol. XLII, n. 3, 2011, pp. 737-759.
Selfridge-Field, Eleanor, *La musica strumentale a Venezia da Gabrieli a Vivaldi*, Torino, ERI, 1980.
Sennett, Richard, *L'uomo artigiano*, Milano, Feltrinelli, 2008.
Simonsfeld, Henry, *Der Fondaco dei Tedeschi in Venedig und die Deutsch-Venetianischen Handelsbeziehungen*, Stuttgart, J.G. Cotta, 1887.
Stadt und Handwerk in Mittelalter und früher Neuzeit, a cura di Karl H. Kaufhold e Wilfried Reininghaus, Köln-Weimar, Böhlau, 2000.
Unravelling Civilisation: European Travel and Travel Writing, a cura di Hagen Schulz-Forberg, Bruxelles, Peter Lang, 2005.
Vaussard, Maurice, *La vita quotidiana in Italia nel Settecento*, Milano, Rizzoli, 1990.
Von Bayern nach Italien. Transalpiner Transfer in der Frühen Neuzeit, a cura di Alois Schmid, München, C.H. Beck, 2010.
The Workplace Before the Factory: Artisans and Proletarians, 1500-1800, a cura di Thomas M. Safley e Leonard N. Rosenband, Ithaca-London, Cornell University Press, 1993.